JN273572

現代民法
学習法入門

加賀山茂 著

信山社

はしがき

　本書は，民法を1年でマスターすることを考えている人を対象にして，民法の学習法のヒントを提供するものであり，2部構成をとっている。第1部は，民法を初めて学習する人に対して，学習するに際して考慮すべき事項についてのノウハウを提供している。第2部は，民法の学習にとっての問題点について，筆者の考え方を明らかにするという論文集の形をとっている。

　民法を短期間でマスターするのは困難であるといわれている。筆者も学生時代には，民法を理解するのに四苦八苦したひとりである。民法をマスターするために，ずいぶんと時間をかけた思い出がある。単に条文数が多いだけでなく，民法を勉強していると，体系が複雑なだけでなく，条文の文言と学説・判例の解釈とが大幅に異なることが多く，しかも，いろいろな法律（特別法）が複雑に絡んでくる。

　民法の学習で困っているときに，私は，運よく，講義を受けた先生から，「学生時代に読んでおかなければ結局読む機会を失ってしまうので，読むのだったら今しかない」と我妻栄『民法講義』を読むことを薦めていただいた。その日から，私は，そのシリーズを毎日25頁ずつ読むことを日課にし，教科書の目次を書き写したものを対照しながら，要点を教科書の上の欄に整理しつつ，じっくり読み込むという方法で，我妻民法をなんとか理解していった。その間，分からないところがあると，同じく我妻栄『民法案内』の該当箇所を読んだり，司法試験の勉強に打ち込んでいる友人に質問したりして，理解を深めていった。しかし，民法の面白みはよくわからなかった。

　民法を面白いと感じるようになったのは，大学院に入って民法を本格的に勉強するようになってからである。我妻民法の講読を薦めてくださった先生が，筆者の大学院での指導教授となってくださった。そして，その指導の下で，外国の文献を読み，背景的知識が歴史的な観点から，わかりやすい具体例で，納得がいくように説明されているのを発見した。さらに幸運なことに，大学院の学生の頃に学部のゼミに出席し，研究が進んだ分野については，学生に教える機会を与えていただいた。まさに，「教えることは学ぶことである」という格言の正しさを実感することができた。勉強したことを教えると

いうこのような機会がなければ，民法の本当の楽しさを味わうことはできなかったように思われる。

このような筆者の経験を紹介すると，本書を通じて，民法を短期間でマスターするということは，無謀な試みか，または，まやかしと思われてしまうかもしれない。筆者は，長年，民法の入門書を書きたいと思ってきた。しかし，自分自身の苦労の経験を思い起こすと，そのような試みは無謀なものなのではないかという思いに囚われ，民法の学習方法を体系的に記述することを断念していた。

しかし，わが国において，2004年に法曹養成のための法科大学院が設立されたことは，そのような躊躇を吹き飛ばす出来事となった。従来の法学部の法教育においては，「古き良き」時代の伝統でもあるが，無計画（学期の終わりにどこまで到達するのかが不明）で，一方的な講義形式（講師が講義内容を一方的に話し，学生は講義を聞くだけ）が，学生の評判が芳しくないにもかかわらず，しぶとく生き残っていた。これに対して，法科大学院の法教育においては，厳格な設置基準とその後の実地認証を通じて，そのような無計画で一方的な講義形式は，ほぼ完全に一掃されるに至っている。そして，法科大学院においては，従来の講義形式に代わって，講師は講義計画を立て，それに従ったレジュメをあらかじめ配布し，学生はそれにしたがって予習することが義務づけられ，講義に際しては，講師が講義内容に即して学生に質問をし，学生が質問に答えられない場合は，何らかのペナルティが課せられるという，計画的で双方向的な問答形式の講義形式が定着しつつある。

一方的な講義形式が採用されていた時代においては，学生は，講義に出席してノートをとり，学期末試験で一定の成績をとれば，単位を修得できた。極端な場合には，学生は，一度も講義に出ず，試験の前に友達の講義ノートをコピーし，過去の出題を参考にしつつ，一夜漬けの勉強をして試験に臨み，ノートの暗記した部分を書いて単位を修得するということも可能であった。しかし，法科大学院においては，毎回の講義で出席がとられ，講師が学生に質問をして，予習ができているかどうかを確認し，答えられない場合には，減点される。定期試験も事例問題が出題されて応用力が試される上に，平常点が一定の割合で評価されるので，試験勉強だけで単位をとることはできなくなった。しかも，毎回質疑がなされるので，自分が当たらなくても，だれ

はしがき

が，どれだけ勉強しているかがわかってしまう。学生たちは，勉強していないのも恥ずかしいが，勉強しているのに答えられないとなおさら恥ずかしくなるという厳しい状況に置かれている。最後の司法試験においても，講義で良い成績をとった学生の合格率が高いことが実証されつつあり，講義で良い成績をとる，すなわち，平素からまじめに予習・復習をして，法律の中身を理解し，応用力を養うことがますます重要となってきている。

このような平素からの学習を重視する法教育においては，講義レジュメにしたがって予習をしていても，他の学生のようにうまく講師の質問に答えられないということになると，事態は深刻となる。自分は法律の勉強には向かないのではないか，勉強の仕方が悪いのではないのかという疑問が生じるだけでなく，平常点が稼げないため，試験で挽回することが困難となるからである。

法科大学院において，事態を深刻にしているのは，最初の1年次で基本科目（憲法，行政法，民法，刑法，商法，民事・刑事訴訟法）のすべてについて，法学部で2〜3年かけて行っていた内容を1年間でマスターさせることを目標に掲げた講義が行われるようになったことである。法学部の卒業生ならいざしらず，他学部の学生（経済学部，社会学部，理学部，工学部，医学部等）を卒業した学生が法科大学院に入学してきた場合には，講義のあまりの密度の濃さが障害となり，講義についていけなくなるという事態が続出している。こうなると，筆者が実際に経験した民法の学習方法，たとえば，我妻民法を1日25頁のペースでゆっくり読んだり，母法となった外国法の原典に当たって，制度趣旨や問題点を理解するというような悠長な学習方法を採用していたのでは，講義に追いつけない仕組みができあがりつつあるということになる。

法科大学院の唯一の救いは，まともな講義をすることによって，今まで見えてこなかった学習方法の重要性がクローズアップされたことにある。正当な法教育を行えば，当然に予想される問題点が露呈したに過ぎない。正しい学習方法が評価されるようになった点は救いであるが，問題は，時間との戦いである。民法を1年間でマスターするためには，学習の順序を含めた学習方法の大幅な改善と戦略的な方法論が要求されるに至ったといってよい。

筆者は，このような状況の下で，民法を短期間でマスターするためには，

はしがき

　民法の学習方法を戦略的に再構成する必要があると考え、その戦略を明らかにするという目的に沿って本書を執筆することにした。本書を読むと、学生は、まず、民法をマスターするとはどういうことかを良く考えることになる。そして、自らの学習目標を設定するところから始めて、判例で適用される頻度が高いものという基準によって重要度の高い条文に着目し、そのような条文を深く理解することを通じて、重要度の低い条文は、重要な条文を支えている原理・原則から導き出せるような学習方法を採用することになるであろう。そして、民法の特色が、一般法と特別法との絶妙な組み合わせであることを演習を通じて理解するとともに、法律家の思考パターンが本書で詳しく説明するIRAC（アイラック：争点、ルール、適用、議論、結論）であることを理解して、具体的な問題解決にIRACを徹底的に利用するならば、1年間で民法をマスターすることができると考えている。

　これから法科大学院で1年間で民法をマスターせざるをえない学生にとって、さらには、民法が苦手だが、これから1年間で民法をマスターしようと決意した学部の学生にとって、本書が民法を楽しんで学習できるきっかけになれば幸いである。

　本書の執筆に際しては、信山社の渡辺左近氏、および、担当者の木村太紀氏に本書の着想のときから的確な助言をいただいた。また、明治学院大学法学部准教授角田真理子氏および同大学大学院法学研究科博士課程3年の深川裕佳氏には、原稿に目を通していただき、校正の労をとっていただいた。

　なお、本稿は、文部科学省研究費（特別推進研究「法創造教育方法の開発研究」代表：吉野一・明治学院大学名誉教授）の研究成果の一部である。研究代表および共同研究者の方々にも感謝の意を捧げたい。

　　2007年10月

　　　　　　　　　　　　　　　　　　　　　　　　　　加賀山　茂

目　次

★は難易度を示す（★が多いほど難しい）

第1部　民法の学習方法

第1章　学習対象としての民法の特色を知る★☆☆☆☆ ……………2
第1節　民法の魅力と重要性★☆☆☆☆ ……………………………2
1　民法の特色と面白さを知る(2)
　A．自由・平等・博愛は，民法によって具体化される(3)　B．国境を越えて通用する民法の原理(4)
2　消費者契約法による民法任意規定の復権と民法を知ることの重要性(4)
3　民法を教えることのボヤキから希望へ(6)

第2節　民法の中で重要な条文ベスト20は何か？★☆☆☆☆ ……………7
1　選定基準としての裁判における適用頻度(7)
2　民法適用頻度ベスト20を知ることの効用(9)
3　民法の構造と編別の適用頻度(10)

第3節　刑法との対比による民法の特色★★☆☆☆ ……………………14
1　被害者救済のため，類型化を脱して一般法を発展させた民法(14)
2　犯罪の処罰と人権擁護とを調和させるため，罪刑法定主義を通じて犯罪の類型化を維持する刑法(15)
3　民法の法律要件と刑法の構成要件との異同(16)
　A．成立要件(16)　B．成立障害・減免要件(16)　C．消滅要件(17)
4　まとめ：法律要件と構成要件との差は法目的の違いから生じている(18)

目次

第2章 学習目標を設定する★★☆☆ … 20

第1節 目標となる法律家像を知る★☆☆☆ … 20
1. 民法をマスターするにはどうすればよいか—目標の設定と適切な方法の選択(20)
2. 無味乾燥とも思える法律学を学ぶ前に，法律家の伝記を読んで理想の法曹イメージを思い描こう(21)

第2節 法の女神テミスから法の精神を学ぶ★★☆☆ … 23
1. 法の女神テミスから法のイメージを作り出そう(24)
2. 理想の裁判官像としてのテミス像(24)
3. 高く掲げた「天秤」の意味(25)
4. 下げた「剣」の意味(26)
5. 不思議な「目隠し」の意味(26)

第3節 目標は高く—これまでの試験に出たことのない問題を解けるようになろう★★★☆ … 28
1. やさしい問題と難しい問題との区別(28)
   - A. やさしい問題(28) B. 難しい問題(29)
2. 難しい問題をどのようにして解くか（民法学習の最終目標）(31)

第3章 法律家の思考方法（IRAC）を知る★★★☆ … 33

第1節 法律家の思考パターン（IRAC）を理解し，何かにつけて応用しよう★★★☆ … 33
1. 法律家の思考パターンとしてのIRACとは何か(33)
   - A. IRACの静態的な理解(34) B. IRACの動態的な理解(34)
   - C. IRACと法的分析能力・議論の能力との関係(35)
2. あらゆる面でのIRACの実践—試験合格への王道(36)

第2節 法律家の思考方法と科学的な思考方法との関係★★★☆ … 37
1. 科学的なものの考え方(37)
2. 法的なものの考え方(38)
3. 大陸法的思考と英米法的思考とを併用し，融合させる(39)

目　次

  4　法曹教育のあり方(40)

 第3節　基本と応用，理論と実務との架橋★★★☆☆ ……………………… 41

  1　基本と応用との違いを理解した上で，応用に接しながら基本をマスターしよう(41)

  2　実務家の思考方法と学者の思考方法との違い(42)

   A．法律実務家の思考方法(43)　　B．学者の思考方法(43)

  3　理論と実務との架橋に向けて(44)

   A．実践に至る教育とはどのようなものか―ネコはどのようにしてネズミを捕ることができるようになるのか(44)　　B．学者は理論を通じて実務との架橋を図る教育をなしうるか(46)

第4章　民法の構造を知る★★★★☆ …………………………………………… 48

 第1節　個別規定の中に埋もれている一般条項を発見する（実習1）★★☆☆☆ ……………………………………………………………………………… 48

  1　民法770条に規定された離婚原因の分析(48)

  2　民法770条1項1号から4号までの具体的な離婚原因の問題点(50)

  3　民法770条の具体的な離婚原因に関する改正案の提示(52)

 第2節　バラバラに規定されている条文の中から共通する一般要件を発見する（実習2）★★★☆☆ ……………………………………………… 53

  1　バラバラに規定されている契約解除の要件(53)

  2　発見された契約解除の一般要件と従来の考え方との対比(58)

  3　解除の一般要件としての「契約目的の不達成」の発展可能性(61)

   A．継続的契約関係の解除の要件としての「信頼関係の破壊」との関係(61)

   B．裁判上の離婚の要件としての「婚姻を継続し難い重大な事由」または「婚姻関係の破綻」との関係(63)

 第3節　条文の隙間を埋める原理としての条文には明示されていない「権利外観法理」を発見する（実習3）★★★★☆ ………………………… 64

  1　前提となる基本概念(65)

   A．善意と悪意，無過失と有過失(65)　　B．権利外観法理の定義(66)

   C．権利外観法理が問題となる意思表示の類型(67)

  2　民法93条の条文の裏に隠れた権利外観法理の要件としての「善

目　次

　　　　　意かつ無過失」(68)
　　3　民法94条の条文から消された「無過失」要件を復活させる判例の
　　　　動き(73)
　　　　A．民法94条1項の意味(73)　　B．民法94条2項の意味(74)
　　4　民法95条ただし書の「重過失」という要件に隠された民法93条
　　　　への橋渡し(76)
　　5　表見代理に関する民法109条，110条，112条の条文の隙間を埋
　　　　める「権利外観法理」の発見(78)
　　6　民法総則，債権総則に共通に見られる権利外観法理の発見(82)
　　　　A．無効を第三者に対抗できるか否かに関する統一的な判断基準(82)
　　　　B．権利外観法理に基づく判断基準の設定(84)　　C．善意と善意・無過
　　　　失という判断基準の混在の理由と今後の展望(86)

第5章　民法を学習する際のノウハウ★★☆☆☆ 90
　第1節　自分の頭の働きを知り，記憶のメカニズムに沿った学習法
　　　　を身につける★★☆☆☆ 90
　　1　人間の記憶のメカニズムとそれに適合した学習方法(91)
　　　　A．専門的な知識を確実に身につけるためには，何をすればよいのか(91)
　　　　B．専門的な知識を脳に蓄積することを妨げる原因の解明(91)
　　　　C．専門的な知識を脳に蓄積することを妨げる原因の克服(93)
　　　　D．長期記憶の創造(94)
　　2　個別問題を解くための学習方法(95)
　　　　A．講義を聴くための予備知識としての条文の理解(95)　　B．応用問
　　　　題を解けるようになるための知識の精緻化と長期記憶の再編成(95)
　　　　C．条文の隙間を埋めるための信義則等の法理の活用(96)
　　3　法教育の教育目標としての紛争解決能力と試験問題を解くことと
　　　　の共通性の理解(97)
　　4　分類に役立つ性質決定の意味(98)
　第2節　比較によって理解を深める。そのために，比較表を活用す
　　　　る★★★☆☆ 98
　　1　比較表の利用に関する一般的な考え方(98)
　　　　A．形式的な比較表(99)　　B．有用な比較表を作成するための3つの

viii

戦略(99)　　**C.** 共通点を抽出するための戦略の選択と有用な論理計算(100)　　**D.** 意味のある比較表の作成（101）

  2 比較表を使って知識を整理し，かつ，発展させる(101)

   A. 項目に対応する空白命題の補充(101)　　**B.** 項目の追加による比較表の発展と新たな命題の創造(102)　　**C.** 比較表によって創造された命題の表現(103)

第3節　民法解釈の方法の類型を理解し，うまく利用する★★☆☆ ……105

  1 解釈方法の類型(105)

   A. 文理解釈(106)　　**B.** 拡大解釈（拡張解釈）(106)　　**C.** 縮小解釈(106)　　**D.** 反対解釈(107)　　**E.** 類推解釈(107)　　**F.** 例文解釈(108)

  2 類推解釈と一般原則との関係(110)

第4節　わからないことはチェックして次に進むとともに，機会を見つけてどんどん質問する★★☆☆ …………………………112

  1 六法，辞書，教科書等の道具を揃えておこう(112)

  2 わからなくなった場合に最初にすべきこと(114)

  3 質問をしよう，できれば良い質問を(116)

   A. 質問の意味(116)　　**B.** 良い質問とは何か(116)　　**C.** 自分で考えるということの意味(118)

第5節　グループ学習の薦め★☆☆☆ ………………………………120

第2部　民法の学習に関連する問題についての批判的考察

第1章　民法現代語化の効用と問題点——民法典現代語化研究会案からの逸脱を中心に——★★★☆ …………………128

第1節　民法現代語化の肯定的評価と問題点の指摘 ………………128

第2節　民法現代語化に名を借りた逸脱行為に対する批判 ………131

  1 現代語化に便乗した不毛・有害な条番号の変更(131)

   A. 条番号の変更の理由(132)　　**B.** 条番号の変更による混乱の発生(134)　　**C.** 条番号の変更による目的の達成度と変更による混乱との利益衡量(135)　　**D.** 枝番号と欠番とは歴史の尊重であり，「永久欠番」もあってよい(141)

目　次

　　　2　用語の言い換え・統一に名を借りた不適切・中途半端な内容変更(142)
　　　　　A.　囲繞地を「包囲地」とせず，「その土地を囲んでいる土地」としたのはなぜか(143)　　B.　目的と目的物との混同は解消されたか(144)　　C.　「取消し」と「撤回」との混同は解消されたか(146)　　D.　「取消し」と「撤回」との区別基準の欠陥が原因で生じた立法の過誤(153)　　E.　「取消し」と「撤回」の再定義に基づく再改正の必要性(155)
　　　3　内容変更における善意・無過失の立証責任に関する不整合(157)
　　　　　A.　表見代理における善意・無過失の立証責任(157)　　B.　表見弁済受領者（債権の準占有者および受取証書持参人）に対する弁済における善意・無過失の立証責任(161)

第3節　民法現代語化から内容改正への展望 …………………………164
　　　1　現代語化を逸脱した変更のやり直しの必要性(164)
　　　2　内容改正のための議論の場（電子掲示板）の構築(165)
　　　3　立法における「透明・公正」の原則の確保(166)

第2章　判例の読み方──判例は変更されず，ただ追加あるのみ──★★★★★ …………………………………169

はじめに ………………………………………………………………169

第1節　判例の読み方について ………………………………………171
　　　1　判決を読むときに留意すべき点(171)
　　　2　判決を読むときの具体的な方法の提案(174)

第2節　具体例としての最高裁判決（最三判平12・6・27民集54巻5号1737頁）……………………………………175
　　　1　具体的な判例の選択の意図(175)
　　　2　最高裁判決の背景にある判例・通説の対立状況(176)
　　　3　参照条文(178)
　　　4　判例用語の解説(180)
　　　　　A.　主　文(180)　　B.　理　由(181)

第3節　バックホー盗難事件に関する判例の紹介 ………………181
　　　1　最高裁判決（最三判平12・6・27民集54巻5号1737頁）(182)

目　次

   2 第一審判決（要旨）(186)

   3 第二審判決（要旨）(187)

 第4節 条文と判例の法理を考慮した事実関係の読み方 …………187

   1 事実関係(187)

    A. 事実の整理(187) **B.** 登場人物の整理(189) **C.** 目的物の解説(189)

   2 争　点(189)

    A. 第1の争点―占有者の使用収益権(190) **B.** 第2の争点―盗品を返還後の代価弁償請求の適否(195) **C.** 第3の争点―隠された争点としての盗品の所有権の帰属(199)

 第5節 関連判例との比較による本判例の位置づけ ……………201

   1 参考判例（大判昭4・12・11民集8巻923頁）(202)

    A. 判決要旨(202) **B.** 判　決(202) **C.** 事実の概要(205)

   2 新旧2つの判決の比較検討(206)

   3 判例の法理の抽出と判決要旨のまとめ方(207)

   4 筆者の判決メモ(207)

 第6節 判例の読み方から立法論へ ……………………………210

   1 民法192条以下の条文構造とその問題点(210)

   2 民法192条，193条，194条という条文の順序は合理的か(212)

   3 民法192条以下の条文の意味を変更する提案(214)

   4 最高裁平成12年判決を踏まえた民法194条の改正案(215)

おわりに ……………………………………………………………216

第3章 要件事実論・要件事実教育批判――法創造教育の観点から――★★★★★……………………………………219

はじめに―要件事実論の目標と「不親切」― ………………………219

第1節 要件事実論の目標：民法の「立体化」とは何か？ ………220

第2節 改革審・意見書の考え方 ……………………………222

   1 法科大学院の目的(222)

　　　　　　　　　　目　次

　　　2　法科大学院の教育理念(222)
　　　3　法科大学院の教育内容および教育方法(223)
　　　4　本稿の目的(223)
　第3節　民事訴訟法上の請求，否認，抗弁と実体法との関係……………224
　　　1　請求，否認，抗弁の関係(224)
　　　2　否認と障害事実（抗弁）とは，ともに請求原因事実の否定であり，
　　　　実体法上の差は存在しない(225)
　　　　A.　障害事実は，請求原因事実の否定であって別個の事項ではない（要件事実教育の根本的な誤り・その1）(225)　　B.　障害事実になるかどうかは立証責任の分配の後に決まるに過ぎない（要件事実教育の根本的な誤り・その2）(226)
　　　3　抗弁と再抗弁との差も同様であり，再抗弁は，実体法上は，請求
　　　　原因の一部に過ぎないのではないか(227)
　第4節　再抗弁という概念はどこから来たのか………………………227
　　　1　再抗弁とは何か(227)
　　　2　貸金返還請求訴訟における原告の時効中断の主張は再抗弁か？(229)
　　　3　時効中断の主張が再抗弁であるという誤りの生じた原因（要件事
　　　　実教育の根本的な誤り・その3）(230)
　　　4　再抗弁，再々抗弁という概念の破綻（要件事実教育の根本的な誤
　　　　り・その4）(234)
　第5節　権利障害規定は，訴訟上の概念か？実体法上の概念か？………235
　　　1　権利障害規定とは何か(235)
　　　2　権利概観法理における「善意かつ無過失」の要件の立証責任の分
　　　　配と立法者の混乱(237)
　第6節　要件事実教育の弊害……………………………………………241
　　　1　要件事実教育とは何か(241)
　　　2　民法93条を例にとった要件事実教育批判(242)
　　　　A.　民法93条の実体法上の考え方(242)　　B.　民法93条の規範説による理解(242)　　C.　善意かつ無過失の立証責任は，事前には決定できないし，決めるべきではない(243)　　D.　要件事実教育の原点・兼子

目　次

　　　説（誤謬の根源）(244)
　　3　錯誤の議論に関する要件事実教育者からの執拗な攻撃に対する反論(247)
　　　　A. 要件事実教育者からの実体法学者への攻撃(247)　　B. 実体法の観点からの反論(247)　　C. 民法95条の実体法上の論理の発展(248)

第7節　結　論 ……………………………………………………249

おわりに ……………………………………………………………251

　　1　パロディ(251)
　　2　今後の課題(252)

事項索引

第 1 部
民法の学習方法

　第1部は，民法を学習するに際して考慮しておくべき以下の5つの事項について，学習上のノウハウを提供する。
　1．学習対象としての民法の特色を知る
　2．挫折しないための学習目標を設定する
　3．法律家の思考方法（IRAC）を知り，使いこなす
　4．民法の構造（一般法と特別法の絶妙な組み合わせ）を知り，実習をしてみる
　5．民法の学習方法を知り，実践する

第1章
学習対象としての民法の特色を知る★☆☆☆☆

民法はおもしろい。そして，ますますおもしろくなっている。

第1節　民法の魅力と重要性★☆☆☆☆

民法は，市民生活の基本法といわれている。「自由・平等な横の関係」，そして，「任意規定の強行規定化」（本来，契約によってとって代わられるはずの任意規定（民法の通常の条文）が契約に優先する効力を与えられるという状態が生じている現象）が，最近の民法の特色を示している。

民法学習の重要性は，民法が市民生活の基本法であるという理由ばかりでなく，消費者契約法の制定（特に消費者契約法 10 条）によって，さらに高められている。なぜなら，消費者契約の場合，消費者契約法 10 条によって，民法の規定は，常に契約条項と比較検討されるべきことが規定され，契約条項に優先して適用されることが多くなり，あたかも強行規定（民法 90 条のような特別の規定）のようになりつつあるという現象（上で述べた「任意規定の強行規定化」という現象）が進行しているからである。

1　民法の特色と面白さを知る

民法は，市民生活の基本法（憲法）と呼ばれ，市民生活に密接な関係をもつ法律である［星野・民法の学び方（2006）33-34 頁］。民法は，わが国の法律の中で，最も条文数が多い法典であるため，全体を理解するためには，かなりの量の学習を必要とする。少なくとも，3 年はかかるといわれてきた。2004 年にわが国に設立された法曹養成機関である法科大学院では，それを 1 年間でマスターする必要があるという。そのような短期間で民法をマスターするには，さまざまな工夫が必要である。しかし，さまざまな工夫をこらしたとしても，学習対象である民法自体が魅力的でなくては，学習意欲も湧

第 1 節　民法の魅力と重要性

かない。そこで，最初に，民法が 1 年以上の年月をかけて，みっちりと勉強するに値する魅力あふれる法律であることを紹介することにしよう。

A.　自由・平等・博愛は，民法によって具体化される

　民法は自由・平等な立場にある人と人，および，人と財産との関係を規律する基本法である。憲法が，国家と国民（市民）との関係といういわば「縦の関係」を規律する基本法であるのに対して，民法は，国民と国民とのいわば「横の関係」を規律する基本法である。

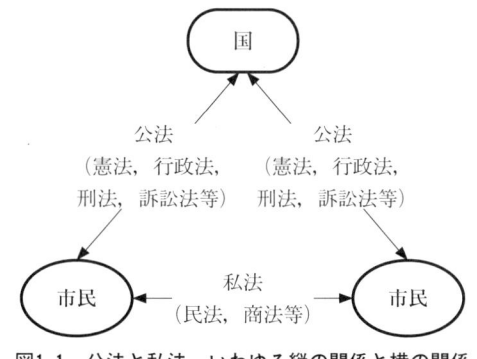

```
                    国
           公法            公法
        （憲法, 行政法,    （憲法, 行政法,
         刑法, 訴訟法等）   刑法, 訴訟法等）
      市民 ←――――――――→ 市民
              私法
           （民法, 商法等）
```
図1-1　公法と私法―いわゆる縦の関係と横の関係

　法律というと憲法や行政法や刑法といった「縦の関係」を規律する公法を思い浮かべる人が多い。確かに，法律といえば，憲法や行政法や刑法のように，国家権力と市民との関係を規律するものが多い。それに，国家権力と市民との関係は，映画やテレビで放映されているようにドラマティックであり，魅力にあふれている。しかし，生活という観点から見た場合には，「縦の関係」ではなく，自由・平等な人と人との関係，すなわち，「横の関係」が基本となる。しかも，自由・平等な人と人との関係は，国家権力の支配の及ばない国際的な関係においては，国家法の枠を超えるため，皮肉なことに，条約，慣習，法人という民法の基本的な考え方にその基礎を置かなければならないという事情がある。

　民法を学習するに際しては，自由・平等な人間が自由で平等な状態を保ったまま，どのようにして新しい組織を作ったり，共同作業をしたりすること

が可能となるのか，人間関係がうまくいかなかった場合にどのような解決方法があるのかといった観点からものごとを考えるというスタンスが必要である。「縦の関係」の場合のように，自分は直接には関与せずに，誰かに任せておけばうまくいくという世界ではないことをまず認識する必要がある。

B. 国境を越えて通用する民法の原理

民法には，人間の自由と平等を前提にして，人間の共同生活をうまくコントロールするための知恵が詰まっている。しかも，それは，いわゆる「社会契約」という考え方を通じて，国家と市民との公法関係にも応用可能であること，さらには，憲法を越える問題である国家間の関係を規律する国際法，すなわち，国際条約法や国際慣習法，そして国際組織法にも応用可能である。そうだとすると，民法をマスターすることの意味は計り知れないということになる。民法をマスターすることによって，その知恵を社会に還元し，民法の知恵をさらに発展させることが民法を学ぶ者としての最終目標となる。

2 消費者契約法による民法任意規定の復権と民法を知ることの重要性

民法を学習することのインセンティブにつながる最近の興味深い例としては，2000年に成立した消費者契約法がある。消費者契約法の中でも，その第10条は，労働契約を除くすべての消費者契約条項について，これまでの契約自由の原則に対して，革命的な変更をもたらしている。すなわち，消費者契約法10条は，民法または商法の規定を適用した場合と問題となる契約条項を適用した結果を比較してみて，民法や商法の規定を適用した場合よりも契約条項を適用した場合の方が消費者の利益を一方的に害する場合には，その契約条項は無効となると規定している。

消費者契約法第10条（消費者の利益を一方的に害する条項の無効）
　民法，商法その他の法律の公の秩序に関しない規定の適用による場合に比し，消費者の権利を制限し，又は消費者の義務を加重する**消費者契約の条項であって**，民法第1条第2項に規定する基本原則に反して**消費者の利益を一方的に害するものは，無効**とする。

第1節　民法の魅力と重要性

　従来の考え方だと、民法の条項のうち契約に関する規定は、任意規定とされており、公序良俗に違反しない限り、契約によって自由にその内容を変更できるとされてきた（いわゆる契約自由の原則：民法91条，92条，420条）。しかし、この消費者契約法10条によって、消費者を相手にする契約については、その契約条項が民法の任意規定を適用した場合に比べて、消費者を一方的に害する場合には、たとえ公序良俗に反していない場合であっても、その契約条項は無効となるのであり、任意規定の強行規定化という現象に拍車がかかり始めている。

表1-1　これまでの任意規定と強行規定との関係

公序に関する事項 （強行規定が問題となる）		公序に関しない事項 （任意規定が問題となる）		
強行規定 あり	強行規定 なし	当事者意思 あり	当事者意思不明・当事者意思なし	
^	^	^	事実たる慣習あり	事実たる慣習なし
①強行規定が適用される	②慣習法による （法の適用に関する通則法3条）	③当事者意思に従う （民法91条）	④事実たる慣習に従う （民法92条）	⑤最後の最後に、任意規定が適用される （民法91条，92条の反対解釈）
任意規定の適用の余地なし	契約自由・私的自治の名による，任意規定の適用の極端な制限			

　消費者契約法10条が適用される場面では、上記の表における任意規定の適用の順序が逆転し、④「事実たる慣習」よりも、さらには、③消費者を害する「当事者の意思」よりも、⑤民法の「任意規定」の方が優先して適用されることになる。つまり、消費者を害する③「契約条項」よりも、④「事実たる慣習」よりも、消費者の権利を尊重する⑤民法の「任意規定」が最初に適用されるという、任意規定の強行規定化という事態が生じているのである。

　このようにして、現代社会においては、民法を知ることは、従来は、無視されがちであった民法の規定の大半を占める任意規定が契約条項に優先する場合があるということ、民法の規定を知らないと、契約書を作っても、それが無効になるのを未然に防止することができないなど、非常に大きな意味を有することがわかる。

3 民法を教えることのボヤキから希望へ

　これまで民法を教えてきて，一番引っかかっていたのは，圧倒的に多い任意規定（契約に関する民法の規定は，そのほとんどが任意規定とされている）は，そのほとんどが約款等の契約条項によって変更されてしまい，ほとんど役に立たないといわれることであった。

　「民法は市民生活の基本法です。条文は多いけれど，よく勉強しましょう。」と呼びかけても，民法嫌いの学生から，「先生，社会に出たら，民法の規定のほとんどは，契約によって骨抜きになっているって聞きましたよ。民法，特に，契約法は，社会に出たらほとんど役に立たないのではないのですか。」と言われると，「それはそうかもしれないけれど，民法の基本的な考え方は重要なので，しっかり勉強してください。」と，あまり説得力のない説明をするにとどまっていた。同じ民事法を教えていても，社会で頻繁に使われている商法や会社法，法廷の運営に不可欠の民事訴訟法と比較してみた場合，民法を教える先生は，少しばかり，肩身の狭い思いをしてきたわけである。

　しかし，2001年4月1日に消費者契約法が施行されてからは，状況は一変した。市民生活に関係する売買契約，消費貸借・消費寄託契約（お金の貸し借り・預金），賃貸借（下宿）契約，請負（運送）契約，クリーニング契約，さらには，大学生に最も身近な在学契約等の契約がすべて消費者契約法の適用対象となり，それらの契約条項がすべて消費者契約法10条のチェックにさらされることになったからである。つまり，いかなる契約条項も，それが有効か無効かを判断しようと思えば，以下のプロセスを経なければならないことが明らかになったのである。

1. 問題となる事案に適用される可能性のある民法または商法の任意規定を発見する。
2. 発見した任意規定を事案に適用した結果と，問題となっている契約条項を事案に適用した結果とを比較する。
3. 事案に任意規定を適用した結果に比べて，契約条項を適用した結果の方が，消費者の利益を一方的に害する場合には，その契約条項は無効となる。

こうなると，民法の任意規定をしっかり学ばなければならないことは明白

である。民法を教える側のボヤキは，以下のような希望に満ちたメッセージへと変化したのである。

> 皆さん，社会に出ても，民法は大切です。皆さんの就職先で利用されている消費者相手の契約条項が有効か無効かは，民法の任意規定との比較の結果に依存するからです。もしも，皆さんの就職先で利用されている契約条項が民法の任意規定と比較して，相手方である消費者の利益を一方的に害すると判断される場合には，それらの契約条項は無効である危険性があります。就職して法務関係の仕事に就くことがあれば，顧客相手の契約条項を常にチェックし，任意規定との乖離が見つかった場合には，直ちに変更を提案する必要があります。そういうわけですから民法の強行規定は言うに及ばず，任意規定もすべてきちんと勉強しておくことが大切です。

第2節　民法の中で重要な条文ベスト20は何か？★☆☆☆☆

> 民法の条文の中で最も適用頻度の高いベスト20を知っておくのが最も効率的な学習法につながる。

　民法の条文は，1条から1044条まである。この条文をはじめから終わりまで，丹念に学習していくと，どんなに努力しても，1年では足りない。民法を1年でマスターしようと思えば，そのうちの重要な条文を中心に据えて学習するしかない。

　しかし，どの条文が重要なのかは，一概にはいえない。確かに，民法709条（不法行為による損害賠償），民法415条（債務不履行による損害賠償）が重要であることについては，見解が一致している。しかし，それ以外の条文について，重要な条文は何かといわれると，見解の一致は見られない。このため，これまでの民法の教科書は，どの条文が重要かについて，あいまいなままにしてきたように思われる。

1　選定基準としての裁判における適用頻度

　民法の条文の中で，どの条文が重要かは，評価する観点や基準によって決まる。そして，よく考えてみれば，重要性の評価に関する客観的基準がない

第1章 学習対象としての民法の特色を知る

わけではない。客観的な基準の1つとして，適用頻度を基準とすることが考えられる。そして，民法の条文のうち，どの条文が実際の裁判所によって，どの程度に適用されているのかを調べることは可能である。コンピュータを使ってデータベースを検索すると，実際の裁判において，どの条文がどの程度の頻度で適用されたかを知ることができる。ここでは，CD一枚で，戦後の判例が検索できる新日本法規出版の「判例マスター」を利用して，戦後から最近までの判例による条文の適用頻度を調べ，その結果をグラフと表にしたものを紹介することにしよう。

表1-2　民法適用頻度ベスト20

No.	条文		適用頻度	No.	条文		適用頻度
1	709条	不法行為による損害賠償	23.76%	11	110条	権限外の行為の表見代理	2.29%
2	415条	債務不履行による損害賠償	6.51%	12	612条	賃借権の譲渡及び転貸の制限	1.94%
3	1条	基本原則	6.15%	13	95条	錯誤	1.52%
4	715条	使用者等の責任	5.65%	14	719条	共同不法行為者の責任	1.46%
5	710条	財産以外の損害（慰謝料）の賠償	3.75%	15	703条	不当利得の返還義務	1.41%
6	722条	損害賠償の方法及び過失相殺	3.59%	16	482条	代物弁済	1.32%
7	177条	不動産に関する物権の変動の対抗要件	2.75%	17	416条	損害賠償の範囲	1.32%
8	90条	公序良俗	2.52%	18	723条	名誉毀(き)損における原状回復	1.32%
9	541条	履行遅滞等による解除権	2.42%	19	717条	土地の工作物等の占有者及び所有者の責任	1.25%
10	601条	賃貸借	2.32%	20	770条	裁判上の離婚	1.22%

第 2 節　民法の中で重要な条文ベスト 20 は何か？

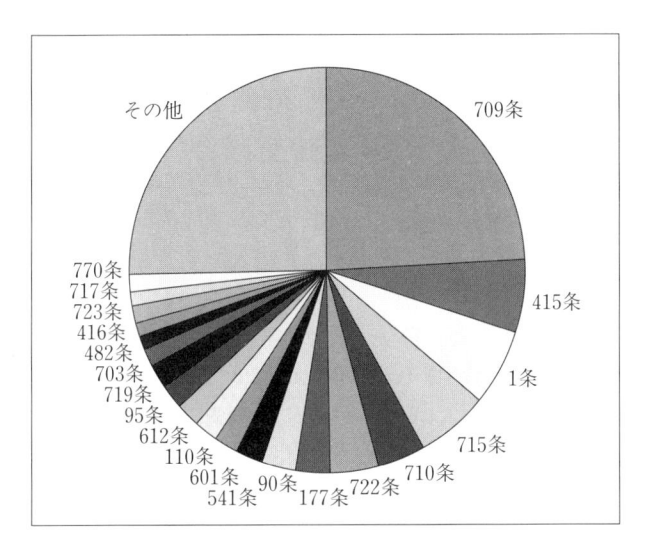

図1-2　民法のうち, 適用頻度の高い条文ベスト 20

これらの条文だけで, 民法の問題の7割以上を解決できることになる

　上記の民法適用頻度ベスト 20 は, 統計資料の選別によって差が生じることは避けられないが, 学習者にとって, 1 つの新しい基準となりうるように思われる。上記の民法適用頻度ベスト 20 の条文を実際に読んでみよう。できれば, 後に詳しく解説する判例付きの六法（判例六法, 模範六法など）で民法適用頻度ベスト 20 の条文を判例とともに, 丁寧に読んでみよう。それらの条文を理解できれば, 民法に関する問題の 4 分の 3 は解決できるということになる。そうだとすると, 民法を 1 年でマスターしようとする者にとって, ずいぶんと気が楽になるのではないだろうか。

2　民法適用頻度ベスト 20 を知ることの効用

　表 1-2 と図 1-2 を見ると, 民法で重要な条文は何かが大まかに理解できる。まず, 不法行為に関する民法 709 条と債務不履行に関する民法 415 条が重要であることは, この表によっても再確認できる。
　従来の一般的な考え方と異なるように見えるのは, 民法 1 条に代表される

「一般条項」の適用頻度の驚くべき高さである。従来の民法の教科書を読むと，一般条項は，「伝家の宝刀であり，むやみに抜いてはならない」として，一般条項の適用には慎重であるべきだとの見解が披露されている。しかし，現実は正反対である。裁判所は，民法1条（基本原則），民法90条（公序良俗），民法703条（不当利得の返還義務）等の一般条項を非常に高い頻度で事件に適用している。民法の特色は，一般条項と個別条項との絶妙なバランスにあるというのが筆者の見解であるが，この表を見ても，一般条項の重要性は明らかであろう。

　もっとも，具体的な問題を解決するに際して，民法の具体的条文を使って解決できるときは，具体的な条文を示して解決案を提示すべきであって，わざわざ一般条項を使う必要はない。また，一般条項を使うよりも，一般条項の考え方を具体化した個別条項（たとえば，民法93条，94条2項，110条等）の類推を使う方がエレガントであるとの考え方が主流となっていることも事実であろう［米倉・プレップ民法（2005）208頁］。この点を頭に入れつつ，それでもなお，民法の最大の特色は，次に詳しく論じるように，個別条項では解決できない問題を解決できる一般条項を有することであり，最後の切り札として，一般条項を使うことができるということを忘れてはならない。

　民法の専門家が上の表を詳しく検討すると，民法の特色や裁判所の機能が透けて見えてくるはずである。しかし，その問題は，後に論じることにして，ここでは，民法を学習するに際して，裁判でよく使われる条文にはどのようなものがあるのかを一瞥するに留めておこう。

　民法の条文の中での適用頻度ベスト20をうまく使って，民法全体を理解するという試みは，まだ，誰もやったことがない。本書では，第4章において，この条文ベスト20を中心に据えて，その周辺の条文を手がかりとして，民法全体の学習の方法を詳しく解説するつもりである。

3　民法の構造と編別の適用頻度

　民法の条文の適用頻度ベスト20を理解したので，ここで，民法の大まかな構造とその適用頻度を示しておくことにしよう。民法の全体の構造を見てみると，民法の特色が，どの編を見ても，総論（通則，総則）と各論との組

第2節　民法の中で重要な条文ベスト20は何か？

み合わせ，すなわち，一般法と特別法との組み合わせにあることが理解できると思われる。このような，総論と各論との組み合わせは，ドイツ民法が採用した方式であり，フランス民法のインスティチュティオーネン（法学提要）方式との対比で，パンデクテン（学説彙纂）方式と呼ばれている。

現行民法が採用しているパンデクテン方式とは，コンピュータプログラムとの対比で比喩的に表現すると，物権，債権，親族，相続というそれぞれのメイン・ルーティンを配置するとともに，随所に総則というサブ・ルーティン（共通に利用できるプロセス）を用意して全体の見通しをよくした壮大なコンピュータプログラムのようなものだということができよう。

● **民法の構造**（総論（通則，総則）と各論との組み合わせ）
　I　総則（第1編）
　　1．**通則**（信義則，権利の濫用）
　　2．権利の主体（自然人，法人）
　　3．権利の客体（物）
　　4．権利の変動（法律行為，期間の計算，時効）
　II　物権（第2編）
　　1．**総則**（物権の創設，物権変動）
　　2．占有権（取得，効力，消滅）
　　3．本　権
　　　A．所有権（限界，取得，共有）
　　　B．制限物権
　　　　・用益物権（地上権，永小作権，地役権）
　　　　・担保物権（留置権，先取特権，質権，抵当権，根抵当）
　III　債権（第3編）
　　1．**総　則**
　　　A．債権の目的（特定債権，種類債権，金銭債権，選択債権）
　　　B．債権の効力（債務不履行責任，債権者代位権及び詐害行為取消権）
　　　C．多数当事者の債権・債務（可分債権・債務，不可分債権・債務，連帯債務，保証責任）
　　　D．債権の譲渡
　　　E．債権の消滅（弁済，供託，相殺，更改，免除，混同）
　　2．債権の発生原因
　　　A．契　約

第1章 学習対象としての民法の特色を知る

- **総則**（契約の成立（諾成契約，懸賞広告），契約の効力（同時履行の抗弁権，危険負担，第三者のための契約），契約の解除）
- 契約類型（贈与，売買，交換，消費貸借，使用貸借，賃貸借，雇用，請負，委任，寄託，組合，終身定期金，和解）

  B．事務管理
  C．不当利得
  D．不法行為
  - 一般不法行為
  - 特別不法行為

IV　親族（第4編）
1. **総則**（範囲，発生，終了，効力）
2. 婚　姻
   A．婚姻の成立（婚姻の障害要件，婚姻の届出，婚姻の無効及び取消し）
   B．婚姻の効力（夫婦の氏，同居・協力義務，成年擬制，夫婦間契約の取消し）
   C．夫婦財産制
   - **総　則**
   - 夫婦財産制

   D．離婚（協議上の離婚，裁判上の離婚）
3. 親　子
   A．実子（嫡出の推定，嫡出の否認，認知，準正，子の氏）
   B．養子（普通養子，特別養子）
4. 身上監護及び財産管理
   A．親権，後見，保佐及び補助
   B．扶　養

V　相続（第5編）
1. **総　則**
2. 相続人
3. 相続の効力
   A．**総　則**
   B．相続分
   C．遺産の分割
4. 相続の承認
   A．**総　則**

第 2 節　民法の中で重要な条文ベスト 20 は何か？

    B．相続の承認（単純承認，特別承認）
    C．放　棄
    D．財産分離
    E．相続人の不存在
  5．遺　言
    A．**総　則**
    B．遺言の方式（普通の方式，特別の方式）
    C．遺言の効力
    D．遺言の執行
    E．遺言の撤回及び取消し
  6．遺留分

● 編別の適用頻度

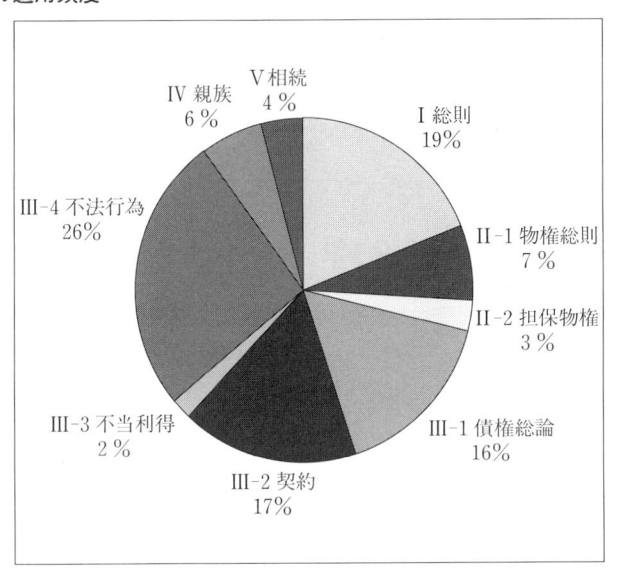

- Ⅰ 総則 19％
- Ⅱ-1 物権総則 7％
- Ⅱ-2 担保物権 3％
- Ⅲ-1 債権総論 16％
- Ⅲ-2 契約 17％
- Ⅲ-3 不当利得 2％
- Ⅲ-4 不法行為 26％
- Ⅳ 親族 6％
- Ⅴ 相続 4％

図 1-3　民法の編別から見た条文の適用頻度

第3節　刑法との対比による民法の特色★★☆☆☆

> 被害者救済のため，類型化を脱して一般法を発展させた民法。これに対して，犯罪の処罰と人権擁護とを調和させるため，罪刑法定主義を通じて犯罪の類型化を維持する刑法。両者の違いを通じて，法の目的についての考え方を深めよう。

　法律を学習するにしたがって，刑法が好きな人，民法が好きな人ができてくる。好きなのは良いことであって問題がないのだが，民法は好きだが，刑法が嫌いな人，刑法は好きだが，民法が嫌いな人というように，嫌いな面が強く出てくると学習にも差し障りが出てくる。

　民法と刑法とで，人によって生じる好き嫌いはどこから出てくるのであろうか。ここでは，民法における不法行為法と刑法とを比較して，民法の要件と刑法の構成要件との違いについて考察してみよう。

1　被害者救済のため，類型化を脱して一般法を発展させた民法

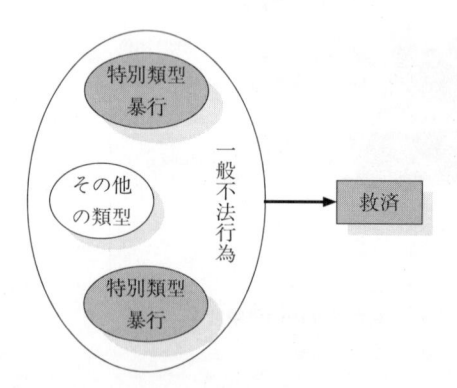

図1-4　個別的不法行為を超える一般不法行為法の利点

　民法における不法行為法の目的は，被害者の救済にある。その手段として採用する損害賠償請求権は，その額によっては，不法行為の抑制という作用も期待できるが，それは，あくまで，二次的な作用に過ぎない。被害者の救済という観点からは，不法行為を類型的に把握するだけでは，救済を全うすることはできない。新しい不法行為に対応して，常に，被害者の救済を実現するためには，類型化を脱した一般不法行為によって，被害を救済しなければならない。

第3節　刑法との対比による民法の特色

わが国の民法においては，上記の図のように，一般不法行為法（民法709-713条，720-724条）と特別不法行為法（民法714条-719条）とが絶妙に組み合わされている。しかし，世界的な観点から見ると，すべての国がこのような体系を有しているわけではない。わが国の民法は，比較法の成果という歴史の産物であり，多分，最も進化した形態に属する（不法行為に関するローマ法，英米法，ドイツ法，フランス法の概括的な比較に関しては，四宮和夫『不法行為』〔現代法律学全集10-ⅱ〕青林書院（1985年）274頁参照）。

不法行為法は，他の民法の領域と同様に，ローマ法にその起源を持つ。そして，ローマ法は，窃盗，強盗，人格侵害，強迫等の個別の不法行為に対する法を有していたが，決して，一般不法行為という概念を持つことはなかった（原田慶吉『日本民法典の史的素描』創文社（1954年）337-338頁）。ローマ法の系統を受け継ぐ英米法においても，不法行為は，複数形のtortsという複数形の用語で表現されてきた。不法行為をあらわすものとして，単数形のtortという用語が使われるようになったのは，最近のことに過ぎない。

一般不法行為という概念は，17世紀のグロチウス（Grotius）をはじめとする自然法学者の努力によって形成されたものであり［原田・日本民法典の史的素描（1954）374-376頁］，自然法学者であるドマ（Domat）の影響を受けた19世紀初めのフランス民法がはじめてこれを採用し，わが国もこれにならったという経緯がある。

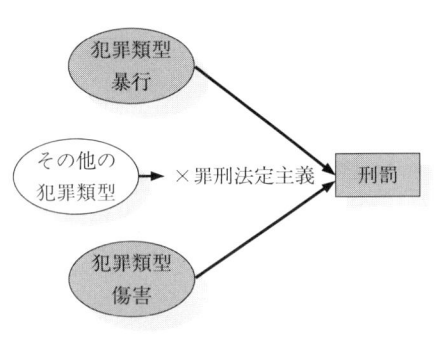

図1-5　犯罪の処罰を目的とする場合の類型論の意義

2　犯罪の処罰と人権擁護とを調和させるため，罪刑法定主義を通じて犯罪の類型化を維持する刑法

これに対して，刑法は，人権擁護の観点から，その出発点を罪刑法定主義においている。罪刑法定主義を実現するためには，犯罪類型が維持されなければならず，一般犯罪という概念によって，犯罪類型に規定されない犯罪を処罰することは許されない。したがって，刑法においては，民法のような，

不法行為類型を超えた一般不法行為を観念することはできず，一般不法行為に規定された法律要件（不法行為の成立要件）によって法律効果を与えるということもできない。しかし，犯罪の存在を厳しく制限しようとする刑法の精神からは，刑の不成立の要件，刑の消滅要件については，民法と同様，一般的な要件を観念することが可能となる。

3 民法の法律要件と刑法の構成要件との異同

民法の不法行為の法律要件は，第1に成立要件，第2に成立障害・減免要件（責任無能力，違法性阻却・責任阻却事由，過失相殺），そして第3に消滅要件（消滅時効）から構成されている。民法と刑法に関して，それぞれの要件ごとにその異同を考察すると以下のようになろう。

A. 成立要件

刑法の構成要件と一般不法行為の成立要件を定める民法709条とを対比する場合，民法の法律要件と刑法の構成要件とは同じではない。なぜなら，すでに指摘したように，罪刑法定主義を採用する刑法には，民法709条の一般不法行為に該当するものが存在しないからである。

刑法の構成要件と民法の不法行為の成立要件をパラレルに比較するのであれば，刑法の構成要件と，民法714条～718条の特別不法行為の成立要件とを比較すべきである。この場合は，構成要件と成立要件とは，類型論という同じ性質を持ったものと理解することができる。

B. 成立障害・減免要件

成立要件の場合とは異なり，民法712条，713条，720条のような不法行為の成立障害・減免要件に関しては，刑法にも同様の規定が存在する。むしろ，刑法の刑の不成立・減免要件（特に，刑法35条-41条）を民法が成立障害・減免要件として取り入れたというのが正確であろう。

なぜ，この点で民法と刑法とが同様の要件を持っているかというと，不法行為の成立障害・減免要件と刑の不成立・減免要件とは，ともに罪刑法定主義の精神に合致しており，個別的にではなく，一般的に論じることが可能だ

第3節 刑法との対比による民法の特色

からである。

つまり，刑法上の犯罪成立要件に関しては個別類型ごとの要件（構成要件）だけで，一般的な成立要件がないのに，不成立の要件に関しては，一般的な要件があるということになる。その理由は，まさに，刑法の目的が犯罪の処罰にあり，したがって，刑法においては，罪刑法定主義，すなわち，犯罪の成立要件を極力限定して考察しようとする精神が，あらゆる面で尊重されているところにある。

以上のように考えて初めて，刑法総論に規定された犯罪の不成立および刑の減免（特に，35条-41条）は，民法における成立障害・減免要件とほぼ同一であることの意味が理解できる。

確かに，民法が故意と過失を区別しないのに対して，刑法が原則として故意犯のみを罰するという点は異なる。しかし，責任要件の内容にはこのような差があるものの，両者ともに，責任要件を欠く場合（たとえば，責任無能力者の行為）については，免責を認めているという点，すなわち，一般的な成立障害・減免要件を認めているという点については，両者に差異は存在しないのである。

C. 消滅要件

消滅要件については，刑法は刑の時効と刑の消滅だけ規定して，公訴時効については刑事訴訟法（250条-255条）にゆだねている。このため，実体法だけで消滅事由が明らかとなる民法と，消滅事由について刑事訴訟法を参照しなければならない刑法とでは，問題を実体法という平面で捉えることができるかどうかで，差が生じている。

しかし，C.消滅要件も，犯罪の存在要件を厳しく制限しようとする考え方からは，A.成立要件の場合とは異なり，むしろB.成立障害・減免要件と同様に，刑法においても，一般的に論じることが可能な問題である。したがって，民法の消滅要件と刑事訴訟法を含めた刑法の消滅要件を比較することは，不可能なことではないし，そのような作業を行った結果は，成立障害・減免要件の場合に示したのと同様，細かな差異はあるものの，消滅要件についても，総論規定が有効に存在するという点に関しては，大きな差はないということができよう。

民法の不法行為法における法律要件と刑法の構成要件を含めた刑の不成立・減免要件，刑の消滅要件を比較した結果は，以下の表のようにまとめることができる。

表1-3　刑法の構成要件等と民法の法律要件との対比

		刑　　法		民　　法	
		概　念	条　文	概　念	条　文
一般要件		A. 成立要件 （存在せず）	―	A. 成立（発生）要件	民法709条
		B. 不成立要件	刑法35条-41条	B. 成立（発生）障害要件	民法712条, 713条, 720条
		C. 消滅要件	刑法31条-34条の2	C. 消滅要件	民法722条2項, 724条
個別要件		**構成要件**	刑法77条以下	個別的な成立要件	民法714条-719条

4　まとめ：法律要件と構成要件との差は法目的の違いから生じている

　民法の法律要件と刑法の構成要件だけを比較すれば，その差は大きいが（刑法には，民法709条のような一般成立要件存在しない），構成要件だけでなく，刑法の刑の不成立・減免要件，刑の消滅要件等を含めて総合的に考察すると，民法の法律要件と刑法の構成要件・不成立要件・消滅要件は，裁判の開始，証明，判決に至る過程において，同様の機能を果たしていることが理解できると思われる。

　法律要件と構成要件との違いは，決してそれぞれの要件の本質にあるのではない。それぞれの要件の違いは，法目的の違いから必然的に生じている差に過ぎない。つまり，不法行為法が被害者の救済を目的としているために一般不法行為の成立要件を創設しているのに対して，刑法は，犯罪の処罰を目的としているために，人権擁護の要請から，一般的な成立要件を否定し，個別犯罪類型ごとの成立要件（構成要件）を堅持している。両者のこの法目的の違いが，民法の法律要件と刑法の構成要件に，見かけ上の差を生じているに過ぎないのである。したがって，単純に，一般不法行為の成立要件と刑法

第3節　刑法との対比による民法の特色

の構成要件を対比するのではなく，法目的の違いを考慮して，まず，特別不法行為の成立要件と刑法の構成要件を対比し，次に，不法行為の成立障害・減免要件と刑法の刑の不成立・減免要件とを対比し，最後に，不法行為の消滅要件と刑法・刑事訴訟法の刑の消滅要件とを対比してみれば，両者に性質上の差異はないことがわかるはずである。

　なお，上記の記述は，一般法（一般論）と特別法（類型論）との対比という視点から両者の比較を試みたものである。しかし，民法の入門書で，民法と刑法との対比が取り上げられる場合には，ある事件に対して，民法が適用されるのか，刑法が適用されるのか，適用された場合の結果はどのように異なるのかという視点から比較されることが多い。確かに，このような視点からの分析も非常に有用である。しかし，本書では，この点については省略しているので，興味がある人は，[成田・民法学習の基礎（2005）54-126頁] を読むことを薦めたい。そこでは，民事責任は発生するけれども刑事責任は発生しない例（過失による花瓶の損壊事件），刑事事件は発生するけれども民事事件は発生しない例（未遂事件），民事責任も刑事責任も発生する例（殺人事件）という具体例からはじめて，時効の問題，損害の転嫁・分散，責任の分化の歴史，責任峻別批判へという順序で，民法の考え方と刑法の考え方との違いが詳しく説明されており，知的好奇心が大いに刺激されると思われる。

第2章
学習目標を設定する★★☆☆☆

民法のおもしろさがわかったら,次に,効率的で,かつ,挫折を防ぐほどに魅力的な学習目標を設定しよう。

　一般論として,何かを実現しようと思えば,目標を設定し,その目標を実現するための適切な方法を選択することが大切である。比ゆ的にいえば,ものごとを実現するには,まず,実現可能で具体的な夢を見て,その夢を追いかけていかねばならない。そして,その夢を実現するには,適切な方法によって努力をする必要があるということになる。

第1節　目標となる法律家像を知る★☆☆☆☆

「だれだれのようになりたい」というような人間くさく,魅力のある目標を設定しよう。

1　民法をマスターするにはどうすればよいか―目標の設定と適切な方法の選択

　明確な目標を決めないと,途中で困難な問題に遭遇するとすぐに挫折してしまう。目標がはっきりしていれば,少々の困難に遭遇しても,挫折を防ぐことができる[伊藤・勉強法(2006) 190頁以下]。しかし,どんな困難に遭遇しても挫折しないという強い意思を持っていたとしても,人間に与えられた時間は有限であるから,やらなければならないことに優先順位をつけ,効率的に勉強するという方法を採用しないと,与えられた時間の中で目標を達成することはできない。目標を設定し,その目標を実現するための適切な方法を選択することが重要なのは,以上の理由による。

　目標と方法が決まれば,その方法を着実に実践していけばよい。たとえば,法科大学院の学生の場合,当面の目標である司法試験に合格するためには,

第1節　目標となる法律家像を知る

まじめに勉強をしなければならない。しかし，闇雲に一生懸命に勉強すればよいというものではない。先にも述べたように，与えられた時間には限りがあり，しかも，膨大な文献・判例を読みこなさなければならないのであるから，適切な方法を選択しなければ，一定期間での合格はおぼつかない。

そこで，ここでは，目標の設定の仕方と，目標を実現するためには，どのような方法論を選択すべきであるのかについて，概観しておくことにしよう。

2　無味乾燥とも思える法律学を学ぶ前に，法律家の伝記を読んで理想の法曹イメージを思い描こう

目標設定には，さまざまな考え方がありうる。第1に，目標の焦点を法的な知識の質と量とにあわせるという観点がある。司法改革審の意見書にも，法教育の理念として，「専門的な法知識を確実に習得させるとともに，それを批判的に検討し，また発展させていく創造的な思考力を育成する」という教育目標が掲げられている。

確かに，どのような内容の知識をどの程度習得すべきかという問題は，司法試験，特に，短答式問題を解く際には重要な論点となる。しかし，これから民法を学習しようという時期においては，いきなり，細かい内容に入るよりも，大きい目標について考える方がよい。専門的な知識の質と量については，もう少し後になって考えることにしよう（本章第3節で検討する）。それに，このような目標は，追いかけるべき夢としては無味乾燥である。そのような無味乾燥な夢では，途中で困難に遭遇したときに，その夢を捨てないほどの魅力を有しているとは思われない。

そこで，第2に，たとえば，「だれだれのようになりたい」というような人間くさく，魅力のある目標を設定する方法が考えられる。私が薦めたいのは，一流の法律家に関する以下のような伝記物を読むことである。そうすると，日本の近代法，特に，民法がどのような経緯で出来上がったのか，民法の成立に誰がどのような貢献をしたのか，その後の民法の発展を支えたのは，どのような人物だったのかを知ることができ，自分ならこのような学者や法曹になりたいという目標を設定するのに大いに役立つと思う。それに，これらの人物を介して，日本の法律を取り巻く環境が生き生きと理解できるため，一石二鳥の効果がある。

第2章 学習目標を設定する

● 大久保泰甫『日本近代法の父　ボワソナアド』岩波新書（1977 年）

ボワソナード

○ わが国の近代法，特に，民法制定に決定的な影響を与えたボワソナードを知るための読み物。芥川龍之介の「神神の微笑」を序章に据え，失意のうちにパリに帰り，アンチイブに隠棲したボワソナードの死で終わる心に残る書である。

○ 現行民法は，さまざまな意味で，ボワソナードが起草した旧民法の影響を受けている。旧民法というと，法典論争を通じて廃案となった過去のものというイメージがあるかもしれない。しかし，現行民法が旧民法の修正案として出来上がったという歴史的事実に加えて，現代の視点から見直すと，現行民法の一部が旧民法の改悪であったという側面，すなわち，旧民法の方が，現行民法よりも，はるかに優れた面を持っていたことがわかる。民法の債権法の改正が現実のものとなりつつある現在，外国の最新の立法例等を参考にする必要があることはもちろんであるが，旧民法に立ち返って，現行民法の誤りを正すという作業が必要である。その意味で，ボワソナードの人となりを知ることは重要であると思われる。

● 潮見俊隆・利谷信義編著『日本の法学者』法学セミナー増刊・日本評論社（1974 年）

**現行民法の起草者
富井政章，梅謙次郎，
穂積陳重**

○ わが国の著名な法学者・法曹の伝記。民法に限らず，憲法，行政法，刑法，商法等，民法以外の分野の著名な学者，法曹の人物像を詳しく知ることができる。

○ 筆者は，大学院生の頃，この本を読んで，密かに「梅謙次郎」超える法学者になろうと決意した。本書は現在では，絶版だが，図書館で利用できる。学生諸君の中にも，この本を読んで，生きた歴史を学びつつ，自分の将来に思いをはせる人がいるかもしれない。

● 穂積陳重『法窓夜話』岩波文庫（1980 年）

○ 父が息子に語り継ぐ世界各国の民法の歴史ともいえる民法の入門書。日本民法の立法者とはど

のような人物だったのかが窺える読み物でもある。
- ○当時，法律進化論を執筆中であった著者の博学さに触れることができる。歴史に興味がある人はぜひ読んで欲しい。
- ●平井一雄・村上一博編『磯部四郎研究』信山社（2007年）
  - ○現行民法がボワソナアドの起草した旧民法を土台にして，その修正案として起草されたことはすでに述べた。磯部四郎は，ボワソナアドに学び，フランスに留学して学士を取得した後，旧民法の人事編の起草に参画し，旧民法の注釈書を書いた人物である。本書を読むと，磯部四郎が旧民法を否定する立場に立つ現行民法の起草者に対して，旧民法の良さを日本人の立場から説得的に展開して，現行民法が旧民法の行き過ぎた改悪となることを阻止する上で，重要な役割を果たしたことがわかる。
  - ○現行民法がどのような経過をたどって現在の姿をとるようになったのかは，『法典調査会民法議事速記録』（17巻-31巻）商事法務研究会（1985-1987年）を読むとよくわかるのであるが，現行民法の起草委員の提案に対して，磯部四郎が次々と鋭い質問を浴びせ，起草委員がたじたじとなる場面が続出する。それらの議論の中には，すでに，現代の最先端の議論を先取りする部分が多く含まれている。民法が成立した当時の議事録を読むのは大変だが，本書を読んでおくと，議事速記録を読むのが格段に面白くなるという効用がある。
- ●末弘厳太郎『末弘著作集IV・嘘の効用』日本評論社（1954年）
  - ○現行民法が成立した後の最も優れた法学者の一人によって書かれた法律学を志す人の必読書。時代を超えて読み継がれる本とはどういうものなのかが実感できる。

そのほかの民法学者について知りたい人は，上記の『日本の法学者』(1974年) のほかに，［星野・民法の学び方（2006）159頁］のPART 3「日本の法学者を覗いてみよう」第8講「日本の民法学者と民法学説」(161-166頁)，第9講「我妻栄（1897～1973）」(167-172頁) を読んでおくと，図書館で読書をする際に手引きとなる。

第2節　法の女神テミスから法の精神を学ぶ★★☆☆☆

法の女神であるテミスの「目隠し」はわれわれに対して何を訴えているのだろうか，じっくり考えてみよう。

第2章 学習目標を設定する

　民法をマスターするに際して，学習目標を設定することの重要性を論じた。その際に，学習内容の量と質の観点も重要だが，模範となる法曹の理想像を設定して，それを目標にするのがよいことを述べた。民法の学習の目標として，理想的な法曹像を掲げ，そのような一流の法曹と同じように考えることができるようになることを法曹教育の達成目標として掲げることは，法律専門知識の内容に立ち入らずに，ひとまずは，目標を達成するための方法論に集中するというアプローチをとる場合に，非常に有益である。

　しかし，先に紹介した魅力ある法曹の伝記を読む暇もないという人にとっては，法のイメージを直感的に理解してもらうことにしよう。本を読まないで法の世界に入ってもらうには，法の神様にご登場いただくしかない。

1　法の女神テミスから法のイメージを作り出そう

　民事における法曹の理想像を考える場合，法曹には，2つのタイプの法曹があることに着目することができる。第1に，事件について事実を調べ，法律の適用の道筋を示し，審理を始動させる働きをするのが弁護士または検察官である（フランスではこれらを「立ち働く法曹」という）。第2に，対立する弁護士同士または検察官と弁護士との弁論を通じて，事実を発見し，その事実に法を適用して，法的判断を下す権限を有しているのが，裁判官である（フランスでは，「座っている法曹」という）。

法律の女神テミス
(Themis)

2　理想の裁判官像としてのテミス像

　そこで，裁判官を志望する者ばかりでなく，弁護士を志望する者も，検察官を志望する者も，理想の裁判官像について考察しておくことは，大きな意味を持つと思われる。弁護士や検察官の立場からは，説得する相手としての裁判官像，裁判官の立場からは，自らを省みるための裁判官像について考えをめぐらせることは，「彼を知り己を知れば百戦して殆うからず」という兵法（孫子・謀攻篇）の極意にもかなうことになる。

第 2 節　法の女神テミスから法の精神を学ぶ

　裁判官の理想像を示すものとして，最高裁判所の玄関にも飾られているのが，法の女神であるテミスの像である。テミス像を観察しながら，法の精神を学び，法律を学ぶ場合の指針を得ることにしよう。

3　高く掲げた「天秤」の意味

　最初に，テミスが左手に高く掲げているものに注目しよう。それは天秤である。テミスは，天秤で何を図ろうとしているのだろうか。それは，原告（またはその代理人である原告側弁護士）が主張することと，被告（またはその代理人である被告側弁護士）が主張する言い分をはかりにかけ，どちらの言い分が重要かを計っているのである。

　原告と被告の両当事者の言い分が十分に聞かれ，天秤がどちらに傾いたかを，裁判官が公平な観点から判断することによって，裁判による正義が実現される。裁判によって正義が実現される原理は，原告と被告という全く正反対のことを主張する人同士の議論を通じて，1つの事実に複数の光が当てられることになり，その中から真実が浮かび上がってくるという，弁論の仕組みの中に組み込まれている。

　テミスが持つ天秤は，最初は全くの空である。そこに，原告・被告の主張と立証が積み重ねられ，自由な議論を通じて，説得的な議論を展開する当事者の側の重みが増し，天秤の傾きとともに，どちらが優位であるかが決まり，それを根拠に，裁判官は理由のある判決を言い渡すことができるのである。

　民法の具体的な問題について，天秤の使い方を示した記述があるので，以下に紹介することにしよう。問題とされている事例は，不動産が甲から乙へと売却され，乙がその不動産を丙に売却したところ，甲が乙との売買契約を解除した場合に，甲と丙とでどちらを勝たすべきかという問題（権利保護要件としての登記）についての考察である［米倉・プレップ民法（2005）129 頁］。

　　　いってみれば，甲丙は**はかり**にかけられていて，丙がどの程度まで問題の不動産にかかわりをもつかにより，**はかり**が甲または丙に傾くというわけであって，丙が登記までずれば，**はかり**は丙に傾く（丙が保護される）というのである。

4　下げた「剣」の意味

　天秤を利用して弁論を通じた公平な判断がなされたとしても，その判断に両当事者が従わなければ，正義は実現できない。天秤で示された一方当事者が勝訴したにもかかわらず，相手方が判決の結果に任意に従わない場合には，強制的に従わせる必要がある。ここに，内心規範として強制力を伴わない道徳と，強制力を伴う法との違いが出てくる。

　テミスが右手に剣を持っているのは，剣による制裁，すなわち，裁判所の判断には，国家権力による強制が伴うことを示しているのである。しかし，左手に掲げた天秤が一方当事者の勝ちを示さない限り，その剣が振るわれることはない。すなわち，テミスが，剣を下げているのは，天秤が一方に傾かない以上，強制力を及ぼすことはないことをも示している。

5　不思議な「目隠し」の意味

テミスは，なぜ，目隠しをしているのだろうか？

　テミスが目隠しをしているのは，外見に惑わされない公平さを意味するといわれている。しかし，テミスは女神であり，目隠しをしていても，実は，天秤の傾き加減を含めて，すべてを見通しているに違いない。それでは，なぜ，目隠しをしているのだろうか。

　それは，女神の判断は，目隠しをしているので，書面を提出しても意味がないこと，口頭弁論のみを斟酌するというテミスの意思が表されていると考えるべきである。

　わが国では，実際の弁論を行わず，書面の提出をもって，弁論に代えることが，裁判所の慣行として許されていることを考えると，これは，わが国の現代の裁判制度に対する強烈な批判とも読み取ることができる。書面の提出をもって弁論に替えるという考え方は，本来の弁論主義に反し，裁判の公開原則に対する重大な憲法違反というべきであろう。たとえば，われわれ講師が，学生に詳細なレジュメを渡しておいて，「書面をもって講義に代えます」といって，講義を終えたら，果たして許されるであろう

第2節　法の女神テミスから法の精神を学ぶ

か。また，教師の質問に対して，身体に障害がある等の理由で口述ができない場合を除いて，学生が，「後で，書面にて回答します」ということが許されるであろうか。

　書面主義と比較した場合の口頭弁論の利点は，即時的なコミュニケーションであるため，カンニングができないという点にある。書面の場合には，自分の代わりに他人に書いてもらうこともできる。特に，インターネットが普及した現在，自分が解けない問題も，インターネットで検索すると答えが見つかることが少なくない。書面だけで済ますことが許されるようになると，自分の実力以上のことを書いても，誰も見破ることはできない。しかし，口頭の場合には，自分の頭に入ったことしか言えないし，即座に質問されると，わからないことには答えられない。つまり，口頭弁論においては，実力以上の「うそ」が見破られるのである。

　裁判は，原告と被告とが，テミスに向かって弁論をして，どちらが天秤を自分の側に有利に傾けることができるかを争う場である。証拠を明らかにするために，書面を提出するのは，それなりの意味があるが，しかし，その書面は，口頭による弁論によって十分に説明でき，相手方の反論に耐えるものであって初めて意味を持つものに過ぎない。相手の反論に答えられなければ，書面がいくら立派に見えても，弁論としては，テミスの天秤を傾けることはできない。わが国の裁判所が認めている「書面をもって弁論に代える」という慣行は，このように考えると，「うそ」を隠すことが容易であるという意味で，正義の実現とは程遠い慣行だといわなければならない。

　口頭弁論を重視しつつ，書面の確実性を活用するという側面からは，口頭弁論を証拠に残すことを可能にする速記の役割は，いくら評価しても，評価しすぎることはないほどに重要である。口述を中心に裁判手続きを構成して，傍聴人にもわかりやすくなるように努め，すべての弁論を速記によって記録に残し，それのみによって裁判の根拠とすることができるようにすれば，「書面をもって弁論に代えます」という国民をないがしろにした民事裁判は，激減するであろう。そして，口述とその速記に時間がかかるため，処理できる事件は少なくなるが，その分，裁判官と速記官を増やす必要が生じ，裁判官が膨大な事件を抱え込まざるをえないという弊害（国家による裁判官に対する恒常的な人権侵害状態）もなくなることになると思われる（なお，裁判官

の仕事がいかに過酷なものであり，人権侵害状態にあるかについては，［井上・狂った裁判官（2007）50頁以下］に詳しい記述があるので，参考にしてほしい）。

　弁護士が，自分の実力だけで弁論できる限界を超える量の書面を提出することを許す慣行がある限り，裁判官は，それを読むための膨大な時間を仕事外でこなさなければならなくなる。反対に，弁護士が書面に頼ることができず，口頭で述べたことだけを裁判の根拠にすえることができるようにすれば，法廷での議論は，国民にとっても興味深いものとなり，かつ，裁判官の抱える仕事も激減し，訴訟を遅延させないために裁判官の数を増やす必要が生じるという司法の正常化のメカニズムが働くことになるはずである。教師にも，学生にも，絶対に許されない「書面をもって弁論に代える」という裁判官と弁護士とのなれ合いによる国民をないがしろにした悪しき慣行は，直ちに廃止されるべきである。

　法の女神であるテミスを観察しているうちに，理想に燃えすぎて，裁判批判がきつくなってしまった。学生諸君が法曹になったときには，テミスが伝えようとしている弁論主義を中心とした，国民が傍聴して興味のある裁判制度を実現するように努力してほしいものである。

第3節　目標は高く――これまでの試験に出たことのない問題を解けるようになろう★★★☆☆

　民法学習の具体的な目標の設定の問題である「難しい問題」が解けるようになるとはどういうことなのかを考察する。

1　やさしい問題と難しい問題との区別

A.　やさしい問題

　やさしい問題とは，教科書に書いてあるのと同じ問題や，条文を知っているとそのまま解けてしまう問題である。適用すべきルールが明確で，そのルールを適用すると結論がそのままの形で導ける問題はやさしい問題である。

　もちろん，ルールを知らない人にとっては難しい問題であるが，ルールが教科書や条文や判例の準則と同じであるならば，それを学習すれば済む問題

第3節　目標は高く

なので，やさしい問題といわざるをえない。

B. 難しい問題

それでは，難しい問題とは何か。やさしい問題とは反対に，解くべき問題に適合するルールが，教科書にも，条文にも，判例の準則にもみつからない場合である。この場合には，どのようにして問題を解くことができるのであろうか。

その場合には，条文と条文の間を埋める原理に戻って問題を解かなければならない。そして，その後，その原理そのものではなく，その原理を具体化した条文の類推という形で問題を解かなければならない。なぜならば，憲法76条3項が，裁判官は，この憲法および「法律」にのみ拘束されると規定しているため，原理を直接適用するのではなく，法律の条文の解釈（類推等）に基づいて裁判を行うことが期待されているからである。

憲法第76条（司法権・裁判所，裁判官の独立）
③すべて裁判官は，その良心に従ひ独立してその職権を行ひ，この憲法及び法律にのみ拘束される。

次のような例で，類推解釈と原理の適用との関係を考えてみよう。かなり難しい問題なので，初めて読む人は，手も足もでないという状況に陥るかもしれない。しかし，それでもかまわない。ここでは，とにかく，以下の例を読み，次に，教科書や法律辞書（第5章で紹介する）を参照しながら，解説を読んでみよう。さらに，本書を読み終えてから，もう一度考えてみると，問題の意味がよりいっそう，わかるようになるであろう。

　　　Aは別荘を建てるために所有していた空き地を，Bに騙されて1,000万円でBに売却して，登記もAからBへと移転された。Bは事情を知らない第三者にその土地を売却しようとしていたところ，Bに騙されたことを知ったAがBとの間の契約を取り消して，Bに登記の抹消を求めてきた。Bは，のらりくらりとAの追及をかわし続けたため，Aは，登記の抹消を実現できずにいた。それから数年後，交渉が長引いている間に，Bは，事情を知らないCにその土地を2,000万円で売却し，Cから代金を受け取ると，登記をBからCへと移転しないまま，行方不明になった。
　　　CはAに対してこの土地を引き渡すように求めることができるか。

通説・判例によると，民法96条3項（詐欺による取消の善意の第三者に対する対抗不能）によって保護されるのは，Aの「取消前」にBから土地を購入した善意の第三者に限られ，Aの「取消後」にBから土地を購入したCは，民法96条3項の善意の第三者に該当しないとされている（大判昭17・9・30民集21巻911頁）。この問題の場合，Cは，「取消後」の善意の第三者に該当するため，民法96条3項は適用されない。そして，この問題は，物権変動の対抗問題，すなわち，AのBに対する民法96条1項の取消しに基づく土地の返還請求権とCのBに対する売買に基づく土地の引渡請求権とが，あたかも不動産の二重譲渡の場合のように拮抗するという場合に該当することになり，民法177条によって解決することになる。そうすると，結果的には，登記を有しない第三者Cは保護されないことになる。

　しかし，善意の第三者であるCが，取消前に現れるか取消後に現れるかで，全く異なる結論が導かれることになると，具体的妥当性を欠く場合が生じる。この問題の場合にも，善意の第三者であるCを保護すべき要請は大きい。そこで，民法177条とは異なる結果を導くことができる民法94条2項（通謀虚偽表示の無効の善意の第三者に対する対抗不能）が注目されることになる。

　この問題の場合，AはBとの契約を詐欺に基づいて取り消したが，その後，登記を回復することができたはずであるのに，数年間にわたって，登記を回復せずに，Bのままにしている。このように，Aが登記を回復せずに，虚偽の登記を放置していたのは，AB間の通謀虚偽表示に似ていると考えることができる。そうすると，Cは，民法94条2項の通謀虚偽表示の場合における善意の第三者と同じ保護を受けることができるというわけである。

　民法94条2項の場合に，善意の第三者は，登記なくして保護されるという法理は，通説・判例によって確立しており（最三判昭44・5・27民集23巻6号998頁），この問題に，民法94条2項が類推適用できると，Cは，登記がなくても保護されることになる。

　このように，類推とは，たとえば，結論の異なる2つの条文（民法177条：登記がない者は負ける，民法94条：登記がない者でも勝てる）がある場合に，通常なら適用が期待されている条文（たとえば，不動産物権変動に関する登記の対抗要件を定めた民法177条）を使うと，保護されるべきである善意の第三者が，登記がないために負けてしまって，具体的な妥当性が確保できな

第3節 目標は高く

い場合に，本来なら適用されるべきでない条文（通謀がなく，放置していただけなので，本来は適用できないはずの民法94条）を適用して，登記のない善意の第三者の保護を行い，もって具体的な妥当性を確保するという方法である。もっとも，類推は，従来は，条文が欠けている場合の解釈方法として紹介されることが多い。しかし，そのような場合には，大きな問題を生じさせることはない。

以上に述べたように，本来は別の条文が適用されるべき場合に，それを排除して，それとは違う結論を導くことができる条文を類推して適用する点が類推適用の醍醐味である。しかし，必然的に，そこには大きな危険性も潜んでいる（民法94条2項の類推適用の濫用といわれることがある）。

本来は，登記の対抗要件の問題として解決すべき場合について，民法94条2項を類推したのは，民法94条2項のバックボーンとして存在している権利外観法理（AがBの虚偽の外観の作出に寄与している場合に，その虚偽の外観を善意・無過失で信頼したCは保護されるべきであるとの法理）を適用すべきであるとの考慮が働いている。権利外観法理が適用できれば，Aが登記を放置していたことを，AとBとが通謀しているのと同じだという無理な理論構成をする必要がない。しかし，権利外観法理を，直接に記述した条文はない。そこで，権利外観法理を間接的に表現した民法94条2項を類推適用するという形で，権利外観法理が間接的に適用されているのである。

上記の問題について，民法94条2項を類推すべきかどうかは，つまるところ，以下のような背景知識を踏まえて結論を導かなければならない。占有に公信力が認められ，権利外観法理が広く受け入れられている**動産の物権変動**（民法192条参照）とは異なり，登記に公信力が認められていない**不動産の物権変動**（民法177条参照）において，権利外観法理をどの程度取り入れるべきかという問題に帰着することになる。不動産物権変動における対抗要件主義（民法177条）の原則を，権利外観法理によって，どの程度，制限するべきかという観点から問題の解決が図られなければならないのである。

2　難しい問題をどのようにして解くか（民法学習の最終目標）

このように考えると，難しい問題というのは，以下のような手順で解かれ

第 2 章　学習目標を設定する

ることが多いことに気づく。

1. 問題を解くのにふさわしい条文が複数個存在するが（たとえば，原告に有利なA，B，被告に有利なCなど），そのどれもが，完全に解くべき問題の要件と合致していない（簡単な問題ではない）。
2. 両当事者の主張を検討した結果，いずれかの当事者の言い分が他の当事者よりも重みがあることが発見される（結論に対する一定の方向づけ）。
3. 保護されるべき当事者を勝たせることのできる条文のバックボーンとなっている原理を明らかにし，その原理によって勝たせることが正当であるかどうかを吟味し，その正当性を確認する（結論の確信）。
4. その原理を具体化しており，解くべき問題に適用可能な条文を最初の候補の中から選択し（たとえばC），確定する（ルールを具体化した条文の選定）。
5. 選択された条文の要件に合致する点と，合致しない点を明らかにしつつ，合致しない点を類推という解釈技術で埋め合わせることができるかどうか確認する（完全に一致しない要件からなる条文の類推の適否）。
6. 解くべき問題をその条文の類推解釈として結論を導く（正当化のための法律構成）

このような思考プロセスは，次に紹介する"IRAC（アイラックと読む）"という思考方法のうちのI（Issue），R（Rule）の部分に該当する。類推すべき条文と相対立する条文の適用とを対比しながら，A（Application/Argument），C（Conclusion）の部分を論じると，解決案が完成することになる。

第3章
法律家の思考方法（IRAC）を知る★★★☆☆

IRACで書けるようになれば合格する。

学習対象としての民法の特色と学習目標としての法曹像が見えてきたので，次に，法律家の思考方法の特色を理解することにする。

第1節　法律家の思考パターン（IRAC）を理解し，何かにつけて応用しよう★★★☆☆

法律家と同じように考えることができるようになるためには，IRAC（Issue, Rule, Application/Argument, Conclusion）という法律家の思考パターンをマスターし，質疑応答，レポートの作成，模擬裁判等あらゆる場面で実際に使ってみることが大切である。

法律家や法の神様について親しみが湧いてきたところで，今度は，自分が法律家になるために，法律家と同じような思考方法を身につける方法について考えてみることにしよう。法律家の頭の中がどのような構造になっているのかを知るためには，具体的な事件を解決していくための思考方法がどのようなものなのかを分析する必要がある。

1　法律家の思考パターンとしてのIRACとは何か

アメリカのロー・スクールでは，学生が，法律実務家が考えるのと同じように考えることのできる能力を身につけることを目標としてかかげている。著名な判事等，法曹の理想像を掲げ，そのような人と同じように考えることのできる能力を身につけることを目標として設定しているのである。

第3章 法律家の思考方法（IRAC）を知る

それでは，法律実務家が考えるように考えるとは，何を意味するのであろうか。答えを先取りすると，それこそが法律家の思考パターンであり，IRAC (Issue, Rule, Application/Argument, Conclusion) として表現されている真の法律家のものの考え方なのである。そこで，ここでは，法科大学院の教育目標である法律家の思考パターン（IRAC）について概観することにする。

なお，最近では，IRACの代わりに，MIRAT (Material, Issue, Rule, Argument, Tentative Conclusion) という用語もよく用いられるが，基本的な考え方は同じであり，本書では，MIRATの考え方，特にT (Tentative Conclusion) の部分をIRACの"A"に取り込んでIRACの考え方を説明している。

A. IRACの静態的な理解

表3-1 法的分析能力の観点からみたIRACのプロセス（完結した体系としてのIRAC）

1. 事案を検討し，重要な事実と争点とを発見する（Issue）。
2. 事案に適用されるべきルールを発見する（Rules, References or Resources）。
3. 事案の事実に，ルールの要件を当てはめる，ルールを適用する（Application）。
4. 事案の解決案として，ルールの適用結果（和解案，判決案等）を提示する（Conclusion）。

B. IRACの動態的な理解

アメリカのロー・スクールでは，法的問題の解決に際して行われる法的分析を，①具体的事実の中から重要な事実や問題点をピックアップする争点の発見（Issue），②争点に関連するルール・法理の参照と発見（Rule, Resource or Reference），③発見されたルール・法理の重要な事実への適用（Application），④賛成説と反対説とを戦わせることによって自分の立論の弱点を知り，補強するための議論（Argument），⑤自分の最終的な立場を明確に表現する結論（Conclusion）というように，5つのプロセスに分類し，これを"**IRAC**"と名づけている。そして，法的問題を，"**IRAC**"に基づいて分析・検討し，説得的な解決案を提示できるかどうかを法的分析能力と法的議論の能力の判断基準としているといわれている。

第1節 法律家の思考パターン（IRAC）を理解し，何かにつけて応用しよう

C. IRACと法的分析能力・議論の能力との関係

わが国の司法制度改革審の意見書において，法科大学院の教育理念として掲げられている第2の教育目標は，「事実に即して具体的な法的問題を解決していくため必要な法的分析能力や法的議論の能力等を育成する」であるが，ここで掲げられている，「法的分析能力」が，Issue, Rule, Application, Conclusion に該当し，「法的議論の能力」が，Tentative Conclusion, Argument, Conclusion に該当するということになる。

表3-2 議論の能力を加味したIRACの動態的な理解

IRACの動態的解釈			IRACの実行主体		
			原　告	被　告	裁判所
法的分析	I	**I**ssue	原告に有利な重要事実の発見	被告に有利な重要事実の発見	争点，重要な事実を確定する
	R	**R**ules	原告に有利なルール・法理の発見	被告に有利なルール・法理の発見	事案の解決に適切なルール・法理を発見する
	A	**A**pplication & A tentative conclusion	原告に有利なルール・法理を適用して結論を導く	被告に有利なルール，法理を適用して結論を導く	原告と被告との議論を通じて，両者の妥当な点と，弱点とを発見する
法的議論		**A**rgument & Another tentative conclusion	被告との対決によって弱点を補正して原告に有利な結論を導く	弱点を補正した原告との対決によって弱点を補正し，被告に有利な結論を導く	
	C	**C**onclusion	―	―	具体的に妥当な判決を下す

ここでの IRAC の意味は，「法的分析能力」の観点からみた IRAC に，「法的議論の能力」の観点からみた IRAC が追加され，Application（ルールの適用）のみで，Argument（議論）を組み込んでいない静態的 IRAC から，動態的な IRAC へと進化している。というのは，「争点とルールの相互発見，争点へのルールの適用，結論」という静態的な考え方に対して，「法的議論の能力」の観点が加わることにより，法的分析能力の観点からは完結したは

ずの Conclusion（結論）が，実は，仮の結論（tentative Conclusion）に過ぎず，立場の異なる者との議論を通じて，よりよい結論へと導かれるプロセスの一部に過ぎないということになるからである。つまり，「法的議論の能力」の観点が加わることにより，IRACは，前頁の表3-2において表現されるように，完結した体系から，開かれた体系へと進展したことになる。

2 あらゆる面でのIRACの実践―試験合格への王道

このIRACを理解することの利点は，法律家の思考パターンを理解することにとどまらない。IRACは，一般的な論文の書き方の手順としても有用であるため，論文を書く際にも，この順序で論文を書くと，明快な論理が展開でき，論文としての評価が高くなる。したがって，法律学をマスターしようとする人は，具体的な問題を考える場合にも，IRACで考え，レポートや論文を書く際にも，この順序で論理を組み立てて書き，模擬法廷でも，この順序で弁論を組み立てると高い評価を得ることができる。

国際仲裁模擬法廷（ウィーン，2006年）で弁論する明治学院大学のチームと対戦相手

IRACの考え方を理解し，問題の解決，レポートや論文の執筆，模擬法廷での弁論等に活用していけば，司法試験についても，おのずと，その合格圏内に入ることになると思われる。

第2節　法律家の思考方法と科学的な思考方法との関係★★★☆☆

> 法律家の思考方法で最も誇るべきものは，議論のやり方であり，この方法は，自然科学においても採用されている。

　これまで，大学院で法曹養成を行なうことの意義とその実現可能性を論じてきたが，大学を学問の府と考える人々からは，反対に，実務迎合の研究・教育は大学の研究・教育としてふさわしくないとの批判を受けそうである。
　しかし，法律学が学問として成立する可能性は，まさに，実務を踏まえた上での，ものの見方，問題の立て方，問題の解き方を研究し，教育することにある。アメリカのロー・スクール構想が，1870年にハーバードの法科大学院長に就任したラングデル（Christopher C. Langdell）の「科学としての法律学（Law as science）」という考え方に裏付けられているという点も見逃されるべきでないであろう。
　アメリカのロー・スクールがどのような背景の下，どのような法思想に基づいて創設されたのかという問題について詳しい検討を加えたものとして，[松浦・ラングデル法学（1981）]がある。ラングデルの考え方が丁寧に紹介され，さらに，著者の明快な分析が行われているので，一読を薦めたい。法律家の思考と科学的な思考の異同に関する以下の記述は，この論文のアイディアを筆者なりに咀嚼し，展開したものである。

1　科学的なものの考え方

　社会科学に分類される法学と自然科学との差は，明らかなように思われる。実験によって確実な論証ができる自然科学と比べると，法学は実験ができないので，実証をともなわない学問であり，特に，法律学に関しては，「黒を白と，白を黒と言いくるめる」怪しげな学問と思われているからである。しかし，自然科学のすべてが実験によって実証されるわけではなく，多くの人によるオープンな議論を通じた検証によって，科学的な法則が導かれていることも少なくない。

第3章 法律家の思考方法（IRAC）を知る

　科学法則の場合も，その多くは，仮説を設定し，反証されない限りで通用するに過ぎないともいわれている。クーン（T. S. Kuhn 1922-1996）は，科学理論の選択が論理によって行われるのではなく，理論を生み出す基本的なものの見方（パラダイム：ある科学領域の専門的科学者の共同体 scientific community を支配し，その成員たちの間に共有される(1)ものの見方，(2)問題の立て方，(3)問題の解き方，の総体）の変革に応じて理論選択が行われ，その変革の中心は「説得」だと主張する。

　科学法則も仮説を設定し，反証されない限りで通用するに過ぎない。科学理論の選択も，論理によって行われるのではなく，理論を生み出す基本的なものの見方（パラダイム）の変革に応じて理論選択が行われるのであり，その変革の中心は「説得」以外の何ものでもない。

　この点で，法律学も，科学と共通の基盤を持ち得るのであり，他の自然科学の場合と同様，大学院での教育に耐えうる学問であることを確認すべきである。

2　法的なものの考え方

　法的なものの考え方とは，事実を見る観点として，要件と効果の組み合わせによるルール，または，法格言的な原則を採用し，それらのルールや原則をうまく組み合わせたり，拡大，縮小，類推等の解釈技術を駆使ししたりして，問題の解決案を提示する方法論にほかならない。

　英米法流の具体的問題を重視し，それについてルールを参照しつつケースバイケースで判断するという考え方も，大陸法流のルールを重視して普遍的な思考をめざす考え方も，それらが，事実を見る観点として作用し，問題解決のよりどころとされる点では同じである。両者の違いは，後者が問題の決め手として，事実が法律要件に該当するかどうかという方法（包摂）を採用するのに対して，前者は，似ているか似ていないかを判断した上で，事実が先例に似ている場合には先例を生かし，似ていない場合には新たな法理を創造するという方法（先例拘束と法の創造）を採用する点にある。

　社会の進展等により，これまでのルールや法原則では適切な解決案が提示できなくなると，新しい観点が模索され，新しい観点が発見されると，その

第 2 節　法律家の思考方法と科学的な思考方法との関係

観点に基づくルール（仮説）が提示される。そして，従来のルールよりも新しいルールの方が，柔軟で具体的妥当な解決を導くことができることが説得的に示されると，裁判官は，それに従って判例を変更し，また，立法者は法律を制定するという過程を通じて，パラダイムの変革が行なわれることになる。

表3-3　法的なものの考え方と科学的なものの考え方との対比

		法曹に必要な能力	望まれる法曹像	科　学　観
法的分析能力	1	専門的・体系的な知識を習得し，具体的な事例に適用できる能力	説得力のある公平な議論ができる専門家	科学法則も仮説を設定し，反証されない限りで通用するに過ぎない。科学理論の選択も，論理によって行われるのではなく，理論を生み出す基本的なものの見方（パラダイム）の変革に応じて理論選択が行われるのであり，その変革の中心は「説得」以外の何ものでもない。
	2	似た事例を収集し，そこから具体的妥当性を確保できるルールを発見する能力		
法的議論の能力	3	すべての議論を尽くすことのできる能力		
	4	社会状況，将来を見通しながら，新しいルールを構想できる能力		

3　大陸法的思考と英米法的思考とを併用し，融合させる

ルールのわかりやすさ・体系性と，ルールを適用したときの具体的妥当性の確保とは，常に対立する。大陸法の考え方（成文法主義）と英米法（判例法主義）の考え方が対立してきた理由は，この点にあり，この対立は，両者の理解が進むにつれてかなり緩和されてはいるが，完全に解消されているわけではない。

ルールを明確にし，ルール間の関係を体系的に整理しておくことは，法律の透明性を高める上で非常に重要なことである。大陸法（成文法主義）を採用しているわが国においては，裁判は法律に基づいて行われるのであり，そのルールを事前に明らかにすることは憲法的要請である。しかし，事前に制

定されるルールが明確で体系的であればあるほど，変化する社会には対応できない部分が生じ，判決をする場合に，そのルールをそのまま適用すると，具体的妥当性を欠くことになることは避けられない。

　反対に，前もって成文法を作らず，判決を通じて具体的妥当性のみを追求しようとすると，判決によって作られていくルールは非常に複雑となり，事案によって結論が異なるということになる。そうすると，結果の予見可能性が失われ，法的安定性を害することになる。さらには，あまりにもルールが複雑になると，ルールを整理して一般の人に事前に明らかにするということすら不可能となるおそれがある。

　体系的で分かりやすいルールを事前に提示すべきであるという考え方と，事案に即した具体的妥当性を追求すべきであるという考え方を同時に満足させる解決策は，実は，存在しない。両者の考え方を取り入れながら，妥協点を見つけていくほかはないのである。

　この問題は，確率・統計論で議論されている「第1種の誤り」と「第2種の誤り」の問題と似ている。たとえば，品質の検査において，「良品を不良品として不合格としてはならない」（資源の無駄使いの防止）という要求と「不良品を良品として合格させてはならない」（消費者被害の防止）という要求を完全に満足させるシステムを作ることはできない。消費者被害の防止を優先して，品質管理の基準を厳しく設定すると，良品が廃棄されて資源の有効利用に反する結果となる。これに対して，資源の有効利用を優先して，基準をゆるく設定すると，不良品が市場に出ていき，消費者が被害を被ることになる。結果的には，基準の設定に際しては，資源の無駄使いの防止と消費者被害の防止というどちらも必要な要請を考慮しながら，妥協点を見つけていくほかないのである。

4　法曹教育のあり方

　以上の考察を踏まえて，以下のことを強調しておきたい。

　体系的で分かりやすいルールを事前に提示すべきであるという大陸法の考え方も，事案に即した具体的妥当性を追求すべきであるという英米法の考え方も，どちらも，完全な制度ではありえない。

第3節　基本と応用，理論と実務との架橋

　従来の法教育においては，どちらかというと，体系的で分かりやすいルールを事前に提示すべきであるという大陸法の考え方を重視し過ぎてきたように思われる。要件と効果から構成されるルールを金科玉条と考え，事実もルールの要件に即して理解し，判例もルールを補うものとして理解し，ルールに即した紛争解決方法に重点を置いてきた要件事実教育は，その典型であろう。

　しかしながら，以上のようなすべてをルールに還元するような方法では，「理路整然と間違える」といわれるように，体系的な解決ではあっても，具体的妥当性には欠けるという大陸法的な思考方法の欠陥を改善することはできないように思われる。

　これからは，むしろ，事案に即した具体的妥当性を追求すべきであるという英米法的な考え方，すなわち，紛争をルールによって解決するのではなく，最も適切な先例（外国の判例を含む）の考え方に沿って問題を創造的に解決するというより柔軟な考え方を徐々に取り入れていく必要があると思われる。そして，大陸法と英米法の2つの思考方法の利点を十分に活かして，ルールの明確性と具体的妥当性の確保の精度を徐々に上げるように努力することが必要であろう。

第3節　基本と応用，理論と実務との架橋★★★☆☆

　基本と応用も理論と実務もかけ離れた別々のものではない。両者は，うまくバランスをとると，車の両輪のように学習に大きな推進力を与えてくれる。

1　基本と応用との違いを理解した上で，応用に接しながら基本をマスターしよう

　大学教育は基礎や基本が大切であって，応用は，実務に任せるべきだとの議論がある。しかし，応用がきく基本でなければ意味がないのではないだろうか。ここでは，基本と応用との緊張関係について考えてみることにする。

　私は，数年前からスキーを楽しむようになったが，スキーは，基本と応用との関係を知る上でとても教訓的なスポーツだと思う。急斜面で転がり落ちて初めて，基本の大切さを痛感できるし，緩斜面でいくら基本を勉強しても，

第3章　法律家の思考方法（IRAC）を知る

実際の急斜面に行ってみなければ応用力はつかないことも体験できるからである。

　基本ができていないと，応用はおぼつかない。このことは一般に言われていることである。しかし，本当に基本をマスターするつもりであれば，その前に，応用（模擬法廷や臨床等）の厳しい試練を受けるべきである。応用の厳しさに接して，はじめて，人は，基本の大切さを理解し得るし，基礎理論も，応用を念頭に入れてはじめて精緻なものとなりうる。つまり，基本を大切にしないと応用力を伸ばすことができない。しかし，基本は，応用に接してみて，はじめて応用に耐えうる精緻なものとすることができるのである。

　大切なことは，基本と応用を学ぶタイミングであろう。動機付けのための応用の見学→基本の説明→実務のシミュレーション→基礎理論の習熟→簡単な実務の体験→基礎理論の掘り下げ→本格的な実務実習というように，実務と基本は交互に密接な関連を保ちながら学習を進めることができるように配置される必要がある。

　確かに，大学における法曹教育は，基本の理解を中心に据えるべきである。しかし，基本を理解させるためには，常に，最前線の応用問題を提示しながら，その問題の解決に必要なものとして基本法の奥深さを理解させなければならない。また，提示される応用問題は，特別法を駆使してもうまく解決できるとは限らないものであって，特別法に対する理解を深めた上で，なおかつ，基本法の考え方が有用であることを示すものであることが望ましい。

　学習方法としては，最先端の問題を扱うためには，個人で解決しようとはせず，できることなら，複数の教官（この中には，実務家が入っていることが望ましい）から，講義・演習を受けることが大切である。従来の縦割り的な講義を打開し，事例に即した総合的な講義・演習の方法が実現されるべきである。

2　実務家の思考方法と学者の思考方法との違い

　問題が与えられたときに，どのような反応をするかで，法律実務家と法学者との違いが明らかになる。学生は，学者と実務家の両者からそのよいところを学ぶようにするとよい。

第 3 節　基本と応用，理論と実務との架橋

A.　法律実務家の思考方法

　問題の細かい点を詳細に検討して，その問題に最も近い条文・理論と判例とを指摘し，その条文・理論または判例を解釈（類推）してその問題の解決策を導くのが法律実務家の手法である。その場合に，賛成の立場・反対の立場の理論・判例を取り上げて，どちらの結論も導くことができることは言うまでもない。

1.　その問題に最も近いと思われる事件，判例，および，具体的な条文を検索し，発見する。
2.　そのような具体的な判例の法理，具体的な条文によって事件の解決を試みて，スジやスワリ（落ち着きどころ）がよければ，その法理や条文を適用，準用，類推して問題を解決する。それらの法理や条文で，うまく解決ができない場合には，他の判例や条文に当たって，うまくいくまで，同じことを繰り返す。
3.　相手方の立場に立って，逆の結論を導くような判例の法理，条文を検索し，それが説得的に成り立ちうる場合には，自らの立場の補強を行うと同時に，相手方の弱点を突くための方法を考える。
4.　最後に，判例の法理や具体的な条文についての解釈学説をフォローして，説得力のある議論のできる訴状，答弁書を書き上げる。

B.　学者の思考方法

　学者の場合は，そうではなく，細かい違いの中から共通点を拾い出して体系的に考えるという以下のような，ほとんど反対の思考経路を経る。もっとも，そこから導かれる結論は，多くの場合，法律実務家の場合とほぼ同一である。

1.　その問題に関連する一番大きな論点から順に経路をたどっていき，大原則（大分類：たとえば契約問題か不法行為の問題か），中原則（債権総論か契約総則か），小原則（契約総則の同時履行の抗弁（民法 533 条）を使うのか，民法 576 条等の履行拒絶の抗弁を使うのかなど）という原則に降りて行き，条文が尽きるところまで構造的に思考を進める。細かい議論や具体的な判例はあえて無視する。
2.　条文や理論が尽きたところで，途中に生じた法理や理論のどれを組み合

わせて問題解決を図るのかを，自分の頭で再構成する。その理論構成にマッチする，または，反対する判例や理論は，探すと必ず出てくる。しかし，先に判例や理論等の権威ある根拠を探すのではなく，理論体系に沿った思考によって自分の頭で解決策を作り出すところが実務家とは異なる。

3. 次に，反対の結論を導く条文や理論を途中の経路から探し出し，それらを組み合わせてどのような説得的な問題解決がありうるかを自分の頭で再構成する。賛成と反対の結論を導く構成を対比させながら，よりよい解決策を導く。この点は，実務家と同じである。

4. 最後に，外国のものを含めて，関連学説と関連判例を収集し，上記の2と3の問題解決のプロセスをさらに精緻化し，最終的な理論構成を行う。

学生は，両方のやり方を，時間的制約や興味にあわせて，どちらも試みてみるのがよい。一方で，細かい違いをおろそかにせず，違いをきちんと分析し分類するとともに，他方で，それらの細かい違いを超えたところに共通点を見い出して全体像をわかりやすいストーリーへとまとめあげるようにするのが理想である。

どちらかの方法が自分の性格にあっているかがわかったら，進路の選択も容易となるだろう。学者に向いていると判断した場合には，外国語の読解能力も身につけることが必要となる。覚悟を決めれば難しいことではないので，迷わず練習するのがよい。

3 理論と実務との架橋に向けて

A. 実践に至る教育とはどのようなものか—ネコはどのようにしてネズミを捕ることができるようになるのか

ネコは，ネズミを捕るものと思われてきた。しかし，最近では，上手にネズミを捕れないネコが増加しているらしい。ネコも生まれつきではなく，ネズミの捕り方を教わってはじめてネズミが捕れるようになるとのことである。人が「学ぶ」ということの本質を理解する上でも，以下のネコの学習に関する記述は示唆に富む（沼田朗『猫をよろこばせる本』PHP文庫（1996年）74-75頁）。

> ネコには狩りの本能が生まれつきある。だが，実際の狩りのテクニックはたいへん高度なもので，かなりの学習と訓練が必要なのである。

第3節 基本と応用，理論と実務との架橋

　　狩りのテクニックを教えるのは母親の役目だが，最近の飼いネコ事情では，母から子へと狩りの方法を伝えるのはむずかしい。結果，狩りの下手なネコが増加して当たり前なのだ。母ネコから狩りを学ばなかったネコは，母になっても狩りのやり方を伝えられないわけなのだ。

　　野生だったころの母ネコは，子が生まれて4～5週も過ぎると，最初はすでに死んだ獲物をすみかに運ぶ。そして2～3か月後には生きた獲物を運ぶようになり，子ネコは獲物の殺し方と食べ方を学ぶのだ。

　　同じころ，子ネコは母ネコに連れられて実地訓練にも出かける。そこで子ネコは母親の狩りを見学し，獲物の種類に応じた狩りのコツを学ぶわけである。

　　この見学が重要で，母ネコの狩りを直接見られない場合，子ネコは狩りのテクニックを身に付けられないことが多い。

上記の記述では，獲物の捕り方を学ぶ方法が3段階に分けて記述されている。それを分析してみよう。

1. 死んだ獲物で獲物をじっくり観察し，ゆっくり食べ方を練習する。
2. 半殺しにされた獲物を素材に，獲物の殺し方と食べ方を練習する。
3. 実際の狩りの現場を見学し，生きた獲物の種類に応じた狩りのコツを身につける。

これを法教育に置き換えてみると以下のようになろうか。

1. 体系書（死んだ獲物）をゆっくり読んで，法律の構造，法律の内容を理解し，典型的な例に法が適用されるメカニズムを理解する。
2. 実際に下された判決（半殺しにされた獲物）と判例解説（判例百選など）を読み，具体的な事例に関して，いかなる法律・先例・学説が適用されていくのかを理解する。
3. 法律実務家が生の事件（生きた獲物）を実際に解決していくさまを見学し，そのプロセスに参加してみる。

法科大学院でも以上のプロセスを経ることによって，実務家が考えるのと同じレベルでものごとを考えることのできる人材を養成することができると思われる。

　　学生諸君も，積極的に実務家との接触を図ろう。ロイヤリング（法律相談），模擬法廷，リーガル・クリニック（法律実務の臨床教育）に参加できる機会があれば，積極的に参加するのがよい。

B. 学者は理論を通じて実務との架橋を図る教育をなしうるか

　法科大学院による法曹教育に関しては，実務家から，「これまで大学では，きちんとした法曹教育をやってこなかったではないか。法科大学院についても，実務を知らない学者に本当に法曹教育ができるのかどうか疑問である」という意見が根強く主張されている。そこで，短い期間ではあるが，学者になる前に消費者保護の実務に携わった者として，反論を展開しようと思う。

　筆者は，1979年から1984年まで，国民生活センターで消費者保護の実務に携わる機会を得た。それまで，大阪大学法学部と大学院で民法の基礎理論のみを研究してきた身としては，特別法が多い消費者問題には，民法の知識だけではとても太刀打ちできないのではないかと恐れていた。

　確かに，消費者問題に関する特別法は数え切れないほどあり，それらを一応理解しなければ，始めの一歩も踏み出すことができない。初めて消費者契約等の実務を覗いたとき，民法の特別法である割賦販売法や訪問販売等に関する法律（現在は特定商取引に関する法律）などの特別法が幅を利かしており，それらの条文は，民法の条文よりも複雑そうに見えたものである。

　しかし，私には，民法という基本的な視点が確立している。実務に入って，事件に出会いながら，それらの特別法をじっくり読んでみると，それらの特別法によって，今まで慣れ親しんできた民法のどの部分が変更されているかがすぐに理解でき，意外に短い期間で，特別法の仕組みを基本法との対比において体系的に理解することができるようになった。事業者は，さすがに特別法を良く知っている。しかし，事業者は実務経験から特別法に接しているため，肝心の基本法，特に，一般条項の考え方については，深く理解していない。事業者は，特別法には長けているが，特別法に規定がないと，そこで法的な思考はストップしてしまうことが多い。事業者は，特別法は知っているが，意外なことに，基本法には強くないのである。このような様子を見て，筆者は，消費者問題の現場で経験を積むうちに，実務で解決が困難な問題というのは，実は，特別法に明文の規定がないために，基本法に照らして解決しなければならない問題であることがわかってきた。

　さらに，判例を調べてみても，特別法に規定がある問題は，ほとんど争いにならないため，判決も少なく，特別法に規定のない問題が，民法709条や

第3節　基本と応用，理論と実務との架橋

民法1条2項の信義則などの一般条項と呼ばれている条文によって解決されていることが多いこともわかってきた。

　このような体験を通じて，学者も，実務家の協力を受けることができれば，立派に実務家を育てることができることを確信するに至った。実務の大半は，マニュアルで解決できるルーティンワークか，効率の悪い雑務に過ぎず，創造的な仕事はほんのわずかに過ぎない。創造的な仕事を増やそうと思えば，良いマニュアルを作って，担当者が変わっても同じサービスが提供できるシステムを作り上げ，マニュアルで解決できない根本問題については，チームを作って共同作業でこなし，個人の能力が十分に発揮できる仕組みを作るほかないのである。

　現場で仕事をこなしている担当者から見れば，担当者から間接的に事情を聞き，その上で助言を行なう弁護士も，大局的な観点から判断を下す検事や判事も，「本当の実務を知らない」人に過ぎない。つまり，弁護士も，検事も，判事も，法廷技術の専門家ではあっても，現場の専門家では決してない。「本当の実務を知らない」という点では，学者と法律実務家との間の差は，相対的なものに過ぎない。つまり，法律実務家は，学者のことを「実務を知らない」と非難するが，法律実務家も，現場にいる人からは，「現場を知らない」と非難されているのである。「私は現場を知っている」と思っている法律実務家ほど，現場の人々から，何もわかっていないと言われていることをご存じないことが多いものである。

第4章
民法の構造を知る★★★★☆

一般法と特別法の絶妙な組み合わせが民法の真髄である。

この章は実習をすることを前提にしており，レベルも高い。一人で読んでいて理解ができないときは，仲間といっしょにグループで実習してみよう。

第1節　個別規定の中に埋もれている一般条項を発見する
　　　　（実習1）★★☆☆☆

問題1　厚生労働省のWebページの中にある「司法統計から見た離婚」（http://www1.mhlw.go.jp/toukei/rikon_8/repo12.html）を見てみよう。そして，それぞれの離婚申立ての動機が，民法770条の裁判上の離婚原因のどの項目に当てはまるかを調べてみよう。

問題2　民法770条の裁判上の離婚原因のうち，個別条項（1号-4号）と一般条項（5号）とを区別してみよう。上記の離婚申立ての動機が，個別条項と一般条項とでどちらに該当する例が多いかを数えてみよう。

一般条項と個別条項とは，区別して規定されるのが通常である。たとえば，一般条項は総則に，個別条項は各論に，というようにである。しかし，個別条項の中に，一般条項が埋もれている場合がある。その場合には，両者を区別して理解すると，全体的な理解が進むばかりでなく，個別規定で抜けている場合を，その一般条項によって補うことができるようになる。

1　民法770条に規定された離婚原因の分析

たとえば，民法770条の裁判上の離婚原因についての規定を見てみよう。

第1節　個別規定の中に埋もれている一般条項を発見する（実習1）

本書は，個別の条文を解説することは目的としていないので，条文の詳しい説明は，他の書物に譲ることにするが，裁判で適用される頻度が高い民法適用頻度ベスト20の条文に限っては，具体的な条文をあげて，一般法と特別法との関係に限定して考察することにする。

民法第770条（裁判上の離婚）
①夫婦の一方は，次に掲げる場合に限り，離婚の訴えを提起することができる。
　一　配偶者に不貞な行為があったとき。
　二　配偶者から悪意で遺棄されたとき。
　三　配偶者の生死が3年以上明らかでないとき。
　四　配偶者が強度の精神病にかかり，回復の見込みがないとき。
　五　その他婚姻を継続し難い重大な事由があるとき。
②裁判所は，前項第1号から第4号までに掲げる事由がある場合であっても，一切の事情を考慮して婚姻の継続を相当と認めるときは，離婚の請求を棄却することができる。

　民法770条1項の1号から5号までは，条文が並列的に規定されているため，一見したところは，すべてが，具体的な例を挙げた個別規定のように見える。しかし，民法770条2項を読んでみると，1号から4号までと，5号とは，はっきりと区別されていることがわかる。

　その理由は，民法770条1項の1号から4号に該当する場合には，一応は離婚原因とされているが，その要件が満たされた場合でも，第2項によって，離婚が認められない場合があるからである。要件の意味を厳格に解して，それが満たされた場合には，効果が発生するものに限定すると考えると，1号から4号までの離婚原因は，厳密な意味での離婚の要件でないということになる。これに対して，5号の場合には，その要件が満たされた場合には，民法770条2項の反対解釈により，必ず離婚が認められることになる。このように考えると，裁判上の離婚原因は，民法770条1項の各号に該当する事実ではなく，実は，5号の「婚姻を継続し難い重大な事由がある」ことが真の離婚原因だということになる。

　そうだとすると，民法770条は，真の要件である5号を一般条項とし，1号から4号までは，一般条項を推定する前提としての具体例を提供しているに過ぎないことがわかる。そのように考えると，民法770条は，以下のように書き換えた方がずっとわかりやすくなる。

第4章　民法の構造を知る

民法第770条の構造化
①夫婦の一方は，**婚姻を継続し難い重大な事由**があるときに限り，離婚の訴えを提起することができる。
②以下の各号に該当する場合には，婚姻を継続し難い重大な事由があるものと推定する。
　一　配偶者に不貞な行為があったとき。
　二　配偶者から悪意で遺棄されたとき。
　三　配偶者の生死が3年以上明らかでないとき。
　四　配偶者が強度の精神病にかかり，回復の見込みがないとき。

　以上のように，一般規定と具体的な例とを書き分けると，1号から4号までの場合には，それらの原因が存在する場合であっても，なぜ，「一切の事情を考慮して婚姻の継続を相当と認めるときは，離婚の請求を棄却することができる」のかが明らかとなる。なぜならば，それらの原因は，真の要件である「婚姻を継続し難い重大な事由がある」ことを推定するに過ぎないので，1号から4号に規定する事実がある場合であっても，特段の事情が存在するために，「婚姻を継続し難い重大な事由がある」とはいえない場合には，離婚が認められないことになるのである。

　このような構造化を行うことによって，民法770条1項5号に埋もれていた一般法を発掘し，それが，特別法の隙間を埋める役割を果たしていることが理解でき，裁判上の離婚原因の全体を見通すことができようになる。

2　民法770条1項1号から4号までの具体的な離婚原因の問題点

　このような構造化の効用は，全体を見通すことができるようになることにとどまらない。民法の条文の構造化を行った後で，構造化された民法770条を眺めてみると，その不十分さがはっきりと見えてくるようになる。それでは，次に，民法770条がなぜ，不十分な規定なのかを分析してみよう。
　第1のステップとして，1号から4号までに列挙されている離婚原因が，「婚姻を継続し難い重大な事由がある」ことの典型例としてふさわしいかどうかを検討してみよう。検討をする際の素材として，司法統計年報における離婚の申立原因と，民法770条1項の1号から4号までの離婚原因とを比較してみることにしよう。

第1節　個別規定の中に埋もれている一般条項を発見する（実習１）

表4-1　夫と妻は，どのような原因で離婚を決意するにいたるのか
司法統計年報：離婚の申立ての動機別割合　―平成10年―

	夫の言い分			妻の言い分	
順位	夫からの離婚申立ての原因	1号~4号の当てはめ	順位	妻からの離婚申立ての原因	1号~4号の当てはめ
1	性格があわない	―	1	性格があわない	―
2	家族・親戚と折り合いが悪い	―	2	暴力をふるう	―
3	異性関係	1号	3	異性関係	1号
4	浪費	―	4	生活費を渡さない	2号
5	異常性格	―	5	精神的虐待	―
6	同居に応じない	2号	6	浪費	―
7	精神的虐待	―	7	家庭を捨てて省みない	2号
8	性的不満	―	8	家族・親戚と折り合いが悪い	―
9	家庭を捨てて省みない	2号	9	酒を飲みすぎる	―
10	暴力をふるう	―	10	異常性格	―
11	病気	4号	11	性的不満	―
12	酒を飲みすぎる	―	12	同居に応じない	2号
13	生活費を渡さない	2号	13	病気	4号

　第2のステップとして，上記の離婚申立ての原因が，現行民法770条1項の各号にどの程度当てはまっているかどうかを検討してみよう。上記の表は，夫婦別の離婚の申立原因について，民法770条1項1号から4号までの離婚原因への当てはめを行った結果である。この表を見ると，現代において夫婦が離婚を決意する事由と，民法770条が規定する離婚原因との間に，大きな隔たりがあることがわかる。

　その原因の1つとして，民法770条の離婚原因を制定するに際して，民法旧規定の離婚原因のいくつかを削除してしまったという事情もあるが，いずれにせよ，最大の問題点は，肉体的虐待，精神的虐待（DV：配偶者からの暴

力の防止及び被害者の保護に関する法律（2001年）違反）を離婚原因から除外している点にある。上の表では，妻からの離婚原因の第2位にあたる暴力，第5位に当たる精神的虐待が，1号から4号までの離婚原因から脱落していることは，大きな問題である。

また，婚姻の効果として重要な問題である，①夫婦の同居・協力及び扶助の義務（民法752条）に対する違反（上の表では，「家庭を捨てて省みない（7位）」），ならびに，②婚姻費用の分担（民法760条）の違反（上の表では，「生活費を渡さない（4位）」）が離婚原因から抜け落ちていることも問題であろう。このように考えていくと，わが国の民法770条は，社会事情の変化に適応しておらず，修正が必要となっているといえる。

3　民法770条の具体的な離婚原因に関する改正案の提示

そこで，第3のステップとして，民法を社会の変化に適応できるように修正するという試みを行ってみよう。以上の作業を通じて，たとえば，以下のような民法770条の改正案（試案）を提言することができる。

民法第770条（裁判上の離婚）の**改正案**（試案）

①夫婦の一方は，婚姻を継続し難い重大な事由があるときに限り，離婚の訴えを提起することができる。

②以下の各号に該当する場合には，婚姻を継続し難い重大な事由があるものと推定する。

一　配偶者に不貞な行為があったとき。
一の二　配偶者から虐待を受けたとき。
二　配偶者から悪意で遺棄されたとき。
二の二　配偶者が，第752条の規定に違反して，協力義務を履行しないとき。
二の三　配偶者が，第760条の規定に違反して，婚姻費用の分担義務を履行しないとき。
三　配偶者の生死が3年以上明らかでないとき。
三の二　夫婦が5年以上別居しているとき。←民法改正要綱案参照
四　配偶者が強度の精神病にかかり，回復の見込みがないとき。

民法の特色は，すでに，民法と刑法との対比で説明したように，一般法と特別法の組み合わせにある。多くの市民がその意味を理解し，民法における

一般法と特別法との関係に関して，各人が，民法の改善のための意見を持つことができるようになれば，素晴らしいことではないだろうか。

第2節　バラバラに規定されている条文の中から共通する一般要件を発見する（実習2）★★★☆☆

> 問題1　民法の条文のうち，契約解除に関連する条文をピックアップし，契約解除の要件として，どのような用語が使われているかを書き出してみよう。

> 問題2　以上の調査に基づいて，契約解除の要件に関して，最も多く使われている用語を抽出してみよう。その上で，それが，契約解除の一般要件となりうるかどうかを検討してみよう。

優秀な実務家は違いがわかる人である。優秀な学者は，そのような違いの中に，違いを超えた共通性を見つけることのできる人である。学生諸君は，まず，厳密な違いを身につけた上で，共通項をくくりだす能力を身につける訓練を積むのがよい。

先に，婚姻法の分野で最も問題の多い離婚の問題に関して，個別的な離婚原因として列挙されている民法770条1項1号から5号までを分析し，第5号は，個別規定ではなく，真の離婚の要件となる一般規定であることを演習を通じて明らかにした。次に，契約法の分野で最も問題の多い，契約解除に関して，民法適用頻度第9位に位置する民法541条（履行遅滞等による解除権）および，その周辺の条文を例にとって，契約解除の真の要件を発見することに挑戦してみることにする。

1　バラバラに規定されている契約解除の要件

債務不履行に基づく救済の問題のうち，損害賠償の要件の方は，民法415条（民法適用頻度第2位）によって，債務者が「債務の本旨に従った履行をしない」ことというように見事に一般化されている。これに対して，契約解除の要件の方は，以下の表に示すように，民法541条（履行遅滞等による解

除権)，民法542条（定期行為の履行遅滞による解除権），民法543条（履行不能による解除権)，さらには，民法570条（売主の瑕疵担保責任）によって準用される民法566条（地上権等がある場合等における売主の担保責任)，民法551条（贈与者の担保責任）というように，バラバラに規定されており，統一的な要件は示されていない。

ここでは，まず，違いがわかる人になるために，債務不履行の場合に，損害賠償の要件は民法415条によって統一的な要件が示されているのに，解除の要件が統一的に示されていないのは何故なのかという問題を検討する。

表4-2　解除の要件に関する従来の考え方

類型		債務不履行の効果	
		損害賠償一般	解除と損害賠償
債務不履行	履行遅滞	民法415条　債務者がその債務の本旨に従った履行をしないときは，債権者は，これによって生じた損害の賠償を請求することができる。債務者の責めに帰すべき事由によって履行をすることができなくなったときも，同様とする。	民法541条　当事者の一方がその債務を履行しない場合において，相手方が相当の期間を定めてその履行の催告をし，その期間内に履行がないときは，相手方は，契約の解除をすることができる。
			民法542条　契約の性質又は当事者の意思表示により，特定の日時又は一定の期間内に履行をしなければ**契約をした目的を達することができない場合**において，当事者の一方が履行をしないでその時期を経過したときは，相手方は，前条の催告をすることなく，直ちにその契約の解除をすることができる。
	履行不能		民法543条　履行の全部又は一部が不能となったときは，債権者は，契約の解除をすることができる。ただし，その債務の不履行が債務者の責めに帰することができない事由によるものであるときは，この限りでない。
	不完全履行		民法566条（570条で準用）　①売買の目的物が地上権，永小作権，地役権，留置権又は質権の目的である場合において，買主がこれを知らず，かつ，そのために**契約をした目的を達することができないとき**は，買主は，契約の解除をすることができ

第 2 節　バラバラに規定されている条文の中から共通する一般要件を発見する（実習 2）

				る。この場合において，<u>契約の解除をすることができないときは，損害賠償の請求のみをすることができる。</u> ②前項の規定は，売買の目的である不動産のために存すると称した地役権が存しなかった場合及びその不動産について登記をした賃貸借があった場合について準用する。 ③前 2 項の場合において，契約の解除又は損害賠償の請求は，買主が事実を知った時から 1 年以内にしなければならない。
			民法551条 （596条で準用）	①贈与者は，贈与の目的である<u>物又は権利の瑕疵又は不存在について，その責任を負わない。</u>ただし，贈与者がその瑕疵又は不存在を知りながら受贈者に告げなかったときは，この限りでない。 ②負担付贈与については，贈与者は，その負担の限度において，売主と同じく担保の責任を負う。

　まず，民法適用頻度第 9 位に位置する民法 541 条（履行遅滞等による解除権）をじっくり見てみよう。

民法第 541 条（履行遅滞等による解除権）
　当事者の一方がその債務を履行しない場合において，相手方が相当の期間を定めてその履行の催告をし，その期間内に履行がないときは，相手方は，契約の解除をすることができる。

　この規定は，ドイツ民法に由来する規定であり，世界的に通用している規定である。この規定で重要なことは，民法 415 条の債務不履行の 1 つである履行遅滞（履行期に履行をしないこと）が生じると，直ちに，債権者に損害賠償請求権が生じるのに対して，それだけでは，契約解除はできないということである。債権者は，民法 541 条に従って，「相当の期間を定めてその履行の催告をし，その期間内に履行がないとき」にはじめて契約を解除することができるに過ぎない。したがって，ここでは，契約解除の要件は，「相当期間を定めた催告とその期間内に履行がないこと」（催告要件という）であることがわかる。

しかし，次の条文である民法542条（定期行為の履行遅滞による解除権）を見ると，せっかく発見した契約解除の要件である「催告の要件」が不要であるとされている。それは何故なのか。民法542条には，催告が必要とされない理由が，以下のように，明確に記述されている。

民法第542条（定期行為の履行遅滞による解除権）
　契約の性質又は当事者の意思表示により，特定の日時又は一定の期間内に履行をしなければ契約をした目的を達することができない場合において，当事者の一方が履行をしないでその時期を経過したときは，相手方は，前条の催告をすることなく，直ちにその契約の解除をすることができる。

　この条文に該当する例としてよく挙げられるのは，友人の海外出張の見送りのために定時に花束を届ける契約をしていたところ，花屋さんが時間を間違えて，定時に花束が届かなかったという例であろう。この例においては，買主は，催告なしに直ちに契約を解除することができる。その場合に，催告が必要とされない理由は，民法542条によれば，特定の日時または一定の期間内に履行をしなければ「契約をした目的を達することができない」からであるという。

　したがって，民法542条における契約解除の要件は，「契約をした目的を達することができない」ということになろう。この要件は，かなり一般的な要件である。先の民法541条を，この要件に即して考え直してみよう。そうすると，債務者の履行が遅滞しているため，相当期間を定めた催告をして，債務者に再チャレンジの機会を与えたのに，その期間内にも履行がないようでは，もはや，契約目的を達することができないと考えることができる。そうだとすると，契約解除の一般要件は，催告ではなく，むしろ，「契約をした目的を達することができない」ことではないだろうかという仮説を提示することができそうである。

　それを確かめるために，次の条文を見てみよう。次の条文である民法543条は，債務不履行のもう1つの例である履行不能の場合の規定である。

民法第543条（履行不能による解除権）
　履行の全部又は一部が不能となったときは，債権者は，契約の解除をすることができる。ただし，その債務の不履行が債務者の責めに帰することができない事由によるものであるときは，この限りでない。

　履行不能の場合には，債務者の責めに帰することができない事由（不可抗

第2節　バラバラに規定されている条文の中から共通する一般要件を発見する（実習2）

力）によって履行不能になることが多く、その場合には、民法534条～536条の危険負担の問題となるため、ただし書が付されている。しかし、危険負担の問題というのは、目的物が債務者の責めに帰すべき事由なしに履行不能となった場合に、物の給付に関する債権者（たとえば買主）は、反対給付である対価（代金）をなお、支払わなければならないかどうか、という問題である。この場合の原則は、民法536条（債務者の危険負担等）に基づき、債務者（たとえば売主）が対価の危険を負担することになっており、解除ができるのとほとんど同じである。したがって、この問題は、ここでは、詳しく検討しない。

いずれにせよ、民法543条の契約解除の要件は、履行不能であり、その場合には、明らかに、「契約目的を達成することができない」場合に該当するので、この場合においても、契約解除の要件を「契約目的を達成することができない」とすることが正当化される。

最後に、債務不履行の最後の類型である不完全履行の場合を考えてみよう。この場合には、有償契約の場合と無償契約の場合とで、結果が異なるため、民法は、統一的な規定を用意していない。そして、無償契約の場合には、贈与の箇所（民法551条）や使用貸借の箇所（民法596条で、民法551条を準用している）において、また、有償契約の場合には、有償契約の総則をかねる売買（民法559条（有償契約への準用）は、売買を有償契約の総則として位置づけている）の箇所（たとえば民法570条（売主の瑕疵担保責任））において、というように、個別的な契約類型に応じて、契約解除の要件に関する規定を配置している。

無償契約の場合には、不完全な履行がなされたとしても、もともとタダなのであるから、たとえば、贈与者は、原則として、担保責任を負わないとされている（民法551条）。これに対して、有償契約の場合には、民法570条（売主の瑕疵担保責任）が準用する民法566条（地上権等がある場合等における売主の担保責任）において、「契約をした目的を達することができないときは、買主は、契約の解除をすることができる」、「契約の解除をすることができないときは、損害賠償の請求のみをすることができる」と規定しており、契約解除の要件は、やはり、「契約目的を達成することができない」場合に限るということが確認されている。

民法第570条（売主の瑕疵担保責任）
　売買の目的物に隠れた瑕疵があったときは、第566条〔地上権等がある場合等における売主の担保責任〕の規定を準用する。ただし、強制競売の場合は、この限りでない。

民法第566条（地上権等がある場合等における売主の担保責任）
①売買の目的物が地上権、永小作権、地役権、留置権又は質権の目的である場合において、買主がこれを知らず、かつ、そのために契約をした目的を達することができないときは、買主は、契約の解除をすることができる。この場合において、契約の解除をすることができないときは、損害賠償の請求のみをすることができる。
②前項の規定は、売買の目的である不動産のために存すると称した地役権が存しなかった場合及びその不動産について登記をした賃貸借があった場合について準用する。
③前2項の場合において、契約の解除又は損害賠償の請求は、買主が事実を知った時から1年以内にしなければならない。

　以上の検討を通じて、解除に関する条文を整理しなおしてみると、契約解除の要件は、債務不履行によって、「契約目的を達成することができない」ことであることが判明した。契約解除の一般要件の発見である。

2　発見された契約解除の一般要件と従来の考え方との対比

　以上の考察によって発見された契約解除の一般要件を従来の考え方と比較すると、表4-3のような比較対照表を作成することができる。

第2節 バラバラに規定されている条文の中から共通する一般要件を発見する（実習2）

表4-3 解除の要件に関する新しい考え方

不履行類型			従来の考え方			新しい考え方
履行遅滞	原則	民法541条	履行遅滞の場合には，相当期間を定めた催告とその期間の経過が必要である。	一般規定と典型例	民法542条	「契約をした目的を達することができない場合」には解除ができる。定期行為の場合に催告なしに解除ができるというのは，例外ではなく，「契約目的不達成」の典型例である。
	例外	民法542条	定期行為の場合には，例外的に，催告を必要とせずに解除をすることができる。	個別規定	民法541条	相当期間を定めた催告をしたにもかかわらず，その期間が経過したにもかかわらず，履行がない場合には，まさに，「契約をした目的を達することができない場合」に該当し，契約を解除できる。
履行不能	原則	民法543条	債務者に帰責事由がある場合には解除ができる。	原則	民法543条	履行不能の場合は，当然に「契約をした目的を達することができない場合」に該当するので，常に契約解除権が発生する。（危険負担の債務者主義の規定は，解除を認めた場合と結果が同じとなるため，不要となる。）
	例外	民法534条以下	債務者に帰責事由がない場合には，解除はできない。そして，危険負担の問題となる。	例外	民法548条	履行不能が解除権者の帰責事由によって発生した場合には，解除権は消滅する。（危険負担の債権者主義の規定は，この規定に吸収される。）
不完全履行			契約総論には規定がない。	原則（有償契約）	民法566条，570条	不完全履行によって「契約をした目的を達することができない場合」にのみ解除ができる。その他の場合には，減額請求，損害賠償請求しかできない。
				例外（無償契約）	民法551条，596条	不完全履行があっても，無償契約の場合には，贈与者は，商品性の保証責任を負わないため，「契約をした目的を達することができない場合」には，該当せず，製造物責任等の不法行為責任が生じる場合を除いて，責任を負わない。

このような表に基づいて，契約解除の要件を整理しておくと，それぞれの契約不履行の類型ごとの契約解除の要件の違いがわかるだけでなく，それらの違いを超える共通の要件として，「契約目的を達成することができない」場合という統一的な要件を頭に入れることができる。このような統一的な要件を頭に入れた上で，具体的な事例において，契約解除ができるかどうかを考えるようにすると，これまでのように，バラバラに規定された個々の条文に頼る解決よりも，より整合的で，合理的な解決案を提示することができるようになる。

民法における一般条項と個別条項との絶妙なバランスが，契約解除の領域においても，再度発見されたことになる。

民法の条文には，そのほかにも，解除原因として「契約目的を達成することができない場合」をあげるものがある。以下の条文を読みながら，「契約目的を達成できない」というキーワードがいかに重要な役割を果たしているかを再確認することにしよう。

民法第607条（賃借人の意思に反する保存行為）
　賃貸人が賃借人の意思に反して保存行為をしようとする場合において，そのために賃借人が**賃借をした目的を達することができなくなるとき**は，賃借人は，契約の解除をすることができる。

民法第611条（賃借物の一部滅失による賃料の減額請求等）
①賃借物の一部が賃借人の過失によらないで滅失したときは，賃借人は，その滅失した部分の割合に応じて，賃料の減額を請求することができる。
②前項の場合において，残存する部分のみでは賃借人が**賃借をした目的を達することができないとき**は，賃借人は，契約の解除をすることができる。

民法第635条〔請負人の担保責任2〕
　仕事の目的物に瑕疵があり，そのために**契約をした目的を達することができないとき**は，注文者は，契約の解除をすることができる。ただし，建物その他の土地の工作物については，この限りでない。

第 2 節　バラバラに規定されている条文の中から共通する一般要件を発見する（実習 2）

3　解除の一般要件としての「契約目的の不達成」の発展可能性

　このような考え方の利点は，単に売買や請負型の契約だけでなく，継続的な契約関係における解除原因とされる「信頼関係破壊の法理」とも親和性があり，さらなる要件の統一が可能となる点にある。

A.　継続的契約関係の解除の要件としての「信頼関係の破壊」との関係

　継続的な契約関係の典型例とされる賃貸借契約において，賃借人に，賃料不払いという契約不履行がある場合でも，それが，「信頼関係を破壊する」に至っていないとして，賃貸人からの契約の解除を否定した昭和 39 年 7 月 28 日に下された最高裁判決を読んでみよう。

> 最三判昭 39・7・28 民集 18 巻 6 号 1220 頁
> 　家屋の賃貸借において，催告期間内に延滞賃料が弁済されなかった場合であっても，当該催告金額 9,600 円のうち 4,800 円はすでに適法に弁済供託がされており，その残額は，統制額超過部分を除けば，3,000 円程度にすぎなかったのみならず，賃借人は過去 18 年間にわたり当該家屋を賃借居住し，右催告に至るまで，右延滞を除き，賃料を延滞したことがなく，その間，台風で右家屋が破損した際に賃借人の修繕要求にもかかわらず賃貸人側で修繕をしなかったため，賃借人において 2 万 9,000 円を支出して屋根のふきかえをしたが，右修繕費については本訴提起に至るまでその償還を求めたことがなかった等判示の事情があるときは，賃借人には，いまだ本件賃貸借の基調である相互の**信頼関係を破壊する**に至る程度の不誠意があると断定することはできないとして，右賃料不払を理由とする賃貸借契約の解除は信義則に反し許されないものと解すべきである。

　この判決を通じて，継続的な契約関係における契約解除の要件は，「信頼関係を破壊した」かどうかであるということが明らかにされたといわれている。そこで，これまでの分析で明らかにした契約解除の統一要件である「契約目的を達成することができない」ことと以上の「信頼関係の破壊の法理」とを比較してみよう。

　そのほかにも，信頼関係の破壊の法理は，賃借人が賃貸人の承諾を得ることなしに，無断で，賃借権を譲渡したり，無断で，賃借目的物を転貸（また貸し）をしたりした場合において，民法 612 条によると，賃貸人は，賃貸借契約を解除できるとしているにもかかわらず，その解除権を制限する場合に

も使われており，有名な判例法理となっている。

すなわち，判例は，賃借権の無断譲渡・転貸がされても，それが，賃貸人に対する背信的行為と認めるに足らない特段の事情があるときは，民法612条2項の解除権は発生せず，賃貸人は，賃貸借を解除することができないとしている（最二判昭28・9・25民集7巻9号979頁）。もっとも，賃借地の無断転貸を賃貸人に対する「背信行為と認めるに足りないとする特段の事情」は，その存在を賃借人において主張・立証すべきである（最一判昭41・1・27民集20巻1号136頁）。

最二判昭28・9・25民集7巻9号979頁
　賃借人が賃貸人の承諾なく第三者をして賃借物の使用収益をなさしめた場合においても，賃借人の当該行為が**賃貸人に対する背信的行為と認めるに足らない特段の事情があるときは，本条に基づく解除権は発生しない。**
　甲の借地上の2棟の罹災建物のうちの1棟の従前の賃借人乙が，罹災都市借地借家臨時処理法3条に基づく借地権譲渡の申出をして，右建物の敷地部分につき借地権を取得した後，甲の同一借地上である限り，同一面積の範囲内で当該罹災建物の敷地以外の場所に建物を建設しても差支えないものと信じ，甲の承諾を得て，右敷地に隣接する土地上に建物を建築した場合には，乙の右行為は，土地賃貸借関係を継続するに堪えない著しい背信的行為とするに足りない。

最一判昭41・1・27民集20巻1号136頁
　土地の賃借人が賃貸人の承諾を得ることなくその賃借地を他に転貸した場合においても，**賃借人の右行為を賃貸人に対する背信行為と認めるに足りない特段の事情があるときは，賃貸人は民法612条2項による解除権を行使し得ない。**しかしながら，かかる特段の事情の存在は土地の賃借人において主張，立証すべきものと解するを相当とするから，本件において土地の賃借人たる上告人が右事情について何等の主張，立証をなしたことが認められない以上，原審がこの点について釈明権を行使しなかったとしても，原判決に所論の違法は認められない。

このようにして，継続的契約関係においては，契約当事者の相互の信頼関係が破壊されるに至ると，結局は，契約目的を達することができなくなるのであり，「契約目的が達成することができない」場合を統一的な解除の要件とする考え方は，継続的な契約関係における解除の要件とも親和的であることがわかる。

第2節　バラバラに規定されている条文の中から共通する一般要件を発見する（実習2）

B. 裁判上の離婚の要件としての「婚姻を継続し難い重大な事由」または「婚姻関係の破綻」との関係

「契約目的の不達成」を契約解除の要件と考える試みは，以上のような民法の財産法だけに限定されず，さらには，親族法との関係でも，有責配偶者からの離婚請求を認めた最高裁の大法廷判決における離婚原因としての「婚姻関係の破綻の法理」とも，親和性があることがわかる。

> 最大判昭62・9・2民集41巻6号1423頁
> 　婚姻の本質は，両性が永続的な精神的及び肉体的結合を目的として真摯な意思をもつて共同生活を営むことにあるから，夫婦の一方又は双方が既に右の意思を確定的に喪失するとともに，夫婦としての共同生活の実体を欠くようになり，その回復の見込みが全くない状態に至った場合には，当該婚姻は，もはや**社会生活上の実質的基礎を失っている**ものというべきであり，かかる状態においてなお戸籍上だけの婚姻を存続させることは，かえって不自然であるということができよう。しかしながら，離婚は社会的・法的秩序としての婚姻を廃絶するものであるから，離婚請求は，正義・公平の観念，社会的倫理観に反するものであってはならないことは当然であって，この意味で離婚請求は，身分法をも包含する民法全体の指導理念たる信義誠実の原則に照らしても容認されうるものであることを要するものといわなければならない。
> 　有責配偶者からされた離婚請求であっても，夫婦がその年齢及び同居期間と対比して相当の長期間別居し，その間に未成熟子がいない場合には，相手方配偶者が離婚によって精神的・社会的・経済的に極めて苛酷な状態におかれる等離婚請求を認容することが著しく社会正義に反するといえるような特段の事情のない限り，**有責配偶者からの請求であるとの一事をもって許されないとすることはできない。**（補足意見，意見がある。）

このように考えると，バラバラに規定されている契約解除の要件から共通項を見つけ出すことを通じて再構成した「契約目的を達成することができない」場合という契約解除の統一要件は，単に，一回限りの契約ばかりでなく，継続的な契約関係における「信頼関係が破壊されている」という要件，さらには，親族法における婚姻契約に関して，その離婚原因としての「婚姻関係を継続し難い重大な事由」という要件や「婚姻関係が破綻している」という要件とも親和性のあるものであり，契約解除の統一要件として，その発展が期待できるものであるということができよう。

民法は，債務不履行については，民法415条において「債務の本旨に従っ

た履行がない」場合という一般要件を明示しているにもかかわらず，契約解除の要件については，統一的な一般要件を明示していない。しかし，解除に関するさまざまな条文を検討することを通じて，「契約目的を達成することができない」場合という一般要件が明らかになれば，社会で生じている契約の「キャンセル」に関する膨大な事例を統一的に解決する指針が得られることになる。

　民法709条が不法行為の一般要件を有していることが，類型論にとらわれずに被害者を救済するという点で大きな役割を果たしていることは，先に述べたとおりである（第1章第3節参照）。債務不履行の問題についても，損害賠償に関しては，民法415条が一般要件を有していることが，類型論にとらわれずに債務不履行から生じる被害を救済することに大きな役割を果たしてきた。債務不履行による契約解除に関しても，類型ごとにバラバラに規定されていた個別要件から一般要件が発見されたことは，解除の場合にも，類型論にとらわれない被害救済に大きな役割を果たすことになると思われる。

第3節　条文の隙間を埋める原理としての条文には明示されていない「権利外観法理」を発見する（実習3）★★★★☆

　民法の数々の条文のバックボーンとなっている「条文にない原理」（ここでは，「権利外観法理」）の発見に挑戦してみよう。

　問題1　「ド・モルガンの法則」を適用すると「悪意または有過失」と「善意かつ無過失」との論理的な関係は，純粋に，肯定と否定という関係になっていることを，論理学または集合論の教科書によって確かめてみよう。

　　　ド・モルガンの法則　（なお以下の記号の意味は，それぞれ，$\neg$：否定(not)，$\wedge$：かつ，$\vee$：または　である）

　　　　$\neg (A \wedge B) \equiv \neg A \vee \neg B$ … not(善意かつ無過失)≡悪意または有過失
　　　　$\neg (A \vee B) \equiv \neg A \wedge \neg B$ … not(悪意または有過失)≡善意かつ無過失

　問題2　上の問題を解いた上で，民法93条の条文をよく読んで，この条文には，表意者が「真実に反する外観を作出した」こと，および，相手方が「善意かつ無過失」でその外観を信頼したこと，という権利外観法理の要件が隠されているかどうか，調べてみよう。

第3節　条文の隙間を埋める原理としての「権利外観法理」を発見する（実習3）

民法の構造を明らかにするために，これまで，民法770条（裁判上の離婚原因）の個別条項（民法770条1項各号）の中に紛れ込んでいた一般条項（民法770条1項5号）を掘り起こしたり，民法の中にバラバラに規定されている契約解除の要件の中から，「契約目的を達成することができないとき」という契約解除の統一要件を発見したりするという作業を追体験してきた。

ここでは，民法総則，債権総則のさまざまな条文の中に潜んでいる「権利外観法理」を内蔵している条文を再発見するという作業を行うことにする。この原理は，契約法全体をカバーするほどに適用範囲の広い原理である。

この作業をすることによって，民法の条文と条文との有機的な関係，条文と条文との間の隙間を埋める方法，条文と条文との間に存在する共通の原理を発見する方法を体得することができるようになる。

このような方法を会得するならば，条文や判例を知っているだけでは解けない，最高度に難しい問題についても，条文と条文との間を埋める民法の原理に従って解決の指針を導き出し，最後の正当化の段階においても，その問題に適用されるべき最も適切な条文を選び出し，その解釈に基づいて，説得力のある議論を行うことができると思われる。

1　前提となる基本概念

これから論じる「権利外観法理」という原理を理解する上で，必要不可欠の概念として，善意（過失のある善意を含む）と悪意という概念について説明しておく。

A.　善意と悪意，無過失と有過失

民法の用語法としての善意や悪意というのは，国語辞書の意味（善意：思いやりのあるよい心，悪意：悪い心・感情）とは異なる。法律用語としての悪意とは，「知っている」ことであり，善意は「知らない」という意味である。また，善意かつ無過失（「善意・無過失」と表記する）というのは，「知らないことに過失がない」という意味である。善意・無過失という概念は，取引の相手方が保護されるときのキーワードとなっている。反対に，善意であっても，過失（軽過失でもよい）があれば，すなわち，善意だが有過失（「善意・

有過失」と表記する），保護されないことが多いので注意が必要である。善意だが重過失があるということになると，ほとんど悪意と同様に扱われる。

このように考えると，善意と悪意とは，一見したところでは，非連続の排反的な概念のように見えるが，実は，過失という概念を取り込むことによって連続的な概念に仕上がっている。以上の善意・悪意，軽過失，重過失の関係をまとめたのが以下の表である。

表4-4　善意，善意・有過失，悪意の関係

善意			悪意
無過失	（軽）過失	重過失 （悪意と同視されている： 民法470条，697条参照）	
善意・無過失の当事者は，保護されることが多い。	善意・有過失の当事者は保護されないことが多い。	善意・重過失または悪意の当事者は，ほとんどの場合に保護されない。	

B.　権利外観法理の定義

権利外観法理は，外観主義ともいわれており，ドイツ法における Rechtsscheintheorie に由来するものであって，英米法におけるエストッペル（禁反言）と機能的に同じであるとされている。

　　権利外観法理とは，「真実に反する外観を作出した者は，その外観を善意かつ無過失で信頼してある行為をなした者に対し外観に基づく責任を負うべきである」という理論である。

権利外観法理は，外観に対する信頼を保護することによって，取引の安全（動的安全・静的安全）と迅速性に資することを目的としている。もっとも，取引の安全を確保するといっても，取引の相手方が無条件に保護されるわけではなく，「外観作出者にはそれについての帰責事由があり，外観を信頼した者は善意かつ無過失であること」が要求されている。つまり，権利外観法理は，真の権利者の保護と取引の相手方の保護とを両者の帰責性を比較衡量することによってバランスのよい解決を行おうとするものなのである。

権利外観法理の法律上の根拠は，信義則（民法1条2項）に求められる。信義則は，契約の効力の問題においても，信義則の具体化の一例である権利

第 3 節　条文の隙間を埋める原理としての「権利外観法理」を発見する（実習 3）

外観法理を通じて，決定的な役割を果している。

C．権利外観法理が問題となる意思表示の類型

民法第 1 編「総則」の中で，最も重要な位置を占めているのは，第 5 章「法律行為」であるが，その中心となるのは，意思表示である。民法は，意思表示に問題がある場合を 2 つに分けて規定している。

第 1 は，意思と表示とが食い違っている場合である。この場合には，表示に対応する意思が欠けているという意味で，民法は，「意思の不存在」という用語を用いており（民法 101 条），具体的には，民法 93 条の心裡留保，民法 94 条の通謀虚偽表示，民法 95 条の錯誤の 3 類型が規定されている。第 2 は，意思と表示が食い違っているわけではないが，意思形成の過程で不当な干渉がなされたために，意思表示にキズがある場合であり，民法は，「瑕疵ある意思表示」という用語を用いており（民法 120 条 2 項），具体的には，詐欺による意思表示，強迫による意思表示の 2 類型が規定されている（民法 96 条）。

表4-5　権利外観法理が問題となる意思表示の類型

			効力	追認の可否	相手方・第三者に対する効力
意思の不存在（意思欠缺）	表意者悪意	心裡留保（民法93条）	無効	追認できる	善意・無過失の相手方には，無効を主張できない
		通謀虚偽表示（民法94条）			善意（・無過失）の第三者には，無効を主張できない
	表意者善意	錯　誤（民法95条）			原則として，第三者に対しても無効を主張できる
意思表示の瑕疵	表意者善意	詐　欺（民法96条）	取消	追認できる	善意の第三者には，取消しによる無効を主張できない
		強　迫（民法96条1項）			善意の第三者に対しても，取消しによる無効を主張できる

ここでは，以上の表に登場する意思表示である心裡留保，通謀虚偽表示，錯誤，詐欺，強迫について，そのすべてを権利外観法理によって説明するという大胆不敵ではあるが，頭の中がクリアになること請け合いの面白い考え方を紹介することにする。

2 民法 93 条の条文の裏に隠れた権利外観法理の要件としての「善意かつ無過失」

　民法の意思表示の節（民法第1編第5章第2節）の最初に出てくる類型は，心裡留保である（民法93条）。冗談のような話ではあるが，民法は，まともな意思表示は，あまり問題としない。内心の意思と表示とが食い違っている意思表示（意思の不存在）が最初に問題とされることになる。

　さて，民法93条は，表意者が真意でないことを知って（冗談で），意思表示をした場合には，原則として，その意思は有効であること，しかし，例外的に，相手方が悪意または有過失である場合には，意思表示は無効となることを定めている。

民法第93条（心裡（り）留保）
　　意思表示は，表意者がその真意ではないことを知ってしたときであっても，そのためにその効力を妨げられない。ただし，相手方が表意者の真意を**知り，又は知ることができたとき**は，その意思表示は，無効とする。

　この条文をみて，これが，権利外観理論を表明したものと気づく人はごく少数である。なぜなら，ここには，権利外観法理の定義で述べた，相手方の「善意かつ無過失」という要件が記述されていないからである。

　確かに，現行民法93条の規定の仕方は，非常にわかりにくい構造になっている。心裡留保に基づく意思表示は，どのような場合に有効となり，どのような場合に無効となるのかがはっきりしない。しかし，この条文を実体法の観点，すなわち，立証責任の考え方を抜きにして，すべての事実は常に完全に証明されるという考え方に立って考察してみよう。そうすると，以下に示すように，心裡留保の要件と効果がはっきりと見えてくる。すなわち，民法93条には直接書かれていないが，論理的な操作（反対解釈とド・モルガンの法則）を用いると，「相手方の善意かつ無過失」という権利外観法理に特有の要件が透けて見えてくるのである。要件事実の考え方ではなく，実体法の考え方に基づいて，民法93条を論理展開すると，以下のような構造を有していることがわかる。

民法第93条（心裡留保）の実体法的な解明
　　表意者が真意でないことを知りつつ意思表示をした場合における意思表示の効力は，次の各号にしたがって定まる。

第3節　条文の隙間を埋める原理としての「権利外観法理」を発見する（実習3）

一　相手方が表意者の真意を知らず、かつ、知ることができないとき（**善意かつ無過失のとき**）は、意思表示はその効力を妨げられない。
二　相手方が表意者の真意を知っていた場合、又は過失によって知らないとき（**悪意または有過失のとき**）は、意思表示は無効とする。

民法93条の実体法上の解釈を明記した、上記の1号と2号とを比較すると、全く正反対の要件の場合に、その効果も正反対になっている。このように、すべての要件がきちんと書かれると、心裡留保の意味がよくわかるようになる。その理由は以下の通りである。

本来、意思の不存在の典型例である心裡留保は、意思がないのであるから無効のはずである（上記の2号が意思表示理論の原則である）。しかし、相手方から見れば、心裡留保の場合、意思とは異なる表示がなされている。しかも、その表示が表意者の真の意思でないことを表意者自身が知っているのである。このような虚偽の表示をした表意者には、明らかに帰責性がある。

そうであるならば、1号にあるように、相手方がその虚偽の意思表示を善意かつ無過失で信頼した場合には、相手方を保護すべきである（権利外観法理の適用）。したがって、1号の場合には、心裡留保に基づく意思表示は、その効力を妨げられないことになる（有効となる）のである。

反対に、2号の場合のように、相手方が、表意者の真意（冗談であること）を知っているか、知らないことに過失がある場合（悪意または有過失の場合）には、相手方を保護する必要がない。そうすると、「意思の不存在」の場合の原則に立ち返って、その意思表示は、無効となるのである。

このように考えてくると、現行民法93条がわかりにくいものとなっているのは、心裡留保が「意思の不存在」とされ、意思がないのであるから、本来、無効のはずであるのに、いきなり、意思表示の効力は妨げられない（有効である）と書かれているからであることがわかる。すなわち、意思が不存在であるにもかかわらず、なぜ、意思表示が有効となるのか、その要件と理由が、表現上、欠落しているからである。

なぜこのようなわかりにくい書き方になっているかというと、その原因は、民法の立法者がドイツ民法に倣って立証責任を意識して立法するという、要件事実の考え方に基づいて条文を作成したからである。

要件事実の考え方によると、法律効果に対応する要件を書く場合には、そ

の効果を主張する当事者が立証責任を負う要件だけを書くこと，すなわち，表裏の両方を書くのではなく，表裏の要件の一方だけを書くという手法をとることになっている。立法者は，民法93条の場合，表意者に帰責性が大きいのであるから，相手方にその権利外観法理の保護要件である善意・無過失を立証させるのではなく，表意者の方に，相手方の悪意または過失があることの立証責任を負わせるのが合理的であると考えて，相手方の「善意かつ無過失」の要件ではなく，相手方の「悪意または有過失」のみを要件として表に出すという方法で，立法を行ったのである。

もっとも，民法の立法理由を見ると，立法者は，以下のように述べて，民法93条の本文は意思表示理論の例外であり，ただし書は，意思表示理論の本則に帰ると述べているので，実体法上の理解は，まさに，正確であったことを追加しておこう（広中俊雄編著『民法修正案（前三編）の理由書（1896）』有斐閣（1987）第93条（表記は，現代仮名づかいに改めた））。

　　本条は，意思を表示する者が其相手方に対して真実の意思を隠秘したる場合の規定なり。若し此場合に於て右の原則を適用せば，其**意思表示はあるも意思なきが爲めに，当然無効ならざるべからず。**

　　既成法典〔旧民法〕は，仏伊民法に倣ひ，特別の規定を設けざるを以て，一般の原則（意思主義）に依り之を無効とせるものと解釈せざることを得ず。是れ相手方が表意者の真意を知りたる場合に於ては，然らざることを得ざる所なりと雖も，相手方が表意者に欺かれたる場合に於ては，若し**之を有効とせざれば，取引の安全強固は，終に得て望むべからざるに至らん。**是れ本条上段の規定を必要としたる所以なり。

　　但書は，特に相手方を保護するの必要なき場合なるを以て，**本則に復へるべきものとし，**以て本文の適用の範囲を明にしたるものなり。

要件事実の考え方は，立証責任のありかを考える上では，便利かもしれないが，すべての要件を明らかにするという実体法の考え方からすると，実体法の要件の理解を妨げるばかりでなく，誤解を招きやすい問題のある記述であるといえる。民法の学者までもが，このような表現に惑わされて，民法93条が，権利外観法理を具体化した典型的な条文であることを見過ごしているのは，以上の理由に基づいている。

しかし，民法93条を，すべての要件は証明できるという実体法の考え方

第3節 条文の隙間を埋める原理としての「権利外観法理」を発見する（実習3）

に基づいて考察するならば，民法93条にしたがって意思表示が有効となる場合というのは，相手方が「善意かつ無過失」の場合であり，意思表示が無効となるのは，相手方が「悪意または有過失」の場合であることが明らかとなる。

　要件事実の考えに基づく民法の記述と，実体法の考え方による記述との違い，特に，わかりやすさの違いを明らかにするために，対照表を作ってみたので，両者の違いを比較してみてほしい。

表4-6　要件事実の考え方と実体法の考え方との対比

	要件事実の考え方による表記法 （現行民法）	実体法の考え方による表記法 （改正試案）
民法93条 （心裡留保） の構造	第93条（心裡（り）留保） 意思表示は，表意者がその真意ではないことを知ってしたときであっても，そのためにその効力を妨げられない。 ただし，相手方が表意者の真意を知り，又は知ることができたときは，その意思表示は，無効とする。	民法93条（心裡留保） 　表意者が真意でないことを知りつつ意思表示をした場合における意思表示の効力は，次の各号にしたがって定まる。 　一　相手方が表意者の真意を知らず，かつ，知ることができないときは，**意思表示はその効力を妨げられない。** 　二　相手方が表意者の真意を知っていた場合又は過失によって知らないときは，**意思表示は無効とする。**

　実体法の考え方からすると，心裡留保は，内心の意思と表示とが食い違っており，表示どおりの意思が存在しない，すなわち，意思の不存在であるために，その意思表示は，原則として無効である。しかし，一方で，内心の意思を欠く虚偽の意思表示を作出したのは，表意者自身であり，かつ，表意者は，その虚偽の意思表示をわざと作出したのであるから，帰責性がある。他方で，相手方が，その虚偽の意思表示をまともな意思表示だと誤解し，その誤解について，帰責性がない（善意・無過失）である場合には，権利外観法理に基づいて，その意思表示を有効とみなすことが妥当である。このように考えてこそ，意思の不存在である心裡留保が，場合によっては有効となり，場合によっては無効となる本当の理由が理解できるのである。

　このように考えると，民法93条は，立証責任の考え方を重視した場合に

は，以下の3つの方法で書き直すことができる。それぞれの微妙な違いを見てみよう。

1. 心裡留保は，意思の不存在の1つであるから，無効が原則である。それを有効と主張するのであれば，意思表示が真意に出たものであると信頼した**相手方が**，自らの**善意・無過失**を立証すべきである。

    民法第93条（心裡留保）〔権利概観法理の要件である善意・無過失を法律要件として明確に規定しようとする考え方〕

    意思表示は，表意者がその真意ではないことを知ってしたときであっても，相手方が表意者の真意を知らず，かつ，知ることができないときには，その効力を妨げられない。その他の場合には，その意思表示は，無効とする。

2. 真意でないことを悪意で表示した表意者の帰責性が大きいのであるから，その意思表示は有効とするのが原則と考えるべきである。したがって，**表意者が**相手方の**悪意または有過失**を立証した場合に限って無効とすべきである。

    民法第93条（心裡留保）〔表意者の悪質性を考慮して，表意者にすべての立証責任を負わせる考え方＝現行民法と同じ書き方〕

    意思表示は，表意者がその真意ではないことを知ってしたときであっても，そのためにその効力を妨げられない。ただし，相手方が表意者の真意を知り，又は知ることができたときは，その意思表示は，無効とする。

3. 内心の意思は，その人しか証明できないのであるから，有効を主張する**相手方が**自らの**善意**を立証すべきである。しかし，過失は，より客観的な概念であり，他人の過失を証明することも可能である。したがって，帰責性の大きい**表意者が**，相手方の**過失**について立証責任を負うべきである。

    民法第93条（心裡留保）〔証拠からの距離を考慮〕

    意思表示は，表意者がその真意ではないことを知ってしたときであっても，相手方が表意者の真意を知らないときは，そのためにその効力を妨げられない。ただし，相手方が表意者の真意を知ることができたときは，その意思表示は，無効とする。

上記の3つの分配方法のうち，どれを採用するかは，当事者のうちのいずれに立証責任を負わせるのが，真実発見に役立つか等，訴訟法上の考慮に従って決定される法政策的な問題であり，事実が明らかになっていることを前提にして要件と効果との関係を論じる実体法の理論とは無関係である。

もしも，実体法の理論が，そのような問題をも解決しなければならないと

第 3 節　条文の隙間を埋める原理としての「権利外観法理」を発見する（実習 3）

したら，実体法の立法を行う際には，まず，立証責任を決定しなければならないことになり，実体法の自由な発展も，また，立証責任の自由な解釈も阻害されてしまう。実体法の理解が完全に進めば，要件事実をどのように表現すべきかは，おのずと明らかになる。しかし，要件事実の考え方にはまり込むと，実体法を柔軟に理解することができなくなるという弊害が生じる。

　要件事実教育の弊害については，第 2 部第 3 章で詳しく論じることにするが，真偽不明という実際の訴訟実務では，ほとんど生じない現象を針小棒大に誇張し，そのような事態に対応するためだといって，要件の裏表を明らかにせず，要件の表と裏のどちらかを隠すことによって，ものごとの本質をわかりにくくするのが要件事実教育である。したがって，要件事実教育は，実体法である民法の理解を妨げるものとして，民法教育の場からは退場願いたいというのが筆者の考え方である。

3　民法 94 条の条文から消された「無過失」要件を復活させる判例の動き

　先に述べた民法 93 条の心裡留保を理解しておくと，意思の不存在の場合の意思表示の取り扱いは，ほぼ，予想がつく。次の条文である民法 94 条は，両当事者がともに心裡留保をして，かつ，真意が一致し，真意と表示とが食い違っている場合である。

A.　民法 94 条 1 項の意味

　通謀虚偽表示の場合，両当事者の真意が一致しているので，真意を優先してその効果意思を有効とし，表示を無効とするというのが，民法 94 条 1 項の意味である。

　一般には，通謀虚偽表示は無効といわれている。しかし，それは，表面的な理解に過ぎない。意思表示の問題は，内面と外面の両方にわたって理解することが大切である。そして，通謀虚偽表示を内面にまで掘り下げて理解すると，上で述べたような理解（表示よりも真意を優先し，表示の方を無効とする）に達する。すなわち，通謀虚偽表示の場合，一致した内心の意思があり，それとは食い違った外向きの表示（外観）がある。その場合に無効となるのは，一致した内心の意思ではなく，虚偽の外観の方である。たとえば，ある

物に譲渡担保という担保権を設定しようとして，当事者間で所有権の移転までしてしまった（内心の意思は，所有権を移さない担保権の設定，外観は，所有権の移転）という場合に，無効となるのは，外観としての所有権の移転であり，譲渡担保を設定するという内心の意思は，完全に有効である。

表4-7 通謀虚偽表示と信託的行為

		表示と意思	効　果		善意の第三者との関係
通常の通謀虚偽表示	表示	所有権の移転	表示は無効	—	所有権移転の無効が主張できなくなる
	意思	所有権の移転を無効とする	真意が尊重される	所有権移転の無効	
信託的行為（たとえば譲渡担保）	表示	所有権の移転	表示は無効	—	所有権移転の無効が主張できなくなる
	意思	信託的行為（担保権の設定）	真意が尊重される	信託的行為の有効（有効な担保権の設定）	

　もっとも，通常の通謀虚偽表示の場合には，表示（外観）を無効にしようという内心の意思があるために，表示が無効となっているに過ぎない。通謀虚偽表示における内心の意思は，表示に優先して有効であり，内心の意思が表示を無効にしようとするものであるから，意思表示が無効となるに過ぎない。

B. 民法94条2項の意味

　民法94条1項の意味は，内心の意思が表示に優先するということで理解ができたと思う。しかし，内心の意思を優先するという考え方は，善意の第三者には対抗できない。すなわち，善意の第三者との関係では，虚偽の表示が優先されるのである。それが，民法94条2項の意味である。

　この場合に，権利外観法理が適用されるのであれば，保護される第三者は，単なる善意の第三者ではなく，善意かつ無過失の第三者でなければならないはずである。

　それでは，どうして，民法94条2項は，「善意かつ無過失」の第三者では

第3節 条文の隙間を埋める原理としての「権利外観法理」を発見する（実習3）

なく，単なる「善意」の第三者としたのだろうか。それは，通謀を行った両当事者の帰責性と虚偽の表示を信頼した第三者とを比較した場合，通謀した当事者の帰責性が圧倒的に大きいため，善意かつ無過失の第三者とするまでもなく，善意の第三者であっても保護されるべきだと考えられたからであると思われる。しかし，善意かつ無過失の当事者だけを保護するとしても，過失があるかどうかの判断は，結局のところ，虚偽の表示を作出した当事者の帰責性と虚偽の表示を信頼した第三者の帰責性を総合的に判断して決定される。通謀して虚偽表示をした当事者には帰責性が大きいため，第三者に多少の過失があっても，最終的な判断としては，無過失とされるであろうから，第三者が保護される要件を善意としても，善意かつ無過失としても同じになる。

判例は，民法94条2項の第三者は，善意かつ無過失ではなく，善意をもって足りるとしているが，通謀虚偽表示によって示された外観と，第三者が信じた内容（当事者が事後承諾した内容）に食い違いが生じた場合（いわゆる「意思外形非対応型」）には，判例は，保護されるべき第三者は，「善意かつ無過失」の場合に限るとしている（最一判昭45・11・19民集24巻12号1916頁）。

　最一判昭45・11・19民集24巻12号1916頁
　　甲が，乙からその所有不動産を買い受けたものであるにもかかわらず，乙に対する貸金を被担保債権とする抵当権と，右貸金を弁済期に弁済しないことを停止条件とする代物弁済契約上の権利とを有するものとして，抵当権設定登記および所有権移転請求権保全の仮登記を経由した場合において，丙が乙から右不動産を買い受けて所有権取得登記を経由したときは，丙が**善意無過失**であるかぎり，甲は，丙に対し，自己の経由した登記が実体上の権利関係と相違し，自己が仮登記を経由した所有権者であると主張することはできないと解すべきである。

民法94条2項の場合，本来なら，善意だけでいいはずなのに，外観と信頼された内容とが食い違う場合には，権限外の行為の表見代理（民法110条）の考え方が入り込み，第三者の保護要件は，民法110条を考慮して，「正当な理由」がないといけないということになる。では「正当な理由」は何かというと，それは，「善意かつ無過失」だという解釈が定着している。このような経緯を経て，民法94条2項の類推に際して，善意ではなく，善意・無過失が要求されるということになると，民法94条2項は，権利外観法理に一段と近づくことになる。

民法94条2項は，民法110条のような表見代理と組み合わされて，権利

外観法理を具現化した条文として広く適用または類推適用されている。そして，さまざまな場面で，民法94条2項の類推解釈という形で，取引安全を図る決め手として，裁判所によって，「濫用」といわれるほどに頻繁に使われている。

4 民法95条ただし書の「重過失」という要件に隠された民法93条への橋渡し

次の条文の民法95条（錯誤）に移ろう。

民法95条は，先に述べた民法93条と民法94条の場合とは異なり，表意者自身は，内心の意思と表示とが食い違っていることを認識していない（善意：勘違い）場合である。表意者が善意であるため，誤った表示を善意の第三者が信頼しても，善意の第三者は保護されないと解されており，民法93条，94条と民法95条との間には，大きな溝があると考えられ，相互関係については，あまり検討されてこなかった。

同じように見える問題の中に違いを見つけるのが法律「実務家」だとすると，違うように見える問題の中に，共通の原理を発見するのが「学者」の本領である。意思の不存在の中で，表意者が悪意の場合（民法93条，94条）と表意者が善意の場合（民法95条）の間にも共通項があり，ともに，権利外観法理に服する場合があるということを，「重過失」という要件を手がかりにして，考察してみることにしよう。

民法第95条（錯誤）
　意思表示は，法律行為の要素に錯誤があったときは，無効とする。ただし，表意者に重大な過失があったときは，表意者は，自らその無効を主張することができない。

民法95条ただし書について，たいていの教科書では，法律行為の要素に錯誤がある場合には無効だが，表意者に重過失がある場合には，表意者を保護する必要がないので，無効を主張できないと説明しているだけである。しかし，重過失は悪意と同じように扱われるという知識を活用すると，錯誤者が無効を主張できないという謎が解けるだけでなく，一定の場合には，やはり無効を主張できるという判決の見解（東京控訴院大7・3・13新聞1403号3頁，東京控訴院大8・6・16新聞1597号17頁，大阪高判平12・10・3判タ1069

第3節　条文の隙間を埋める原理としての「権利外観法理」を発見する（実習3）

号153頁（山之内紀之「判批」判タ1096号24頁））を論理的に導くことができる。

　錯誤（民法95条）と心裡留保（民法93条）とを連続的に捉えなおすというメカニズムは以下の通りである。

- 重過失は悪意と同じように扱われる（**重過失≒悪意**）
  - 一般論として，表意者が善意だが重大な過失がある場合には，表意者は悪意と同じように取り扱われる。
  - 錯誤者に重大な過失がある場合にも，表意者は悪意と同じように扱われる。
- 表意者が悪意のときは，錯誤は成り立たない（**民法95条の適用除外**）
  - 錯誤は，表意者が善意であることを前提としているからである。
  - したがって，表意者が悪意の場合には，錯誤は成り立たない。
- 表意者が悪意のときは，錯誤ではなく，心裡留保の規定が準用される（**民法93条へのスライド**）
  - 表意者が悪意の場合には，それは，錯誤ではなく，心裡留保（民法93条）か通謀虚偽表示（民法94条）のいずれかである。
  - 錯誤の場合，原則として通謀は問題とならないので，表意者に重過失≒悪意のある場合には，それは，心裡留保（民法93条）と同じように考えなければならない。
- 表意者に重大な過失がある場合に表意者が錯誤を主張できないという謎解きの完成（**民法95条ただし書の正確な書き換え**）
  - 重過失のある錯誤は，心裡留保と同じように扱われるので，民法93条にしたがって，次のような謎解きが完成する。
  - 重過失のある錯誤に民法93条を準用した場合の結果
    - 法律行為の要素に錯誤があった場合でも，**表意者に重大な過失があったときは，意思表示は，そのためにその効力を妨げられない。ただし，相手方が表意者の真意を知り，又は知ることができたときは，その意思表示は，無効とする。**

　このように考えると，民法95条ただし書である「表意者に重大な過失があったときは，表意者は，自らその無効を主張することができない。」という意味が意思の不存在の条文との関連において理解できると思われる。しかも，このように考えるときは，民法95条の硬直性も打破できる。なぜなら，要素の錯誤に陥った表意者に重大な過失がある場合には，一律に無効を主張できなくなるのではなく，相手方が善意・無過失の場合はその通りだが，相

手方が悪意または有過失の場合には，やはり錯誤無効を主張できるということになるからである。

　最後に，民法95条を権利外観法理に即して考察することができるように改正する案を考えてみよう。錯誤に関する新しい考え方を取り入れ，重大な過失がある場合の錯誤については，民法93条を類推し，動機の錯誤については，民法96条2項を類推することによって，意思の不存在と瑕疵ある意思表示とを有機的に関連させるための改正案を以下に示すことにする。

民法第95条（錯誤）（改正試案）
①意思表示は，法律行為の要素に錯誤があるときは無効とする。ただし，相手方が表意者が錯誤に陥ったことを知らず，かつ，知らないことに過失がない場合にはこの限りでない。
②表意者に重大な過失があったときは，意思表示はその効力を妨げられない。ただし，相手方がその事実を知っていた場合，又は過失によってその事実を知らなかった場合は，この限りでない。
③意思表示は，法律行為の動機に錯誤があるときでもその効力を妨げられない。ただし，相手方がその事実を知っていた場合，又は過失によってその事実を知らなかった場合は，その意思表示の無効を主張することができる（その意思表示を取り消すことができる）。

　この改正案と現行民法95条とを対比することによって，錯誤の規定の将来像について，学生同士で語り合うのも楽しいことだと思われる。以上で意思表示に関する権利外観法理の適用例を終える。次に代理（表見代理）に関する権利外観法理の適用について考察することにしよう。

5　表見代理に関する民法109条，110条，112条の条文の隙間を埋める「権利外観法理」の発見

　表見代理は，もともとは，民法が予定していなかったものであるが，民法109条，110条，112条をまとめて考察することを通じて，学説が表見代理という法理を発見したのである。民法109条，110条，112条が表見代理としてまとめられていく過程では，権利外観法理が使われている。

　表見代理を導く過程で権利外観法理が使われたとしても，表見代理は，民法109条，110条，112条の条文によって制約されており，類型化の道をたどった。したがって，類型化を外れた場合には，権利外観法理に帰って考察

第3節　条文の隙間を埋める原理としての「権利外観法理」を発見する（実習3）

する必要がある（なお，次の表では，表見代理と密接に関連する表見弁済受領についても同じ項目によるまとめをしてみた）。

表4-8　表見代理および表見弁済受領における善意・無過失の立証責任

実体法の法理	条文	旧条文		現行法（現代語化）	
		条文	善意・無過失の立証	条文	善意・無過失の立証
権利概観法理	表見代理	民法109条	第109条〔代理権授与表示による表見代理〕第三者ニ対シテ他人ニ代理権ヲ与ヘタル旨ヲ表示シタル者ハ其代理権ノ範囲内ニ於テ其他人ト第三者トノ間ニ為シタル行為ニ付キ其責ニ任ス	善意・無過失ともに不問。→判例によって必要とされるに至る。	第109条（代理権授与の表示による表見代理）第三者に対して他人に代理権を与えた旨を表示した者は，その代理権の範囲内においてその他人が第三者との間でした行為について，その責任を負う。ただし，第三者が，その他人が代理権を与えられていないことを知り，又は過失によって知らなかったときは，この限りでない。	本人が相手方の悪意または過失を立証しなければならない。
		民法110条	第110条〔代理権踰越の表見代理〕代理人カ其権限外ノ行為ヲ為シタル場合ニ於テ第三者カ其権限アリト信スヘキ正当ノ理由ヲ有セシトキハ前条ノ規定ヲ準用ス	相手方が正当の理由（善意・無過失）を立証しなければならない。	第110条（権限外の行為の表見代理）前条〔代理権授与の表示による表見代理〕本文の規定は，代理人がその権限外の行為をした場合において，第三者が代理人の権限があると信ずべき正当な理由があるときについて準用する。	相手方が自らの正当な理由（善意・無過失）を立証しなければならない。
		民法112条	第112条〔代理権消滅後の表見代理〕代理権ノ消滅ハ之ヲ以テ善意ノ第三者ニ対抗スルコトヲ得ス但第三者カ過失ニ因リテ其事実ヲ知ラサリシトキハ此限ニ在ラス	相手方が自らの善意，表意者が相手方の過失を立証しなければならない。	第112条（代理権消滅後の表見代理）代理権の消滅は，善意の第三者に対抗することができない。ただし，第三者が過失によってその事実を知らなかったときは，この限りでない。	相手方が自らの善意，本人が相手方の過失を立証しなければならない。

第4章 民法の構造を知る

権利外観法理	表見弁済受領	民法478条	第478条〔債権の準占有者への弁済〕債権ノ準占有者ニ為シタル弁済ハ弁済者ノ善意ナリシトキニ限リ其効力ヲ有ス	弁済者が善意のみを立証しなければならない。無過失は不問。→判例によって民法110条と同じとされる。	第478条（債権の準占有者に対する弁済）債権の準占有者に対してした弁済は，その弁済をした者が善意であり，かつ，過失がなかったときに限り，その効力を有する。	弁済者（相手方）が自らの善意・無過失を立証しなければならない。→民法110条型
		民法480条	第480条〔受取証書持参人への弁済〕受取証書ノ持参人ハ弁済受領ノ権限アルモノト看做ス但弁済者カ其権限ナキコトヲ知リタルトキ又ハ過失ニ因リテ之ヲ知ラサリシトキハ此限ニ在ラス	債権者が弁済者の悪意，または，弁済者の過失を証明しなければならない。	第480条（受取証書の持参人に対する弁済）受取証書の持参人は，弁済を受領する権限があるものとみなす。ただし，弁済をした者がその権限がないことを知っていたとき，又は過失によって知らなかったときは，この限りでない。	債権者（本人）が弁済者（相手方）の悪意又は過失を立証しなければならない。→民法109条型

　表見代理の場合も3つの類型があるが，類型化すると必ず隙間ができる。その隙間を埋めるのが，一般法としての，権利外観法理に他ならない。表見代理の3類型のいずれにも分類できない場合であっても，本人が代理人に権限を与え，かつ，その権限内で代理人が行為したという外観を呈しており，相手方が代理人に外観どおりの権限があると信じるについて正当な理由がある場合，すなわち，相手方が外観どおりの権限が与えられていないことについて善意・無過失である場合には，本人は，相手方に対して履行責任を負うというのが権利外観法理の帰結である。

　たとえば，民法110条の表見代理は，基本代理権が存在することを前提にして，その基本代理権の範囲外の行為をした場合のみを想定して規定されている。しかし，そうではなく，基本代理権の授与さえ存在せず，わずかに，基本代理権の授与の表示によって民法109条の表見代理が成立し，その民法

第3節　条文の隙間を埋める原理としての「権利外観法理」を発見する（実習3）

　109条の表見代理で想定される表示による代理権の範囲をさらに超えた場合にも，民法110条の表見代理の法理を適用することができるかどうかが問題となる。いわゆる民法109条と民法110条の競合適用とか重畳適用といわれている問題である。

　この場合，厳密にいうと，民法109条の要件も民法110条の要件も満たしていない。なぜなら，民法109条は，権限外の行為の場合を想定していないし，民法110条は，基本代理権の不存在を想定していないからである。したがって，このような場合は，競合適用とか重畳適用というのは適切ではなくて，民法109条と民法110条の組み合わせによる拡大解釈というのが正確な表現だと思われる。

　権利外観法理によれば，この問題を表見代理の1つとして認めることが可能となる。判例も，民法109条と110条の組み合わせによる拡大解釈（いわゆる民法109条と110条の重畳適用）を認めている（最三判昭45・7・28民集24巻7号1203頁［民法判例百選Ⅰ（2005）25事件］）。

　同様にして，通説・判例は，消滅後の代理権，すなわち，かつて存在した代理権の範囲を超えて行使された場合につき，民法110条と112条のいわゆる重畳適用を認めている（大連判昭19・12・22民集23巻626頁［民法判例百選Ⅰ（2005）32事件］）。この場合も，民法110条の要件も民法112条の要件も満たされていないのだから，競合適用とか重畳適用というのは適切ではなくて，厳密には，民法110条と112条との組み合わせによる拡大解釈というのが正確な表現であろう。

　もっとも，法定代理の場合（最一判昭44・12・18民集23巻12号2476頁）や，市町村長の代表権の場合（最三判昭34・7・14民集13巻7号960頁）のように，代理権や代表権の範囲が明らかにされている場合には，基本的には，表見代理の法理は適用されない。たとえ，表見代理の法理が類推されるとしても，代理権の範囲は，法律の規定を見れば明らかであるため，たとえ，相手方が代理権があると信じたとしても，相手方には過失があることになり，原則として，表見代理は成立しない傾向にある。

第4章 民法の構造を知る

6 民法総則，債権総則に共通に見られる権利外観法理の発見

A. 無効を第三者に対抗できるか否かに関する統一的な判断基準

　最後に，無効と取消しに関する問題で一番厄介な問題をまとめて扱うことにする。それは，無効と取消しの効果を第三者に主張できるかどうか，そして，その判断基準はどのように設定されているかという問題である。

　従来の見解では，これを統一的に説明する基準は明らかにされておらず，それぞれの問題ごとに，別個の基準が説明されているだけであった。本書では，無効と取消しの効果が第三者に対抗できるかどうかを判断する統一的な基準を説明することにする。まず，下の表をよく見て，取消しと無効の効果が相手方または第三者に対して主張できるかどうか，その判断基準はどのようなものなのかを，自分で考えてみよう。

表4-9　契約の無効・取消しの第三者に対する効力

無効原因				効力	相手方・第三者に対する対抗力
能力・権限の欠如	意思能力の欠如			不成立または無効	第三者に対しても不成立・無効を主張できる
	制限行為能力（法定代理人の同意・代理の欠如）			取消	第三者に対しても無効を主張できる
	無権代理（任意代理権限の欠如）			無効	善意・無過失の相手方には，無効を主張できない（→表見代理）
意思と表示の食い違い	意思の不存在	表意者悪意	心裡留保	無効	善意・無過失の相手方には，無効を主張できない
			通謀虚偽表示		善意（・無過失）の第三者には，無効を主張できない
		表意者善意	錯誤		原則として，第三者に対しても無効を主張できる
自由な意思形成の阻害	瑕疵ある意思表示	詐欺		取消	善意の第三者には取消しによる無効を主張できない
		強迫			第三者に対しても無効を主張できる
公序良俗違反				無効	誰に対しても，無効を主張できる

82

第3節　条文の隙間を埋める原理としての「権利外観法理」を発見する（実習3）

　前に掲げた表4-9は，契約の有効・無効要件を概観した表をもとにして，特に，相手方・第三者に対する効力に焦点を当てて，簡略化したものである。無効と取消しの違いは要件の違いであり，効果においては，すべて無効と同じである（民法121条）。したがって，無効の効力を相手方または第三者に対抗できるかどうかの問題においては，無効と取消しの区別は不要となり，全ての問題は，無効が相手方または第三者に対して主張できるかどうか，すなわち，「無効の対抗問題」として取り扱うことができる。

　無効が相手方または第三者に主張できるかどうか（無効の対抗問題）を前の表4-9で比較してみよう。そうすると，相手方または第三者が善意・無過失の場合には，無効を主張できないとされていることが多いことに気がつく。このことがここでのポイントとなる。

　例外として，無効を善意・無過失の第三者にも対抗できるという場合を見てみよう。この類型は，2つに分けられる。1つは，意思能力と行為能力の欠如（不十分）の問題である。制限行為能力者の取消しの場合には，無効の効果を全ての人に主張することができる。この点で，制限行為能力の問題は，無効の問題の中でも特別の問題のように扱われてきた。しかし，表4-9では制限行為能力の問題と無権代理とをまとめて考察している。その理由は，制限行為能力の問題は，法定代理人によって能力を補完するという問題であり，任意代理における無権代理・表見代理の問題と密接に関連しているからである。制限行為能力の問題を法定代理の問題だと考えると，制限行為能力者の取消しによる無効が第三者にも対抗できる理由が理解できる。なぜなら，制限行為能力者かどうかは年齢または成年後見制度における公示システムによって明らかにされており，取引の相手方は，善意・無過失とはいえないような仕組みになっているからである。さらに，相手方を保護するために，相手方の催告権（民法20条）と制限行為能力者が詐術をした場合の相手方保護（民法21条）によって公示システムの不備が補完されている。このように考えると，無効の効果は，原則として，善意・無過失の第三者に対抗できないという法理が見えてくることになる。これが権利外観法理といわれているものである。

B. 権利外観法理に基づく判断基準の設定

権利外観法理とは，すでに述べたように，「真実に反する外観を作出した者は，その外観を善意かつ無過失で信頼してある行為をなした者に対し外観に基づく責任を負うべきである」という理論である。すなわち，権利外観法理は，外観に対する信頼を保護することによって，取引の安全（動的安全・静的安全）と迅速性に資することを目的としている。もっとも，取引の安全を確保するといっても，取引の相手方が無条件に保護されるわけではなく，「外観作出者にはそれについての帰責事由があり，外観を信頼した者は善意かつ無過失であること」が要求されている。つまり，権利外観法理は，真の権利者の保護と取引の相手方の保護とを両者の帰責性を比較衡量することによってバランスのよい解決を行おうとするものである。

権利外観法理の法律上の根拠は，信義則（民法1条2項）に求められる。契約の成立に関して信義則が重要な役割を果たしていることは，すでに述べた。そればかりでなく，信義則は，契約の効力の問題においても，信義則の具体化の一例である権利外観法理を通じて，決定的な役割を果たしている。

契約の効力は，2つの側面で，信義則の制約に服している。1つは，契約の効力が否定される側面である。契約は，原則として「契約自由」であるが，常に，「ただし，公序良俗または信義則に反することができない」という信義則の法理に服している。もう1つの側面は，契約の効力が肯定される側面である。契約の無効は，当事者に帰責性がある場合には，善意・無過失の第三者に対抗できないという信義則の具体化の一例である「権利外観法理」に服している。以上のことは，次のような図式にまとめることができる。

1. 信義則が契約の効力を否定する側面
    ○契約の内容は自由に決定できる。しかし，公序良俗または信義則に反する場合には無効となる。
2. 信義則が契約の効力を肯定する側面（契約の無効を第三者に主張できなくなる側面）＝権利外観法理
    ○契約に無効原因がある場合には，原則として契約は無効となる。ただし，真実に反する外観を作出した契約当事者に帰責性がある場合には，その外観を善意・無過失で信頼した第三者に対しては，信義則上，その無効を対抗することができない。

第3節 条文の隙間を埋める原理としての「権利外観法理」を発見する（実習3）

　信義則の具体化の一例である権利外観法理は，特に商事法の領域で重要な役割を果たしてきた。しかし，民法においては，これまでは，その適用範囲が限定され，無効の効力の対抗問題一般に適用されることはなかった。そして，権利外観法理が適用されるのは，意思表示の表示主義に関する個別的な規定（民法93条，94条2項，96条3項），表見代理の規定（民法109条，110条，112条）などに限定されるとされ（[金子・法律学小辞典（2004）] など参照），制限能力者の法律行為，錯誤による意思表示，強迫による意思表示の問題には適用されないと考えられてきた。その原因は，権利外観法理を無効の効果に対して一律に適用しようとしても，従来の考え方によれば，上に述べたように，多くの例外が存在するため，その有用性が大きくないと考えられてきたからである。

　しかし，本書のように，制限行為能力者の問題を任意代理と関連する法定代理の問題だと考え，錯誤についても，先に述べたように，要素の錯誤と動機の錯誤とを連続的に捉えるという有力説の考え方を採用し，その上で，契約の無効の対抗問題の全体を総合的に考察すると，以下のように，民法1条2項の信義則から派生した権利外観法理を法律行為全般にかかわる統一的な判断基準とすることが可能となることがわかる。

- ●無効を相手方または第三者に主張できるかどうかの統一的な理解（無効の対抗不能の一般理論・加賀山説）
    1. 信義則に基づいて，契約の効力が肯定的に評価される場合
        - ●契約の無効は，善意・無過失の第三者に対しては主張できない（広い意味での外観法理の適用）。
            A．第三者が善意・無過失の場合の取引安全の重視
            ・本人が誤った概観を創出したことに帰責性があり，相手方がその外観を信じることについて善意・無過失である場合には，無効の効力を相手方に主張できない（権利外観法理の適用）
                ・心裡留保（民法93条）…条文通り。善意・無過失の相手方には，無効を主張できない。
                ・通謀虚偽表示（民法94条2項）…条文には善意とあるが善意・無過失と解する説が有力に主張されている。
                ・錯誤（民法95条）…条文では善意・無過失について触れられていないが，善意・無過失の第三者には無効を主張できないと解

する説が有力に主張されている。
- 詐欺（民法96条3項）…条文では，善意とされているが，善意・無過失と解する説が有力である。
- 表見代理（民法109条，110条，112条）…条文通り（民法110条の正当な理由とは，善意・無過失のことと解釈されている）。善意・無過失の相手方には，無権代理であることを主張できない。

B. 第三者の善意・無過失が認定されない場合の当事者の保護（権利外観法理が適用可能だが，実質的には不適用となる例）
- 制限行為能力者の法律行為の取消しによる無効は，第三者に対抗できる。なぜなら，年齢または成年後見・保佐・補助の場合の審判による公示システムによって，行為能力の制限が明らかになっており，第三者は，善意・無過失にはなりえないから。→結果的には，権利外観法理を適用しても問題はない。
- 未成年者の法律行為の取消しによる無効（民法5条2項，120条，121条）
- 成年後見制度に基づく制限能力者の法律行為の取消しによる無効（民法9条（成年被後見人），13条4項（被保佐人），17条4項（被補助人），120条，121条）

2. 信義則に基づいて，契約の効力が否定的に評価される場合
● 公序良俗に反する法律行為または信義則に反する法律行為（強迫による法律行為を含む）の場合には，善意・無過失の第三者に対しても無効を主張できる（民法1条2項，90条）。

C. 善意と善意・無過失という判断基準の混在の理由と今後の展望

　民法の条文を見ると民法94条2項の通謀虚偽表示（虚偽表示）の場合には，「善意の第三者」に対抗できないとあって「善意」としか書かれていない。ところが，民法93条の心裡留保については，「相手方が表意者の真意を知り又は知ることができたときは，その意思表示は，無効とする」と規定されており，表意者が，相手方の悪意または有過失を立証した場合には，無効となる。これを逆から言えば，相手方が意思表示の有効を主張するためには，実体法上は，結果的に，相手方が「善意かつ無過失」であることが要件となっている。

第3節　条文の隙間を埋める原理としての「権利外観法理」を発見する（実習3）

　このように、善意の場合と善意・無過失の場合とが、条文によってまちまちとなっている。その理由は、それぞれの条文が独立した法理として別々の歴史を経て成立してきたからである。しかし、このような内心の態様に関する要件は、統一して理解できれば、なにかと便利である。そして、これらを統一的に理解できるのが、先に紹介した権利外観法理である。

　善意・悪意と無過失・有過失の関係は関連しあっていて、善意かつ無過失（裏から見れば、悪意または過失がないこと）が保護要件なのか、善意（裏から見れば悪意でないこと）だけが要件なのかが問題となる。善意かつ無過失が要件とされているのは、民法93条の心裡留保、民法109条、110条、112条という一連の表見代理の規定である。それに対して、善意のみが要求されているのは、民法94条2項である。ただし、94条2項の類推適用については、真正権利者の作出した不実外形と第三者が信頼した外形が一致しない事案（意思外形非対応型）については、判例（最一判昭45・11・19民集24巻12号1916頁Ⅰ民法判例百選［(2005) 23事件］）は、表見代理における権限外の行為に基づく表見代理に似ているという理由で、第三者が保護されるには、善意だけでなく、無過失も必要だとしている。

　さて、民法の立法者が、無効を第三者に主張できるかどうかを決定する際に、第三者がそれを否定する要件として、第三者に対して善意を要求する場合、善意・無過失をも要求する場合、何も要求しない場合が混在しているのはなぜなのか、それをあえて統一することが可能かどうかを考えてみよう。

　裁判官の立場にたつと、人の心の問題を判断することは難しい。人の頭の中を覗くことはできないから、善意か悪意かの判断は、ほとんど無理に近いことがわかる。裁判官といえども、神様ではないから、人の心を見通せるはずがない。そうすると、裁判官がある人の善意・悪意を認定する場合は、いろいろな状況から、「こういうことを言っていたのだから知っていただろう、知っていたはずだ」ということしか言えない。

　これに比べると、善意・無過失、悪意または有過失の場合は簡単で、「知らなかったかもしれないが、知るべきだった」と言えばいい。「べき」というときは、事実そのものの問題ではなくて、事実を法的に評価する問題なので、裁判官は非常にやりやすくなる。法律のルールとして判断すればよいわけだから、裁判は楽になる。したがって、裁判官の立場にたてば、そのほう

第4章 民法の構造を知る

がやりやすいし，説得力もあるということになる。

　しかも，過失と無過失の判断は，本人の帰責性と相手方の外観への信頼の正当性（民法110条では，これを「正当の理由」としている）のレベルを相関的に考慮して決定される。したがって，本人の帰責性が大きい場合には，相手方の信頼の正当性のレベルが多少低くても無過失と判断される。反対に，本人の帰責性が小さい場合には，相手方が高度の注意義務を果たしていない限り無過失とは判断されないということになる。このように，過失の判断は，裁判官の総合的な判断に委ねられている余地が大きい。

　このように考えると，権利外観法理が善意・無過失を要件としていることは，今後の発展の可能性が大きいことを意味する。民法93条（心裡留保），94条（虚偽表示），96条2項3項（詐欺），それと表見代理の109条，110条，112条，478条（債権の準占有者への弁済），480条（受取証書の持参人に対する弁済）といった条文に関しては，確かに，具体的な条文は，まちまちで，統一されていない。しかし，それらの具体的条文を支えている権利外観法理は，取引の相手方の保護要件として，善意・無過失という統一要件をもっている。そして，その認定は，善意とか悪意という内心の意思の問題ではなく，事実の評価の問題であるとすれば，裁判官にとって非常に魅力的な法理ということになる。したがって，時代が進むにつれて，善意・悪意という内心の態様に関する要件は，すべて善意・無過失の方向へと近づいていくことが予想される。

　このように考えると，無効の第三者に対する効力は，すべて信義則に服する問題であることがわかる。そして，公序良俗違反，および，それに類する場合の外は，すべて，権利外観法理に服する問題として解決できるのであり，問題の焦点は，本人の帰責性を考慮した上で，相手方が善意・無過失といえるかどうかであることも理解できるであろう。

　法律行為全体に関して，条文にない「権利外観法理」の適用範囲を広く解することができることを理解できたことは，民法の体系的な理解にとっても，また，民法の学習にとっても大きな意味を持っている。バラバラに規定されているように見える条文の背後に，共通の法理が働いており，条文の隙間を埋める場合にも，統一的な原理に基づいて，整合的な解決を図ることができるからである。

第3節　条文の隙間を埋める原理としての「権利外観法理」を発見する（実習3）

表4-10　契約の無効・取消しの第三者に対する効力と権利外観法理による説明

無効原因				効力	相手方・第三者に対する対抗力	権利外観法理による説明
能力・権限の欠如	意思能力の欠如			不成立または無効	第三者に対しても不成立・無効を主張できる。	権利外観法理の適用が可能。ただし、意思無能力は、原則として、相手方が知りうるので善意・無過失にならないことが多い。
	制限行為能力（法定代理人の同意・代理の欠如）			取消	第三者に対しても無効を主張できる。	権利外観法理の適用が可能。ただし、制限行為能力は相手方が知りうるので、善意・無過失になりえない。相手方は、事後的には、民法20条の催告権を利用するほかない。
	無権代理（任意代理権限の欠如）			無効	善意・無過失の相手方には、無効を主張できない。（→表見代理）	権利外観法理がそのまま適用される。
意思と表示の食い違い	意思の不存在	表意者悪意	心裡留保	無効	善意・無過失の相手方には、無効を主張できない。	権利外観法理がそのまま適用される。
			通謀虚偽表示		善意（・無過失）の第三者には、無効を主張できない。	権利外観法理が適用される。
		表意者善意	錯誤		（通説）原則として、第三者に対しても無効を主張できる。（有力説）善意・無過失の第三者には、無効を主張できない。	有力説であれば、権利外観法理がそのまま適用がされる。

第5章
民法を学習する際のノウハウ★★☆☆

法律家の話が理解できるように自らの頭の長期記憶を構造化しよう。

　民法は，人間の自由と平等を前提にしているといわれている。もっとも，格差社会という現象が注目されているように，自由と平等の前提が揺らいでいる。しかし，人間にとって絶対的に平等なものが1つだけ残されている。それは，1日は24時間しかなく，どんなに裕福な人でも，1日を24時間以上に増やすことはできないということである。

　「学芸は長く，人生は短い（Art is long, life is short）」ということになると，時間をかけて何かをマスターするには，効率的な時間の使い方をしなければならない。効率的な時間の使い方をしている人は，ぼんやりと勉強をしている人とは，質においても，量においても，いつの間にか大きな差が生じるのである。

　効率的な勉強を実現するためには，勉強に対する意欲と時間のうまい使い方が不可欠となる。それをいろいろな観点から明らかにしようというのが，本章のねらいである。

第1節　自分の頭の働きを知り，記憶のメカニズムに沿った学習法を身につける★★☆☆

　人間が一時に処理できる情報量は，ほぼ7個（最大で9，最小で5）の独立項目に限定される。このことから，7プラス・マイナス2（7±2）は魔法の数と呼ばれている。

　7±2というマジカル・ナンバー（魔法の数）に限定して考え方を構造化する方法をマスターしよう。

第1節　自分の頭の働きを知り，記憶のメカニズムに沿った学習法を身につける

1　人間の記憶のメカニズムとそれに適合した学習方法

A. 専門的な知識を確実に身につけるためには，何をすればよいのか

　法教育の教育目標で詳しく説明したように，「専門的な法的知識を確実に習得する」ということが重要であることは言うまでもない。司法試験の短答式問題は，主として，この教育目標が達成されたかどうかを試すものである。しかし，「専門的な法的知識を確実に習得する」ことの意味とその方法を正確に理解している人は意外に少ない。

　「専門的な法的知識を確実に習得する」という意味は，法的な問題を解決するために，学生自身の頭の中に，いつでも，どこでも使える「生きた知識」として専門的な知識を蓄積させるということである。しかし，暗記だけして使えない知識をいくら詰め込んでも，具体的な問題解決には役立たない。そのような知識では，論文問題に対応できないし，人生の大切な場面で相当時間を費やして行われるであろう口頭試問には耐えられない。

B. 専門的な知識を脳に蓄積することを妨げる原因の解明

　頭の中にいつでも使える知識として蓄積された情報は，「**長期記憶 (LTM: Long Term Memory)**」と呼ばれている。すべての学習の目標は，この長期記憶に「生きた知識」を蓄積することに尽きるといっても過言ではない。しかし，このことは，そう簡単なことではない。人間の脳に入力される情報のほとんどのものは，以下の3つの難関を越えることができずに長期記憶に達することなく，途中で消滅してしまうからである。いくら勉強しても効果が現れないと感じている人は，以下の点について，詳しく検討し，学習方法の改善に役立てるとよい。

　　1. 注意を向けられない情報の消滅（⇔興味深さの必要性）
　　　○情報が人間の長期記憶に蓄えられるまでには，いくつもの難関を潜り抜けなければならない。第1に，読書，講義，演習等を通じて外界から伝えられる情報は，感覚登録器という**バッファー**（一時的な記憶装置）に入力される。このレベルでは，まだ，脳の中で処理されるだけで，ほとんど人間の意識に残らない［溝口・人間の記憶への情報処理アプローチ (1983) 64-65頁］。バッファーに入った情報のうち，その人の「注意」

第5章 民法を学習する際のノウハウ

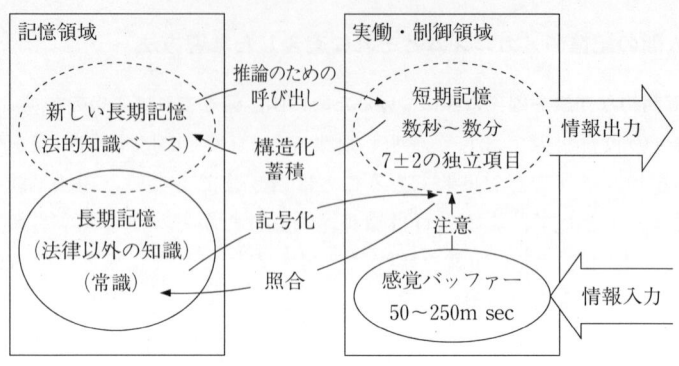

```
┌─────────────────────┐        ┌─────────────────────┐
│ 記憶領域              │        │ 実働・制御領域        │
│                     │ 推論のための│                   │
│   新しい長期記憶      │ 呼び出し │   短期記憶          │    情報出力
│   (法的知識ベース)    │        │   数秒～数分        │ ⇒
│                     │ 構造化  │   7±2の独立項目     │
│                     │ 蓄積    │                    │
│   長期記憶           │ 記号化  │     注意           │
│   (法律以外の知識)    │        │                    │
│     (常識)          │ 照合    │   感覚バッファー     │    情報入力
│                     │        │   50～250m sec     │ ⇐
└─────────────────────┘        └─────────────────────┘
```

図5-1　生きた法的知識を習得するメカニズム

　　が向けられたものだけが，次に説明する「短期記憶」に移される。ボーっと読んだり，ボーっと聞いたりするだけでは，短期記憶にも到達しない。
　○バッファーに登録された情報のうち，記憶に残るのは，その人の「注意」が向けられ，短期記憶に移された情報だけである。ところが，この「**短期記憶（STM: Short Term Memory）**」は，時間的に数秒から数分までしか保持されず，しかも，独立項目として7±2というわずかな容量しか持たない。

2. 長期記憶に関連しない情報の消滅（⇔背景知識の必要性）
　○短期記憶に移された情報は，すでにその人の脳に存在する「長期記憶」と照合されることによって，長期記憶と関連するものだけが意味のあるパターンに記号化される。つまり，長期記憶と照合して理解できる情報は短期記憶にとどまることができるが，長期記憶と照合しても理解できない情報はこの時点で捨てられてしまう。

3. 7±2の独立項目に単純化・構造化できない知識の消滅（⇔単純化の必要性）
　○短期記憶の容量は非常に限定されているため，7±2という独立項目に単純化されないものは，推論の役に立たないものとして捨てられる［佐伯・認知科学の誕生（1983）16頁］。つまり，情報は，単純化して7±2の独立項目の範囲内で単純化されないと，そもそも記憶として残らない。しかも，この短期記憶は，すぐに消滅するため，いつでも使える生きた知識として記憶するためには，それをさらに構造化・体系化して長期記憶に移さなければならない。

第1節　自分の頭の働きを知り，記憶のメカニズムに沿った学習法を身につける

○人間の頭の長期記憶は容量が大きいが，その長期記憶にある知識を使って推論するためには，再びその知識を実働の記憶舞台である短期記憶の領域に移さなければならない。したがって，長期記憶にある知識も，独立項目が7±2という単純化された構造を有していないと，結局は，使える知識とはならない。

C. 専門的な知識を脳に蓄積することを妨げる原因の克服

ここでの最大の問題は，特に，初学者の場合は，法的知識に関する情報の提供を受けても，それを理解するための長期記憶が存在しないため，教材を読んでも理解できないことにある。たとえば，講義を聴いてもわかったつもりになるだけで，長期記憶には蓄積できない，すなわち，学習目標が達成できないということになる。つまり，法律に関する長期記憶がゼロの場合，法律に関する情報が短期記憶に移されても，長期記憶で照合の結果，意味不明の情報として，消去されてしまう。法教育においては，なによりもまず，この問題こそが克服されなければならない。

「学ぶこと」および「教えること」に関する最初のつまずきは，この問題の解決の困難さに由来する。ソクラテスの言葉を借りると，「学ぶこと」，「教えること」に悲観的な「論争家ごのみの議論」とは，以下の通りである［プラトン・メノン（1994）45-46頁，145頁］。

> 人間は，自分が知っているものも知らないものも探求（学習）することはできない。というのは，まず，知っているものを学習するということはありえないだろう。なぜなら，知っているのだし，ひいてはその人に学習の必要がまったくないわけだから。また，知らないものを学習することもありえないだろう。なぜならその場合は，何を学習すべきかということも知らないはずだから。

学生や教師が教育の効果に懐疑的になった場合に発する以下のような独白も，これと対になっているといえよう。

学生：わかっていることは本を読んだり，講義を聞いたりすると，さらによく理解できる。しかし，わからないことは，本を読んでも，先生に教えてもらっても，結局わからない。

教師：「できる学生」は教えなくてもわかるが，「できない学生」は教えてもわからない。結局，教えても，教えなくても同じだ。

D. 長期記憶の創造

それでは，法的知識に関する長期記憶がゼロであるという「悲観的な」前提に立った場合，法的知識を獲得することはいかにして可能となるのであろうか。

その答えは，目標とする知識と似たような構造をもつ知識が長期記憶に存在すれば，その知識との比較を通じて，目標とする知識に関する長期記憶を新たに形成することが可能であるということである［ハフト・法律学習法（1992）18頁］。そうだとすれば，法的知識の場合，誰でも持っている常識（常識的なルール）を活用することによって，法的知識を常識の長期記憶の上に追加することが可能であると考えることができる［溝口・人間の記憶への情報処理アプローチ（1983）79頁］。つまり，法的な知識に関して長期記憶がゼロの学生に対して，「法的知識を確実に習得させる」ためには，いきなり法的知識を与えても，何の意味も持たない。まずは，初学者がこれまでに獲得している長期記憶に蓄えられている日常的な事例から，法的知識と共通した部分を選び，常識による解決との比較を通じて法的知識を提供すること，そして，そのような基礎的な法的知識が長期記憶に蓄え始められたことを見計らって，より高度な法的知識を基礎的な知識との対比において提供するといった方法が採用されなければならない。

先にも述べたように，新しい知識を各人の脳の長期記憶に移す作業は，各人のこれまでの「長期記憶」の内容に依存する。したがって，「できる」学生は，新しい知識を自分の長期記憶と照合し，それに適合するように再構成して，新しい長期記憶へと移すことが可能である。ところが，「できない」学生にとっては，そもそも，入力されてくる情報を受け入れることができない。なぜなら，長期記憶にない情報は，感覚バッファーを通じて短期記憶に入ったとしても，長期記憶と照合された結果，意味のない情報として捨てられてしまうからである。したがって，法に関する情報を意味のあるものとして受け入れるためには，各人の頭の中に，一から法律に関する長期記憶を作っていく作業が必要となる。

しかも，法律の知識を「長期記憶」に蓄えることができるのは，学生自身の努力次第であり，他人がこれを行うことはできない。出発点としての長期記憶は，人によって千差万別であり，どのような情報を提供すれば，長期記

第1節 自分の頭の働きを知り，記憶のメカニズムに沿った学習法を身につける

憶に法的知識が効率的に再編されるかは，その人の既得の長期記憶に依存するからである。特に，法律の知識が長期記憶化していない段階で，法律に関する情報をいくら講義しても，その情報は理解されないままバッファーから溢れて消え去るのみである。

　この問題をさらに困難としているのは，教育の対象である学生の長期記憶の内容を教育する側が把握できないという点にある。法的知識に関して，個々の学生の長期記憶の内容がどの程度であるかを評価するためのテスト問題が開発できれば，この点は，かなり改善される。しかし，このようなテストが開発されていない現状においては，学生の法的知識に関する長期記憶はゼロであると推定して授業を行うほかない。

2　個別問題を解くための学習方法

A.　講義を聴くための予備知識としての条文の理解

　以上の考察から，講師の立場に立って「専門的な知識を確実に習得させる」ということは，個々の学生の頭の中に，法律の知識を単純化・体系化して，「長期記憶」に蓄積させることであることが理解できたと思われる。講師の側では，身近で典型的な事例問題に関して，常識による解決と法律に基づく解決とを比較しながら，法的な考え方の特色を鮮明に提示するように努めなければならない。

　しかし，先にも述べたように，長期記憶を作り変えるのは，学生自身であり，学生自身の努力なしには，何事もなしえない。したがって，法的問題を解決するための出発点となるルールについては，常に，その意味と活用方法を知るための努力をしなければならない。つまり，学生自身も，条文ごとに，条文の意味，関連判例，関連学説を理解するという努力を常に行わなければならないことになる。

B.　応用問題を解けるようになるための知識の精緻化と長期記憶の再編成

　問題が解けるようになるためには，学生の短期記憶の範囲で問題の処理ができるように，知識をマジカル・ナンバー（7 ± 2）の範囲内で，単純化・構造化して，それを長期記憶に蓄える努力をしなければならない。もちろん，

講師は知識の構造化について様々な例とヒントを用意して，学生の学習を支援する必要がある。

しかし，講師の提示する知識の構造化は，あくまで参考にすぎない。新しい知識を習得することは，各人のこれまでの長期記憶に基づいて，それを再編成することによって成し遂げられるのであるから，知識の構造化と再編成は，各人が自己の努力と責任とによって達成しなければならないのである。

日々の学習の中で新しい知識に出会ったときは，これまでの知識と新しい知識とを比較して，その違いを明らかにし，従来の知識を追加したり，修正したりする努力を重ねることが大切である。そして，新しく習得した知識で，講義中に提起されるさまざまな問題が解けるかどうかを復習を通じて再確認し，さらに，知識の追加・修正を行って行かなければならない。そのような努力の積み重ねによって，学生の長期記憶は，法曹として必要な長期記憶へと再編成されることになるのである。

C. 条文の隙間を埋めるための信義則等の法理の活用

問題を解決するために，条文の理解が最重要であることは何度も述べた。しかし，条文といえども完璧ではなく，問題を解決しようとしても適切な条文が存在しないことが多い。その場合に役に立つのが，隙間のないルールとしての一般法である。条文を超えた汎用的な一般法を使って，個別条文を超えた体系的な構造を作り出し，条文の隙間を埋めることができるようにすることが大切である。

民法の体系は，一般法と特別法の組み合わせとして表現されている。個々の条文（特別法）は，すべて，一般法を具体化したものに他ならない。逆に，一般法は，特別法を抽象化した共通ルールである。したがって，一般法に対して，ある観点をプラスすることによって，その特別法である条文自体を作り上げることができる。また，逆に，それらの個々の条文の共通項をくくりだすことを通じて抽象化すれば，一般法を作り出すこともできる。

以上の考察から，圧倒的に数の少ない一般法を理解し，具体的な状況に必要な情報を付け加えるだけで，特別法を自分自身で作り上げることができることが理解できる。したがって，この訓練をつめば，適用頻度ベスト20位以内に位置する一般法を使って，民法の個別条文すべてを，自分自身の力で

第1節　自分の頭の働きを知り，記憶のメカニズムに沿った学習法を身につける

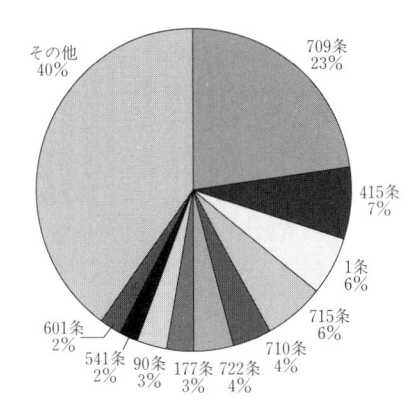

No.	条文	適用頻度	No.	条文	適用頻度
1	709条	23.76%	11	110条	2.29%
2	415条	6.51%	12	612条	1.94%
3	1条	6.15%	13	95条	1.52%
4	715条	5.65%	14	719条	1.46%
5	710条	3.75%	15	703条	1.41%
6	722条	3.59%	16	482条	1.32%
7	177条	4.75%	17	416条	1.32%
8	90条	2.52%	18	723条	1.32%
9	541条	2.42%	19	717条	1.25%
10	601条	2.32%	20	770条	1.22%

図5-2　民法の条文の適用頻度（再録：今回は，条文の見出しなしでも，内容がわかるかどうか試してみよう）

作り直すことができるようになる。つまり，わずか20の条文の考え方をしっかり理解すれば，1044条に及ぶ民法の条文をすべて覚える必要はなくなるということになる。このことを通じて，より短い期間で民法をマスターすることが可能となるだろう。

3　法教育の教育目標としての紛争解決能力と試験問題を解くこととの共通性の理解

　試験問題を紛争事例と見立ててみると，試験問題を解くことは，紛争事例の解決案を作成するプロセスと同じであることが理解できる。紛争解決のために，事実に基づいて最適ルールを発見し，そのルールを適用することによって解決案を作成するIRACのプロセスと，試験問題を解くために個別条文を理解するとともに一般法に基づいてルールを構造化し，穴がないようなルールの体系を準備しておき，試験問題に対して構造化されたルールを適用して解答を作成するプロセスは，同じようなものであることに気づくと思われる。つまり，試験問題を解くことは，本来の学習とは異なる「ガリ勉」や，特別な試験対策とは異なり，法教育の目標である紛争解決案の作成能力を育成することと同じである。

　また，試験問題を解くことは，学習目標である紛争解決能力の到達度を測定するためにも役に立つ。したがって，試験問題を解くということには一石

二鳥の効用がある。

4 分類に役立つ性質決定の意味

類型論は破綻する。なぜなら，類型には重複と間隙が生じるからである。しかし，分類は記憶の整理方法としては必要不可欠であり，分類のやり方を知っていることは，学問には欠かせない。分類は，一定の基準に従って行われるので，その基準を明らかにすることによって，問題の性質が見えてくる。

具体的問題を解決するに際しては，具体的な問題に適用すべきルールを発見しなければならない。その場合に，適用すべき事案がどのような問題なのかを考えるのが，性質決定の問題である。

ある問題を扱う場合に，それが，契約の問題なのか，不法行為の問題なのか，不当利得の問題なのかというように，どのような問題類型に該当するのかを考えることは，その問題を分析する場合に非常に有用である［星野・民法の学び方（2006）145頁］。

契約問題であれば，その契約はどのような契約なのか，財産権を移転する契約なのか，そうではないのか，契約の目的が結果を達成する契約なのか，それとも，最善の努力を尽くすにとどまる契約なのか等の類型を押さえておくと，適用されるべき条文の候補をもれなく集める場合に役に立つ。

第2節 比較によって理解を深める。そのために，比較表を活用する★★★☆☆

法律を学ぶ際に有用な手段は，比較をすることである。正確な比較を行うためには，面倒くさがらずに，比較表を作成してみるのがよい。比較表を作成することによって，比較対象の相違点と共通点が見事に浮かび上がってくる。学習対象の違いと共通点を正確かつ同時に見抜く力が，この表の作成によって身につくようになる。

1 比較表の利用に関する一般的な考え方

民法をマスターするということは，従来の自分の知識で欠けている点を発

第 2 節　比較によって理解を深める。そのために，比較表を活用する

見するとともに，新しい観点によって知識の再構成を行うことである。従来の知識で欠けている点の発見に際しても，また，新しい観点による知識の再構成に際しても，比較表の利用が有用である。

たとえば，「他人と自分とを比べてみてはじめて自分を知ることができる。外国語を習得して初めて自国語の特色を発見する。」という言明を対照表を使って発見する方法を考えてみよう。この方法は，さらに，創造的な思考力を身につけるための，かなり一般的なプロセスへとつなぐことができると思われる。

A. 形式的な比較表

最初に，ソクラテスとゲーテという偉人の言葉を単純に比較するための表を作成してみる。

表5-1　形式的な比較表（データベース）

人　名	命　題
ソクラテス	汝自身を知れ （Know thyself.）
ゲーテ	外国語を知らない者は，自国語についても何も理解できない （Those who do not know foreign language, do not understand their own language at all.）

この表は，データベースとしては意味があるかもしれないが，それ以上の意味はない。この段階では，表は，創造的な思考力を育成するための比較表とはなっていない。

B. 有用な比較表を作成するための 3 つの戦略

意味のある比較表を作成するために大切なこと（戦略）は，以下の 3 点に要約することができる。

1. **第 1 戦略**：全く独立で相互に関係がないように見える対象（たとえば，最初に取り上げる「汝自身を知れ」と「外国語を知らない者は，自国語についても何も理解していない」という 2 つの命題）に対しては，それらの対象間に共通点を見出せるような観点を発見するように努める。

2. **第2戦略**：それぞれが，全く異なる，すなわち，対立・矛盾すると思われる対象に対しては，それらの対象間に類似点を見出せるような観点を発見するように努める。この場合に有用な戦術としては，「敵の敵は味方」，「例外の例外は原則」という考え方をうまく利用する方法がある。
3. **第3戦略**：それぞれが似ていると思われる対象に対しては，逆に，その相違点を見出せるような観点を発見するように努める。相違点がなければ，比較表を作成する意味がなくなるからである。

これらの3つの戦略は，無関係に見えるものには共通点を，相違すると見えるものには類似点を，類似すると思われるものには相違点を見出すような観点を発見しようとするものであり，世間で言えば，「あまのじゃく」な思考方法である。しかし，比較表の意味は，共通項目間の要素の対比を通じて，その相違点と共通点とを明確にして，深い洞察を誘発するものであるから，このような作業が必須となるのである。

このような，一見，世間とは逆の思考方法を採用することによって，これまでに気づかれなかった観点を発見する能力，すなわち，創造的な思考力が育成されることになるのである。

C. 共通点を抽出するための戦略の選択と有用な論理計算

さて，ソクラテスの命題とゲーテの命題とは，一見，全く関係がないように思われるので，第1の戦略にしたがって作業を開始する。つまり，2つの有名な命題（金言）の共通点を見出す作業を行う。そのような共通点が見つかると，それを基準として意味のある比較表を作成することが可能となるからである。

ところが，一見しただけでは，ソクラテスの「汝自身を知れ」とゲーテの「外国語を知らない者は，自国語についても何も理解できない」とは，全く独立の相互に無関係の命題であって，その間に共通点を見つけることができないように思われるかもしれない。

しかし，前者が肯定的命題であり，後者が，否定的命題であることに着目し，両者を肯定文として比較するため，後者に対して，論理計算上の「対偶」の公理 $((a \to b) \Leftrightarrow (\neg b \to \neg a))$ を使って，意味を変えることなく肯定的命題として表現しなおすと，共通点が見つかる可能性が増大する。

第 2 節　比較によって理解を深める。そのために，比較表を活用する

　ゲーテの命題を，対偶を使って，意味を保持したまま，肯定命題に書き直すと，以下のようになろう。
　　●最初の命題…外国語を知らない者は，自国語を理解できない者である。
　　●対偶命題…自国語を理解している者は，外国語を知っている者である。
　ゲーテの命題が，対偶を用いることによって，肯定文で表現できたので，これを，さらに，ソクラテス流に命令文で表現すると，以下のようになろう。
　　●自国語を理解しようと思えば，外国語を知れ。
　これで，ソクラテスの命題とゲーテの命題の表現形式が共通となった。以上の作業は，かなり複雑な過程であるが，以上のようなヒントとともに，課題を与えるならば，複雑すぎて解答が困難な問題とはいえないであろう。

D.　意味のある比較表の作成

　ソクラテスの命題とゲーテの命題の形式を同じようにすることを通じて，両者の共通点が見えてくる。それは，「何かを知ること」であり，後者の場合には，「何かを知るためにすべき方法」にも触れていることが理解できる。ここまで，理解が進めば，共通点を項目として抽出して，意味のある比較表を作ることができる。

表5-2　内容について共通項目を抽出した比較表

人名	命題	
	目標	手段
ソクラテス	汝自身を知れ	―
ゲーテ	―	自国語を知ろうと思えば，外国語を知れ

　このように比較表を作成してみると，ソクラテスの言った「汝自身を知れ」と，ゲーテの言った「外国語を知らない者は，自国語についても何も知らない」という言明を同一の観点から比較することが可能となる。

2　比較表を使って知識を整理し，かつ，発展させる

A.　項目に対応する空白命題の補充

　共通項の抽出によって比較表を作成してみると，それぞれの命題の空白部分が明確になることが確認された。そして，その空白部分を補充することは，

比較的容易である。

ここでは，上記の表の空白部分を補充するとともに，さらに比較項目の人名を学問へと変更して，より一般的な表に作り変えてみよう。

表5-3 項目の空白部分を埋めた比較表

学問分野	命題	
	目標	手段
哲　学 （ソクラテス）	自分自身を理解する	他人を知る
言　語 （ゲーテ）	自国語を理解する	外国語を知る

以上で，ソクラテスとゲーテの格言の対照表は，一応の完成をみたことになる。ここまででも，一見全く異なる格言に共通する観点を見出し，ゲーテの格言をソクラテスの格言と共通の土俵に上げることができた。また，ソクラテスの格言に対しても，ゲーテの格言を参考に，内容を追加することができた。

しかし，この比較表をこれで終わりにすることはない。手段の項目をさらに追加することによって，また，学問分野を追加することによって，新規で，高度で，有用な命題を創造することが可能だからである。

B. 項目の追加による比較表の発展と新たな命題の創造

比較表を作成することは，違った観点の発見にも役立つ。上記の表5-3においては，手段の項目が，他のものとの比較，すなわち，空間的比較しかなされていない。そのことに気づけば，以下のように，空間と対比される時間による対比を思いつくことは，容易であろう。

表5-4 共通項目を追加することによって発展した比較表

学問分野	目標	目標を達成するための手段	
		空間的比較	時間的比較
哲　学	自分を知る	自分を知るために，他人と比べてみる	自分を知るために，自分の祖先，または，自分の遺伝子を調べてみる
言　語	自国語を知る	自国語の特色を知るために，外国語と比べてみる	現在の自国語の特色を知るために，自国語の歴史，すなわち，古文と比べてみる

この比較表は，法に関する項目を追加することによって，さらに，発展す

第2節 比較によって理解を深める。そのために、比較表を活用する

る。表5-4で作成した表の学問分野の項目の言語の下に「法学」の項目を追加し、その目標と目標を達成するための手段について、内容を追加してみよう。そうすると、たとえば、以下のような表が出来あがる。

表5-5 共通項目と対象項目を追加することによって発展した比較表

学問分野	目標	目標を達成するための手段	
		空間的比較	時間的比較
哲学	自分を知る	自分を知るために、他人と比べてみる	自分を知るために、自分の祖先、または、自分の遺伝子を調べてみる
言語	自国語を知る	自国語の特色を知るために、外国語と比べてみる	現在の自国語の特色を知るために、自国語の歴史、すなわち、古文と比べてみる
法学	法を知る	自国（州）法を知るために、他の国（州）の法と比べてみる	自国（州）の法の特色を知るために、法の歴史をさかのぼってみる。

　このようにして、比較表による比較の方法は、新たな項目を追加したり、新たな観点を導入したりすることを通じて、創造的な思考力を育成するのに有効であると思われる。なぜなら、比較表の作成作業を通じて、項目に対応する空白部分が発見され、それが埋められたり、あらたな項目の追加によって新たな命題が生成されたりすることになり、創造的な作業を追体験することができるからである。

C. 比較表によって創造された命題の表現

　このようなプロセスは、すべて、創造的な思考方法の育成に関する重要なプロセスであるが、このようなプロセスを通じて創造されたものを命題としてまとめておくことも重要である。
　ソクラテスの「汝自身を知れ」とゲーテの「外国語を知らない者は、自国語についても何も理解できない」という2つの格言に関して、筆者の提唱する比較表の作成によって新たに作られた命題は以下の通りである。
- 自国語を深く理解しようと思うのであれば、外国語を学習することが重要である。外国語の学習を通じて、今まで気づかなかった自国語の特色に気づき、自国語の理解が格段に深められるからである。また、自国語を理解

第5章　民法を学習する際のノウハウ

するためには，現代文ばかりでなく，古文の学習が有用なことも，同様にして理解しうるであろう。
　○ゲーテの格言に対して，対偶命題を作成し，それを，ソクラテスの命令文を参考にして，目標と手段との関係として位置づけた。
●自分を理解するためには，自国語を知る場合と同様に，他人や社会を知ることが重要である。他人や社会を知ることによって，自分の個性がはっきりと認識できるからである。さらに，他人や社会との対比だけでなく，自分の祖先や自分の遺伝子を知ることを通じて，自分の遺伝子が他人と思われていた人間と多くの共通点を持っていることも再認識できるであろう。
　○ソクラテスの命題をゲーテの対偶命題と比較することによって，ソクラテスの命題に目標を達成するための手段を追加した。
●法を理解する場合にも，自国（州）の法律や判例を知るだけでなく，他の国（州）の法律や判例を学習することが重要である。また，法の歴史を知ることが，法をより深く知ることに役立つ。自国の法と他の国の法，歴史的な法を知ることによって，初めて，自国法の特色を他の法との区別とともにその共通点をも同時に把握できるようになるからである。
　○ソクラテスとゲーテの格言を比較表によって比較することを通じて得られた命題を抽象化し，それを法学の分野を適用して，あらたな格言を創作した。

このような結果を示すと，以下のような反論がなされることが予想される。
●比較表が有用なことは周知の事実であり，誰もがすでに利用している方法である（法律学の学習にとって，問題事例を通常事例との比較において検討することが重要であることを指摘するものとして，［ハフト・法律学習法（1992）145頁以下］がある）。
●ソクラテスやゲーテの格言から，比較表によって，新たな命題が創造されたというが，そのような命題は，もともと，そのような格言に内在していたのであって，格言に対する単なる解釈であって，新たな創造ではない。

しかしながら，このような反論に対しては，さらに，以下のように反論することが可能である。
●ここでは，創造的な思考方法を育成する点に焦点が当てられているのであり，筆者は，複数の命題を比較表を通じて比較することによって，新たな観点がどのように発見され，その観点を通じて，最初の命題がどのように変更または追加されうるかを具体的に説明することができた。

●たとえ，格言の解釈を通じて，結論として同じ解釈に到達したものがすでに存在するとしても，私自身としては，いかなる解説書も参考することなしに，上に示した方法にしたがって，そのような解釈を作り上げたのであり，しかも，多くの学生が，同じ過程を踏んで，同じ結論を導くことができる可能性を示すことができた点で，方法論としては創造的であると考えている。

第3節　民法解釈の方法の類型を理解し，うまく利用する★★☆☆☆

民法の解釈によく使われる文理解釈，拡大解釈，縮小解釈，反対解釈，類推解釈という解釈方法の意味と役割を理解しよう。そして，法律実務家は類推解釈を好み，学者は，一般法や一般原則による解釈をめざすのは何故かを考えてみよう。

　民法の学習において条文の意味を正確に理解することが重要であることはいうまでもない。しかし，条文の意味を理解するには，さまざまな解釈を行う必要がある。ところが，民法の解釈については，文理解釈，拡大解釈，縮小解釈，反対解釈，類推解釈，例文解釈という複雑な解釈方法が頻繁に使われている。民法を初めて学ぶ人々が，このような解釈に初めて接した場合には，それぞれの解釈がどのような場合になされるのか，それぞれの解釈がどのような役割を果たし，相互にどのような関係にあるのか，ほとんど理解ができないと思われる。そこで，今後の学習でも参照されることが予想されるので，これらの解釈方法について，意味，適用例，適用理由，機能，および，相互の関係について概観しておくことにしよう。

1　解釈方法の類型

　教科書でよく使われる，「車馬通行止め」というルールを例にとって，その文理解釈，拡大解釈，縮小解釈，反対解釈，類推解釈，例文解釈の意味と役割を解説する。まず，問題をよく読み，自分で答えを考えてから，解説を読んでほしい。

第5章　民法を学習する際のノウハウ

A. 文理解釈

問題1　「車馬通行止め」という標識がある場所に,「馬」を連れて通りかかった人がいるとしよう。この人は,この場所に立ち入れるだろうか。

(意味)　辞書的ないし法学辞典的意味と文法に従う解釈のこと。

(適用例)　公園の入り口に「車馬通行止め」とある場合に,「馬」を通行止めとするのがその例。

(適用理由)　「車馬」とは,辞書的には,「車と馬」と言う意味であるから,「馬」を通行止めとすることは,文の解釈として理にかなっている。

(機能)　文の要件に合致するものに対して,文の**結論を肯定**する。

B. 拡大解釈（拡張解釈）

問題2　「車馬通行止め」という標識がある場所に,「牛」を連れて通りかかった人がいるとしよう。この人は,この場所に立ち入れるだろうか。

(意味)　概念の枠を広げて内包を拡大すること。

(適用例)　公園の入り口に,「車馬通行止め」とある場合に「馬」に「牛」を含めて,「牛」も通行止めとするのがその例。

(適用理由)　馬に牛を含めることができるとする根拠は,車馬に含まれる「馬」という概念を「大型家畜（動物）」へと拡張し,その中には牛も入ると考えるからである。

(相互関係)　後に述べる「類推解釈」の場合には,重量制限のあるつり橋の前に掲げられた「車馬通行止め」の解釈として,「100kgを超える人間」も通行止めとすることができる。しかし,拡大解釈の場合には,「車馬」という概念の中に「人間」を含めることまでは考えられない。「車馬」と「人間」とは,反対概念であるとの暗黙の前提が働いているからである。

(機能)　文の要件に合致しないものについて,概念を拡張して要件に含めさせ,文の**結論を肯定**する。

C. 縮小解釈

問題3　「車馬通行止め」という標識がある場所に,子どもを「木馬」に乗せて通りかかった人がいるとしよう。この人たちは,この場所に立ち入れるだろうか。

第3節 民法解釈の方法の類型を理解し，うまく利用する

（意味）　概念の枠を縮めて内包を縮小すること。

（適用例）　公園の入り口に「車馬通行止め」とある場合に「木馬」は入らないとして，「木馬」は通行できるとするのがその例。

（適用理由）　「木馬」を「馬」からはずすことができるのは，「車馬」に含まれる「馬」は，「動物の馬」の意味であり，「木馬」は「馬」の概念から除外できると考えるからである。

（機能）　文の要件に合致しているものについて，概念を絞り込んで要件から除外し，文の**結論を否定**する。

D．反対解釈

[問題4]　「車馬通行止め」という標識がある場所に通りかかった人がいるとしよう。この人は，この場所に立ち入れるだろうか。

（意味）　書かれていない概念について適用を否定すること。

（適用例）　公園の入り口に「車馬通行止め」とある場合に，書かれていない「人間」は「車馬」に含まれないとして，「人間」は通行できるとするのがその例。

（適用理由）　車馬に限り通行止めであり，通行止めは車馬に限るということがいえる場合に限って，反対解釈ができる。掲示は人間のためであり，「車馬」には「人間」は含まれていない。

（機能）　文の要件に合致しないものについて，文の**結論を否定**する。

E．類推解釈

[問題5]　100 kgの重量制限のあるつり橋に「車馬通行止め」という標識がある場合に，「体重が100 kgを超える人間（たとえば相撲取り）」が通りかかったとしよう。この人は，このつり橋を渡ることが許されるだろうか。

（意味）　概念に含まれないものについて，類似性を理由として法を適用すること。

（適用例）　100 kgの重量制限のあるつり橋に「車馬通行止め」とある場合に，「体重が100 kgを超える人間（たとえば相撲取り）」について，文の趣旨から考えて，「車馬」と同じに扱うのが妥当として，通行止めとするのがその例。

（適用理由）　「車馬」に，100 kgを超える存在という意味を付与し，100 kgを超える人間についても，通行止めという結論を導くことができるとする。「車馬」の概念を拡張して「人間」を含めることはできないので，拡大解釈とは

別に，同じ結論を導くために，「文の趣旨を類推して」という言葉を使って，人間も通行止めとする結論を導くことになる。
　㋐機能㋑　要件に合致しないものについて，概念の拡大（拡大解釈）をあきらめ，文の趣旨を類推して，拡大解釈と同じく，文の**結論を肯定**する。

F． 例文解釈

問題6　公園の入り口に「車馬通行止め」という標識がある場合に，ある人が「電動車いす」に乗って通りかかったとしよう。この人は，この公園に立ち入れるだろうか。
　㋐意味㋑　文どおりに適用した場合の結果の不当性を回避するために，その文を「(一例が挙げてあるだけの）単なる例文である」とし，文の具体的な対象とはなっていなかったものとして，文の結論を否定すること。
　㋐適用例㋑　公園の入り口に「車馬通行止め」とある場合に，「電動車いす」は，「車馬」という場合の「車」の具体例とはなっていなかったものとして，「電動車いす」は通行できるとするのがその例。
　㋐適用理由㋑　「車」には，「人力の車」は入らないとして，縮小解釈が可能であった。しかし，「電動車いす」の場合には，縮小解釈は困難であると仮定する。その場合でも，公園の入り口にある「車馬通行止め」における「車馬」とは，遊んでいる「幼児に危害を及ぼす恐れのあるもの」の例が挙げられているだけであり，幼児に危害を及ぼす恐れがないもの，たとえば，「電動車いす」は，除外してよいという趣旨であると解釈し，文の要件に合致するものについて，適用を否定することが可能となる。
　㋐注意点㋑　例文解釈は，従来は，不動産賃貸借契約書，身元保証書，同意書，示談書などに含まれた定型的文言や約款の解釈についてのみ論じられてきた。しかし，民法612条のように，賃借人による無断譲渡・転貸の場合に「賃貸人は，契約の解除をすることができる」と規定されているにもかかわらず，確定した判例により，「賃借権の無断譲渡・転貸がされても，それが，賃貸人に対する背信的行為と認めるに足らない特段の事情があるときは，612条2項の解除権は発生せず，賃貸人は，賃貸借を解除することができない（最二判昭28・9・25民集7巻9号979頁）」とされている。このように，条文に書かれた要件（賃借人による無断譲渡・転貸）に明確に該当する場合であるにもかかわらず，条文の趣旨や信義則を考慮して，その結果（賃貸人による契約の解除）が否定される解釈については，これを例文解釈と呼ぶことが許

第3節　民法解釈の方法の類型を理解し，うまく利用する

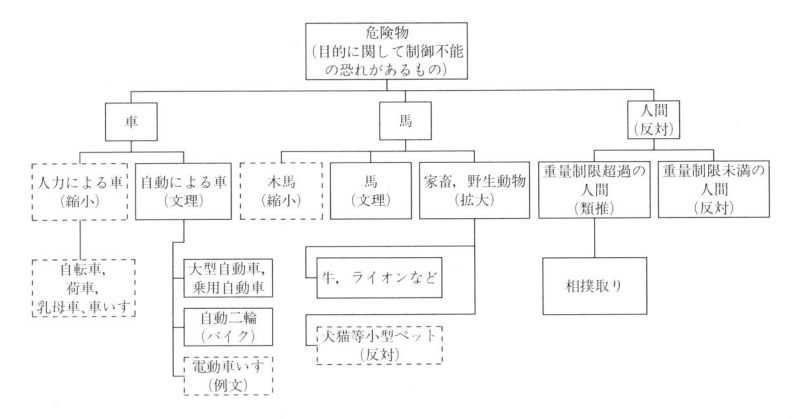

```
                          危険物
                    (目的に関して制御不能
                      の恐れがあるもの)
          ┌──────────────┼──────────────┐
         車              馬           人間
                                      (反対)
    ┌─────┼─────┐    ┌─────┼─────┐    ┌─────┴─────┐
 人力による車 自動による車 木馬  馬   家畜，野生動物 重量制限超過の 重量制限未満の
  (縮小)    (文理)   (縮小) (文理)  (拡大)       人間       人間
                                              (類推)     (反対)
    │        │                │
 自転車，  大型自動車，      牛，ライオンなど   相撲取り
 荷車，    乗用自動車
 乳母車，車いす
           自動二輪        犬猫等小型ペット
           (バイク)         (反対)

           電動車いす
           (例文)
```

図5-3　「車馬通行止め」を例にした民法の解釈方法

されると思われる（加賀山説）。したがって，本書では，例文解釈を，約款だけでなく，法文を含めた解釈方法論の1つとして紹介している。

(機能)　文の要件に合致しているものについて，概念の絞り込み（縮小解釈）をあきらめ，文の趣旨を考慮して，文の**結論を否定**する。

　上記の類型のうち，「例文解釈」というのは，一般の教科書には出てこない解釈方法なので，説明を補足しておく。
　たとえば，賃貸借に使われている市販の契約書に「賃借人が，2ヵ月以上家賃を滞納した場合には，賃貸人は，催告なしに賃貸借契約を解除できます」と書かれていることが多い。そのような契約書が実際に使われている場合でも，裁判所は，「そのような契約条項は，『例文』に過ぎず，賃貸人が賃貸借契約を解除できるのは，信頼関係が破壊された場合に限るのであって，2ヵ月以上家賃を払わないことについて，特別の事情がある場合には，賃貸人は賃貸借契約を解除できないとする」と判決することが多い。
　このように，ルールに「…できる」と書いてあるにもかかわらず，「…できない」と解釈する解釈方法をここでは，「例文解釈」と呼ぶことにする。確かに，一般の教科書には書かれていない呼び名ではあるが，先に示したように，民法612条に関する最高裁判所（最二判昭28・9・25民集7巻9号979頁，最一判昭41・1・27民集20巻1号136頁）の解釈は，まさに，この解釈

を取り入れているので,ここで紹介しておくことにした。民法612条2項と最高裁の判決とを読み比べてみると,最高裁が,民法612条2項について,この例文解釈を行っていることがわかるであろう。

2 類推解釈と一般原則との関係

　民法の解釈とは,ある問題が,条文にぴったり当てはまらない場合に,問題の事実を条文にあわせて変形させるか,それとも,条文を事実にあわせてデフォルメするかという問題である。たとえてみれば,靴を探していて,ぴったりとした靴が見つからないという場合に,足を変形させてまで,デザインの気に入った靴を選ぶか,靴の方を足にあわせて補修するかという問題に似ている。民法の解釈も,事実を捻じ曲げるのではなく,条文を解釈によって補正し,その事実に適した結論を得られるようにするのがよい。

　違いを強調する人（違いがわかる人）は,候補となる条文の違いをよくわきまえているので,ある問題について妥当な結論を導くことのできる条文の候補を探し出し,その条文を類推という方法によって変形する方法を選ぶことが多い。これに対して,違いよりも体系性を重んじる人は,一般法を有する民法においては,最終的には,一般法によって解決できるのであるから,無理な類推をせず,一般法を多少具体的にした一般原則,たとえば,信義則を多少具体的にした「権利外観法理」とか,「禁反言の原則」等の一般原則を適用するという方法を選ぶことが多い。

　類推適用と一般原則との違いは,以下の図式によると説明がしやすい。ある事案にぴったりと当てはまる条文がない場合に,適用できそうな候補を探す。その候補中で,妥当な結論を導くことのできる条文を見つけて,それに補正を加えて,その条文を適用するのが類推である。これに対して,その事案に対して妥当な結論を導くことのできる原則を見つけて,それをそのまま適用するのが一般原則の適用である。

　代理権の濫用について,民法93条の類推適用を認めた判決を読んで,一般原則の適用と類推適用の関係を考えてみよう。

　　最二判昭51・10・1金融法務809号78頁
　　　信用金庫の表見支配人が自己の利益を図るためにした行為に関する信用金庫の責

第3節　民法解釈の方法の類型を理解し，うまく利用する

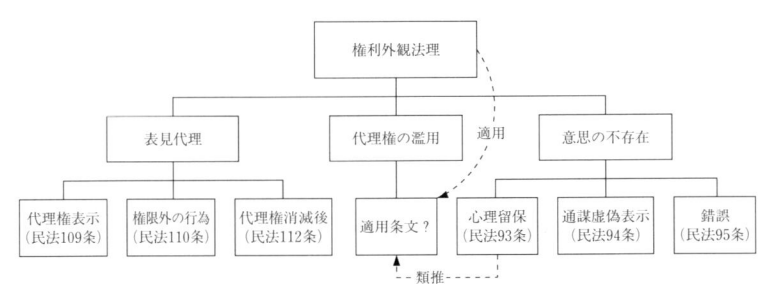

```
                      権利外観法理
           ┌──────────────┼──────────────┐
        表見代理        代理権の濫用      意思の不存在
      ┌────┼────┐         │         ┌────┼────┬────┐
   代理権表示 権限外の行為 代理権消滅後 適用条文？ 心理留保 通謀虚偽表示 錯誤
  （民法109条）（民法110条）（民法112条）          （民法93条）（民法94条）（民法95条）
```

図5-4　一般原則の適用と類推解釈との関係

任は，相手方が善意である限り，表見支配人のした行為の目的のいかんにかかわらず，これを免れないが，行為者の意図が自己の利益を図るにあり，かつ，相手方が右の意図を知り又は知りうべかりしときには，民法93条但書の類推適用により，信用金庫はその責に任じない。

最一判平4・12・10民集46巻9号2727頁
　親権者が子を代理する権限を濫用して法律行為をした場合において，その行為の相手方が権限濫用の事実を知り又は知り得べかりしときは，民法93条ただし書の規定の類推適用により，その行為の効果は子には及ばない。

　最後にまとめると，通常は，一般原則を具体化する条文は，複数に分かれ，かつ，要件の構成によって結論が逆になるものが存在する。結論が同じになる兄弟条文を見つけて適用するのが，類推解釈であり，結論が逆のものを見つけて適用するのが，例文解釈であるということになる。
　以上で，民法の解釈方法の意味と機能は理解できたと思う。しかし，これらの解釈方法をうまく使いこなすためには，さまざまな事例に，条文を当てはめてみるという練習を積み重ねる必要がある。さらに，このような解釈方法について，わが国においてどのような解釈論争がされてきたのかという歴史的な背景を知っておくことも重要である。この点については，［道垣内・法学入門（2007）158-165頁］に要領の良い紹介がなされているので，そこにあげられた参考文献を参照しながら読んでみよう。そうすると，民法の解釈について，より深い理解が得られると思われる。

第4節 わからないことはチェックして次に進むとともに，機会を見つけてどんどん質問する★★☆☆☆

わからなくなっても，そこで立ち止まってはならない。チェックして進んでいこう。その後，他の本を読んでいて突然わかるようになることが多い。チェックした箇所が他の本を読んでもわからないときは，自信をもってどんどん質問しよう。

1 六法，辞書，教科書等の道具を揃えておこう

　民法をマスターしようと思えば，まず，次の道具をそろえなければならない。六法，教科書，判例集，法律辞書は必携である。外国語の学習に，辞書，適切な教材，豊富な文例が必要なのと同様である。

　六法は，持ち運びに便利な小型六法と判例のついた大きな六法とを2つ購入して，どちらかを座右にいつも置いておき，教科書に引用されている条文を面倒くさがらずに，常に参照することが必要である。このプロセスを省略した人は，結局，法律をマスターすることはできない。経済的な事情で，六法を1冊しか購入できないという場合には，以下の2つの判例つきの六法の1つを購入するのがよいだろう。

- 『模範六法』三省堂（2007年）
- 『判例六法』有斐閣（2007年）

　民法をマスターするためには，判例の学習を避けることができない。原文は判例集に掲載されているが，背景知識なしに，いきなり判決を読んでもちんぷんかんぷんということになりかねない。そこで，代表的な判例について，丁寧な解説をしてくれる以下の判例解説書を用意して，解説を読む習慣をつけるのがよい。

- 星野英一・平井宜雄・能見善久編『民法判例百選Ⅰ総則・物権〔第5版新法対応補正版〕』有斐閣（2005年）
- 星野英一・平井宜雄・能見善久編『民法判例百選Ⅱ債権〔第5版新法対応補正版〕』有斐閣（2005年）

第4節　わからないことはチェックして次に進むとともに，機会を見つけてどんどん質問する

- 久貴忠彦・米倉明・水野紀子編『家族法判例百選〔第6版〕』有斐閣（2002年）

　教科書等を読んでいてわからない言葉が出てきたときに助けてくれるのが，法律辞書である。初めて民法を勉強する人にとっては，教科書を含めて意味不明の専門用語の洪水に戸惑うことになる。民法をマスターしようと思うのであれば，自分のレベルにあった法律用語辞典を1冊は用意すべきである。筆者が利用している法律用語辞典は以下のとおりであり，後の2つは，CD-ROM版があってコンピュータ上で利用できる。

- 末川博編『法学事典』日本評論社（1953年）
- 林大・山田卓生編『法律類語難語辞典〔新版〕』有斐閣（1998年）
- 金子宏・新堂幸司・平井宜雄編『法律学小辞典〔第4版〕』有斐閣（2004年）
- 伊藤正己・園部逸夫編『現代法律百科大事典』ぎょうせい（2000年）

　民法の個々の条文の意味がわからないときに参照するとよいのが，注釈民法（有斐閣）のシリーズに代表される，条文の注釈書（コンメンタール）である。高価なものが多いので，図書館での利用をすることが多くなると思われるが，1冊とか，数冊で，民法の条文の意味を簡潔に解説したものがあるので，購入しておくと便利である。筆者は，六法とともに，以下のコンメンタールを座右に置いて使っている。

- 我妻榮ほか『我妻・有泉コンメンタール民法（総則・物権・債権）〔補訂版〕』日本評論社（2006年）

　最後に，レポートや小論文を作成するときに必要となるのが，文献検索のマニュアルである。法律関係で定評のある本としては，以下のものがある。購入して，常に参照することが望ましい。

- いしかわまりこ・村井のり子・藤井康子『リーガル・リサーチ〔第2版〕』日本評論社（2005年）
- 加賀山茂・松浦好治編著『法情報学―ネットワーク時代の法学入門―〔第2版補訂版〕』有斐閣（2006年）
- 弥永真生『法律学習マニュアル〔第2版補訂版〕』有斐閣（2007年）

第5章　民法を学習する際のノウハウ

2　わからなくなった場合に最初にすべきこと

　法律の本を読んでいてわからないことが出てきたらどうすればよいのか。自分の本であれば，わからない箇所に書き込みをすべきである。借りた本なら，付箋をつけて，付箋に書き込みをすべきである。どのような書き込みでもよいが，とにかく，わからない理由を書いておく。

　大切なことは，そこで，立ち止まらないことである。わからないからといって，そこで立ち止まったのでは，わからないままで終わってしまう。誰でも，わからないことがあるのであって，それを克服した人は，そこで思考を停止しなかった人である。わからない箇所が出てきたら，まずは，その本の索引で，関連する箇所を読んでみる。それでも，わからない場合には，法律辞書を引いてみる。そこでわからない点が解消できればそれでよい。しかし，それでもわからない場合には，わからない箇所にチェックを入れ，わからない理由を書いて，次に進むべきである。民法教育の第一人者による民法の入門書にも，以下のような記述がある［米倉・プレップ民法（2005）49頁］。

　　民法の勉強を総則からはじめると，各論がわからないから理解しにくいし，逆に各論を先に勉強すると，総則がわからないから，これまた理解しにくい。結局，どこからはじめてみても，全体を一応にもせよ終わらないと，なかなかしっくりこない。…わかったところはここまで，わからないところはここだ，と区別をはっきりしておいたうえで，先へ進み，やがて立ち戻ってきて再検討してみるより仕方がないのである。

　わからないことがどうしてわかるようになるかというと，たいがいは，他の本を読んでいて，わからなかった理由を発見するというプロセスを経ることになる。その場合，わからない箇所を書いた著者がまちがっていたか，十分な説明をしていなかったためであることが多い。

　筆者も，学生のころ，最初は，教科書を読んでいて，わからないことだらけで困ったことがあった。辞書を引いても，出ていない言葉がたくさんある。そのときに助けてくれたのは，上で紹介した判例解説書（判例百選シリーズ）であった。代表的な100の判例について，さまざまな人が解説しているのを読んで，1冊の教科書では触れることのできない多面的な考え方を知ることができ，疑問が次々に解決されていったのを覚えている。それに，解説が玉

第4節　わからないことはチェックして次に進むとともに，機会を見つけてどんどん質問する

石混淆であるのも興味深かった。よく書けている評釈を読むと，自分もこんな文章を書いてみたいと思ったし，下手な評釈を読むと，こんな文章だけは書きたくないと他人事でないように思えたものである。1人の書いた教科書を熟読するとともに，他の人が書いた教科書も参考にしてみる，さらには，多くの人が書いた判例解説をじっくり読んでみる。そのような多面的な学習を通じて，法律家の思考方法に慣れ親しむことができるようになるのである。

　学生の頃の勉強を助けてくれたもう1つの読み物は，法律専門雑誌であった。私が学生の頃は，学生向けの雑誌は，『法学セミナー』しかなかった。貧乏学生だったが，月ぎめで『法学セミナー』を購入し，わからない記事も含めて眺めていると，だんだんに法律の世界が身近に感じられるようになった。新しい問題に接するには，専門雑誌を読むに限る。民法の最新情報を得るためにも，以下の雑誌の中から1つを選んで，定期的に購入し，法律の世界の新しい動きに触れておくことも大切である。

- 法学セミナー（日本評論社）
    - 筆者も，学生時代に愛読した学生向けの法律専門誌。法学部の学生ばかりでなく，法科大学院の学生のための読み物が用意され，最新の情報を入手するのに適している。
- 法学教室（有斐閣）
    - 法学セミナーに遅れて発刊されたが，法学セミナーに劣らない人気を有する学生のための法律専門誌となっている。法学教室の発刊のいきさつについては，［星野・民法の学び方（2006）237頁以下］に，工夫と試行の17年と題した詳しい解説がある。

3 質問をしよう，できれば良い質問を

A. 質問の意味

法科大学院での講義風景

法律を勉強していると，必ず，わからないところが出てくる。わからないときは，まずは，法律辞書を引いてみよう。それでわからなければ，Webの検索エンジンで解説を探してみよう。それでも，わからないときは，遠慮せずに先生に質問するのがよい。

学生同士で質疑応答するのもよいが，間違った考え方（理由を考えずに覚えておくとよいなど）を身に着けてしまうおそれがあるし，何を質問すべきかをじっくり考えずに気軽に聞いてしまい，結局，何を質問していたのかが不明になることが多い。その点，先生に質問するときは，質問を紙に書いておく等の準備をすることが必要になるので，質問の意味が自分自身にとって鮮明となり，その過程で，質問するまでもなく，問題が解決することが多い。したがって，先生への質問は，どんどんするのがよい。

しかし，質問には，良い質問だといって，ほめられる質問と，くだらない質問だ，もっと勉強してから聞きなさいといわれる質問とがある。できることなら，良い質問をしてほめられた方が，うれしい。そこで，良い質問とは何かを考えてみよう。

B. 良い質問とは何か

良い質問と悪い質問とはどう違うのか。悪い質問は，バラエティがあるので，定義が難しい。しかし，良い質問は，定義が簡単である。以下の要件が備わっているものを良い質問という（加賀山説）。第1は，質問のタイプがよくある質問で回答しやすいか，珍しい質問だが回答者が得意としている問題である場合である。第2は，質問者のまちがいが手にとるようにわかり，矯正しないととんでもないことがわかる場合である。第3は，回答者が自己満足できる場合である。各場合に分けて説明しよう。

第4節 わからないことはチェックして次に進むとともに，機会を見つけてどんどん質問する

1. 質問が，普遍的で，最初は誰もが疑問に思う種類のものであるか，または，当たり前と思われすぎて，だれも質問しなかった問題であること
   - 勉強不足のためのくだらない質問なのか，誰も質問をしないけれど，とても価値のある質問なのかは，質問を受ける人の力量に左右されるということになるので，ここは，判断が難しいところである。質問の回答者としては，質問者の意図をよく聞いて，質問者が勉強不足の場合には，具体的な参考文献を挙げて，いついつまでに読んでみて，また，質問に来るように言うことが必要となる。反対に，誰も質問していない良い質問の場合には，自分で考える上でのヒントと，これまでその質問に一番近い問題提起を行っている参考文献を示して，読むようにさせることが大切となる。
   - 回答者である教師にとっては，いずれにしても，適切な参考文献を指摘することが，回答のポイントとなる。

2. その質問に答えるには，レベルが高すぎて，本人の努力を待っていたのでは，躓いてしまって先にいけない危険性が強いこと
   - 学習者がどこかで躓いて，道に迷っているときこそが，教師の本当の出番となる。この場合に，その質問の性質とレベルを的確に判断できるかどうかが，学習者の能力を伸ばせるかどうかの分かれ目となる。
   - 学習を先行させた学生が行う質問は，間違った方法によって生じる質問であることが多い。しかし，その場合に，正しい解答を教えてしまったのでは，もとの木阿弥である。その質問がなぜ生じたのか，その質問が生じる背景を探る質問を重ねて，その背景を知り，学習方法の誤りを引き出し，それを修正する方法を指摘するところから始めなければならない。そのような質疑の繰り返しのプロセスの中から，学生が自分で正しい答えを引き出せるようにすることが大切である。
   - もしも，学習方法に誤りがないことがわかれば，問題は，情報不足が問題となるに過ぎないのであるから，適切な参考文献を指示するだけでよいことになる。

3. 質問を受けた側が，その質問に答えられる能力（あまり知られていない参考文献を知っている場合，現在の段階では解決できない問題であることを知っている場合も含む）を有していること
   - くだらない質問か，良い質問かの区別は，実は，この要素によって左右

されることが多い。レベルの高い教師にとっては良い質問が，レベルの低い教師によって，くだらない質問と思われる場合がある。したがって，学生としては，くだらない質問だといわれても，がっかりする必要はない。教師のレベルが低すぎるかもしれないからである。

- 大切なことは，そのような質問がどのようにして出てきたかを教師と一緒になって探るプロセスである。教師から，くだらない質問だとほのめかされた場合には，すぐに引き下がるのではなく，その質問がどうしてくだらない質問なのかを聞いてみることが必要である。勉強不足なのか，文献の読み方が間違っていたからなのか，その原因を探ることが大切であり，そのことが，学習方法の改善につながれば，もうけものである。
- ここが教育の微妙なところである。先生次第で，学生の能力が伸びたり伸びなかったりする原因はここにある。学生はいろいろな先生に出会って，能力を伸ばしてくれる先生にどんどん質問しよう。

C. 自分で考えるということの意味

質問をしてみて，ショックを受ける言葉に，そのくらいのことは，「自分で考えなさい」という返答がある。自分で考えた末にわからないから質問したのに，こんなことを言われるくらいなら，質問しなければよかったと後悔してしまうことがあるかもしれない。

そこで，「自分で考える」とは，どういうことなのかを考えてみよう。何もないところから何かを生み出すことはできない。したがって，人間は，何かを教えてもらい，教えてもらったことを基礎にして，さらに，考えを進めることによって，文化を継承し発展させていくものなのである。

したがって，まずは，ある程度の知識を習得する必要がある。その代表的な手段は，その分野の基本的な教科書を読破することである。民法でいえば，さまざまな教科書を通じて，通説であるいわゆる我妻民法（我妻栄・有泉享『民法１～３』勁草書房（2003年）等の簡略版でもよい）を読破することである。

その過程で，さまざまな疑問が出てくる。わからないことは，まず，書き留めておいて，質問をするとよいことは先に述べた。この過程で，「そのくらいのことは自分で考えなさい」といわれることがあるとすれば，それは，前提が理解できていないことであろう。しかし，前提問題というのも相対的なものであって，それがわからないときに自分で考えなさいといわれても意

第4節　わからないことはチェックして次に進むとともに，機会を見つけてどんどん質問する

味不明であろう。

　自分で考えるというのは，学習の間に生じる既存の文化と自分の頭との間の対話と考えるべきであろう。この対話の時間が「自分で考える」という意味であり，対話を離れて，既存の文化の理解に勤めている時間が「文献を読みこなす」ということである。

　学習は，「一方では，文献を調べて教えを受け，他方では，自分自身であれこれ考えをめぐらして暫定的にせよ了解点に達するほかはない」［米倉・プレップ民法（2005）139頁］。

　自分自身であれこれ考えをめぐらしてこそ，自分の脳の中に，生きた知識を作り上げることができるのであり，それは，食物を食べても，消化をしなければ，エネルギーや体を作ることができないのと同じである。よいものを選んで食べる，食べた後は，ゆっくり消化するというのと同じで，知識が身につくかどうかは，消化がうまくいくかどうかにかかっている。

　学習過程においても，知識が身についたものになるかどうかは，既存の知識と自分の脳との対話によって，自分の脳の長期記憶を再構成できるかどうかにかかっている。

　貪欲に食べる人は，消化不良を起こす。食べない人は栄養失調をきたす。学習の醍醐味は，文献の読み込みと自分で考える時間のバランスにある。どちらがかけても知識を身につけることはできない。

　「それくらいのことは自分で考えなさい」といわれたら，「食べ過ぎていますよ。消化の時間を増やしましょう。」といわれたのだと思って，文献を読む時間を少し抑えて，自分の頭を整理する時間を増やすのがよい。詰め込んだ知識を整理し，他の知識が入ってくる隙間ができるようになったら，また，文献を読みこなしていけばよい。

　多くの文献を読んでいるうちに，自分にわかる文献に行き当たることが多い。自分にわかる文献に行き当たらないことが多い場合には，その学問は自分にあっていないのであり，専攻を他の分野に切り替えることも考慮すべきであろう。

第5章　民法を学習する際のノウハウ

第5節　グループ学習の薦め★☆☆☆☆

　　気の会う仲間とグループを作り，定期的な学習会を開催しよう。軌道に乗れば，
　　講師を呼んで助言をしてもらうことも容易となる。

　わからないことを気軽に聞ける，自分では億劫な勉強も気の会う仲間とやれば苦にならない，グループで学習する方法が軌道に乗れば講師を呼ぶにも便利となる，というように，グループを作ることは，学習をする上で，大きな効用をもたらす。

　ただし，注意しなければならないことは，人間関係である。個人の勉強の邪魔にならないよう，グループ学習の始まりの時間と終わりの時間を厳守し，だらだらと続けることのないように配慮することが大切である。それが実現できるだけで，グループ学習はうまくいく。

　もう1つは，議論が転じてけんかにならないようにする仕組みを作っておくことが大切である。個人の意見を最大限に尊重し，間違っている意見でも，すぐに誤りだと決めつけるのではなく，そのような意見に至った経緯と理由とをよく聞いて，それから，どこに問題点があるかを自由に議論することにしよう。そうすれば，議論がスムーズに行くことが多い。議論が複雑になると，議論を超えて，けんかになることがあるかもしれない。そのときは，議論と人格攻撃とは異なることを説明して，けんかにならないようにする調整役に回れる人がいると議論が不毛ではなく，建設的になることが多い。そのような調整役がいるかどうかが，グループ学習が続くかどうかの分かれ目になることが多い。

　グループ学習がうまくいくためには，グループ学習の成果を報告書にまとめることを最初から計画しておくとよい。そうすると，計画通りに学習が進んでいるかどうかを反省するときにも便利であるし，議論が建設的な方向に向かうための指針ともなる。先輩と後輩とが連続して会に加入できるような仕組みを作るためには，このような報告書を作り，ノウハウと規約とを伝達していくことが重要である。

参考文献

[プラトン・メノン（1994）]
　プラトン著／藤沢令夫訳『メノン』岩波文庫（1994年）。
　　ソクラティック・メソッドとは何かを知るための入門書。ソクラテスが行った問答法のおもしろさを追体験するのに適しており，一読をすすめたい。

[民法修正案理由書（1896／1897）]
　広中俊雄編著『民法修正案（前三編）の理由書』有斐閣（1987年）。
　　現行民法の財産編（総則，物権，債権）の立法理由書。ボワソナードが作成した旧民法の修正案として起草された現行民法の立法理由が簡潔な文章でまとめられている。旧民法（我妻栄『旧法令集』（有斐閣）等を参照）の原文と照らし合わせて読まないと，何が書いてあるかわからないが，旧民法と照らし合わせながら読むと，現行民法の立法理由がよくわかる。ただし，文章は簡潔を極めるため，詳しいところは書かれていない。もっと，詳しい理由を知りたいと思ったら，今度は，『法典調査会民法議事速記録』（17巻～31巻）商事法務研究会（1985-1987年）を読むほかはない。

[松浦・ラングデル法学（1981）]
　松浦好治「'Law as Science'論と19世紀アメリカ法思想(1)～(3)—ラングデル法学の意義—」中京法学16巻2号（1981年）50-76頁，中京法学16巻4号（1982年）24-53頁，阪大法学125号（1982年）51-86頁。
　　アメリカのロー・スクールがどのような背景の下，どのような法思想に基づいて創設されてきたのかをハーバード・ロー・スクールの創設者であるラングデルの考え方を紹介・分析することによって解明しようとするもの。ロー・スクールに興味のある人にとって必読の文献である。

[渕・認知科学への招待（1983）]
　渕一博編著『認知科学への招待　第5世代コンピュータの周辺』〔NHKブックス446〕日本放送協会（1983年）。
　　「計算から論理へ」とのスローガンの下，人工知能の開発を促進した第5世代コンピュータ開発機構の基本的な考え方を明らかにしたもの。記憶のメカニズムに関する当時の最新の情報を伝えるものとして，各方面に大きな影響力を与えた。効率的な学習法について考える上で参考になる。

参考文献

［ハフト・法律学習法（1992）］
　　フリチョフ・ハフト／平野敏彦訳『レトリック流法律学習法』〔レトリック研究会叢書２〕木鐸社（1992年）。
　　　法律の学習法を体系的に説明した最初の本。認知科学の成果を取り入れて，知識を構造化することの大切さをさまざまな例を挙げながら丁寧に解説している。学習法で迷っている人は，本書を読むとよい。法律を構造的に理解するという重要な考え方が身につくようになる。

［改革審・意見書（2001）］
　　司法制度改革審議会『意見書—21世紀の日本を支える司法制度』（2001年12月）。
　　　（和文）http://www.kantei.go.jp/jp/sihouseido/report/ikensyo/index.html
　　　（English）http://www.kantei.go.jp/foreign/judiciary/2001/0612report.html
　　　日本の司法制度および法教育のあり方について決定的な影響を与えた意見書。この意見書にしたがって，2004年に法科大学院が設立された。法教育のあり方について考える際の必読の文献。民法の学び方についても大いに参考になる。

［我妻・民法案内（2005）］
　　我妻栄『民法案内』(1)～(6)勁草書房（2005-2007年）。
　　　民法の伝統的な講義とはどのようなものかを実感できる優れた講義録。著者が東京大学法学部での講義を再現したものをテープに再度録音し，それを編集したもので，当時の最高の講義を追体験することができる。「優秀な学生諸君は，すでにわかったと思うが…」という箇所で落ち込まずに，六法を片手に，どんどん読み進めるとよい。何度読んでも新しさを発見できる本なので，２回目には，落ち込まずに読める。

［米倉・プレップ民法（2005）］
　　米倉明『プレップ民法〔第４版〕』弘文堂（2005年）。
　　　綿密に計算された数少ない例題（不動産売買の例題）を次々と展開することを通じて，不動産売買契約の成立から終了に至るまでの法理，不当利得および不法行為の法理が理解できるように誘導してくれる優れた民法の概説書。具体的な事例にルールや体系がどのように使われるのかを体験できるようになっているので，教科書と六法と辞書で用語の確認をしながら読み進めると，民法の全体が把握できる。解説の一部に多少強引と思われ

る箇所(他人物売買による構成への論難)があるが,学生が引っかかるツボが押さえられており,どうして引っかかるのかを見事に解明してくれるので,民法の勉強で行き詰っている人には福音となるに違いない。特に,不動産物権変動の対抗要件とは異なる「権利保護要件としての登記」の説明(123-131頁)は,白眉であろう。

[成田・民法学習の基礎(2005)]

成田博『民法学習の基礎〔第2版〕』有斐閣(2005年)。

民法を学習する学生が疑問や興味を持つであろうと思われる奥の深い問題,すなわち,刑事責任と民事責任の違い,デートの約束を含めて口約束は拘束力を有するかという問題を中心に据えて,学習を進めていく際に学生が陥りやすい点を指摘し,学生が間違いに陥らないように丁寧に解説するという方式を一貫させた民法の入門書。

試験問題を読む際に注意する点(「Aは…できるか?」と問われたら,物理的に可能かどうかの意味ではなく,「Aは,その請求が認められる権利を有しているかどうか」が問われているのであるとか,答案の作成に際しては,誤解のない表現をすべきであり,「疑わしきは受験者の不利に」解釈されるとか,学生がしばしば誤解する恐れがある点)について,親切な解説がなされており,本書によって,学生の立場にたった民法入門書の1つのあり方が明らかにされたといえよう。

[伊藤・勉強法(2006)]

伊藤真『夢をかなえる勉強法』サンマーク出版(2006年)。

司法試験に合格することに焦点を当てて書かれた本だが,勉強方法の提言については,本来の意味での効率的な勉強の仕方のエッセンスが詰まっており,本格的に民法の勉強をしたいと思っている人にも参考になる優れた学習方法論となっている。「勉強とはゴールとの距離を縮めていくことだ」,「自分の知らない未知の問題が出たときにどう対処するのか,実はそのほうが重要である」,「一見試験とは関係がなく無駄に思える…論文も,何のために法律を勉強するのかという真の目標に対しては深い,大きな意味があった」,「一言で言えないのはわかっていない証拠」等,ポイントをついた解説を読むことができる。また,スランプに陥ったり,気が滅入ったりした場合の脱出法も解説されているので,苦学をしている人には参考になる。

[星野・民法の学び方(2006)]

星野英一『民法のもう一つの学び方〔補訂版〕』有斐閣(2006年)。

参考文献

　　ドイツ法の強い影響を受けてきた日本の民法学の中にあって，その影響から抜け出し，立法者が学んだフランス法的な考え方を取り入れてわかりやすく書かれた貴重な入門書。その学び方の方法とは，「条文からスタート」し，民法の基本用語をきちんと理解した上で，条文の背景にある「条文にない原理」を使って条文間の隙間を埋めながら，民法の全体像を明らかにするというもの。最後の借地借家法の解説は，さすが専門家と思わせる迫力を持っている。

［道垣内・法学入門（2007）］

　道垣内正人『自分で考えるちょっと違った法学入門〔第3版〕』有斐閣（2007年）。

　　法学入門とあるが，内容は，渉外事件を含む民事事件を中心として，12の設問をあげて読者に考えさせ，その後，その問題の背景知識と解答を述べるという構成をとった民法の入門書でもある。

　　12の設問は，(1)ケーキの分け方と敗者を作らない解決方法，(2)マンションのエレベータの修理費用と多数決の限界，(3)偽物販売と損害賠償のあり方，(4)子どもの奪合いと子の幸福，(5)好意同乗者の損害賠償の制限と責任保険，(6)盗品の取戻しと清算方法，(7)契約書と法意識，(8)判例変更と損失補償，(9)借家と法解釈のあり方，(10)製造物責任と懲罰的賠償，(11)国際化と法，(12)弁護士の数と法曹改革，というように，身近で興味深い問題を提示しながら，自分で考えてみると，実は，奥深い問題に遭遇することを認識させられるという優れた構成となっている。

［弥永・学習マニュアル（2007）］

　弥永真生『法律学習マニュアル〔第2版補訂版〕』有斐閣（2007年）。

　　大学に入学した学生が，法律書を読みこなせるようになり，ゼミに参加して発言できるようになり，レポートを書けるようになり，最終的には論文を書くことができるようになるためには，どのような学習をすべきかを解説した法律学の入門書。

　　学習のどの段階においても，学生が何をすべきかについて丁寧な説明があるので，学習に行き詰った場合に，必要に応じてアドバイスを得ることができる。

［井上・狂った裁判官（2007）］

　井上薫『狂った裁判官』幻冬舎新書（2007年）。

　　元裁判官が書いた裁判所批判の本。裁判官の仕事がいかに過酷なものかをわかりやすく説明すると同時に，同僚や自らの人権を守れないでいる裁

参考文献

判官の人権意識を痛烈に批判している。成績を気にしてスピードを重視するあまり，先例頼みの手抜き判決と和解勧告に終始する裁判官の仕事ぶりは，先例頼みの法務局の登記官の仕事とほとんど変わりがなく，裁判官の給料は大幅に引き下げられるべきであるとの主張には，現実離れしていると思いつつも，妙な説得力がある。強烈なタイトルに惹かれて本書を手にした人の読後感はさまざまであろう。司法改革には，弁護士だけでなく，裁判官の増員こそが不可欠であることを事実に即して明らかにした本であるが，最後の章は本人が厳しく批判する「蛇足」となってしまっている点が惜しまれるというのが筆者の感想である。

第2部
民法の学習に関連する問題についての批判的考察

第2部は，民法の学習にとっての問題点について，3つトピックスを選んで，筆者の考え方を明らかにする論文集の形をとっている。

1. 民法現代語化の効用と問題点
2. 判例の読み方
3. 要件事実教育批判

第1章は，文語カタカナ書きで読みにくかった民法・財産編が現代語化されたことを評価するとともに，法律の改正という観点からは大きな問題があることを指摘するものである。

第2章は，民法の学習に不可欠な判例について，最高裁判所の判決を題材として，その読み方を論じたものである。

第3章は，民法を本格的に理解するために，訴訟との関連で民法を立体的に再構成することを目標とする要件事実教育が実は理論的破綻しており，実体法の理解を妨げるというデメリットを持っていることを論証するものである。

第1章

民法現代語化の効用と問題点★★★★☆
——民法典現代語化研究会案からの逸脱を中心に——

第1節 民法現代語化の肯定的評価と問題点の指摘

　民法のうち，文語・カタカナ書きの財産法部分（第1編，第2編，第3編）を現代語化し，それに合わせて，家族法部分（第4編，第5編）の語句を修正するとともに，保証契約の内容の適正化の観点から保証人の保護を図るため，貸金等根保証契約について極度額，元本確定期日等に関する規定を新設すること，その他の保証債務に関する規定の整備を行うための「民法の一部を改正する法律案」が第161回臨時国会に提出され，2004年11月25日に可決され，同年12月1日に平成16年法律第147号として公布され，2005年4月1日から施行されている。

　民法を国民に理解しやすいものとするためその表記を現代語化することは，筆者を含めた国民の念願であったから，今回の民法の現代語化は，大いに歓迎されるべきである。また，現代語化のための言い換え規則を作成して，用語の統一に尽力された立法担当者には敬意を表したい。

　しかし，今回の現代語化において，詳しい理由が示されないままに，法律用語（取消し→撤回，抗弁権→抗弁）等の内容の変更が，整合性を欠く形で行われたことは，まことに残念であった。現代語化に際して，条文の番号まで変更することが必要であったのかも，大いに疑問であろう（よく引用される4条→5条，12条→13条，20条→21条のほか，特に，377条→378条などのように，これまで抵当権消滅請求〔滌除〕の条番号だったものが，代価弁済の条番号へと変更される場合には，混乱が予想される）。

　これらの不都合は，民法典現代語化研究会（会長・星野英一）による［民法典現代語化案（1996）］の段階では発生していないことを考えると，現代語

第1節　民法現代語化の肯定的評価と問題点の指摘

化から逸脱した部分の多くは，学者グループによる現代語化の完成から離れた時点で生じた立法担当官による改悪と思われる。民法典現代語化研究会のメンバーは，条番号の変更による不都合や不適切な用語の言い換え等に対して厳しく批判すべきである。それにもかかわらず，民法典現代語化研究会のメンバーが，これらの改悪に異議を唱えず，改悪された現代語化を賞賛しているのは［中田（裕）・民法の現代語化（2005）97-99頁］，［池田（真）・新民法解説（2005）13頁（池田真朗）］，［星野・渡辺・民法典の現代語化をめぐって（2005）12-13頁］，まことに不可解である。

　現代語化に際しては，内容を変更することなく，まず，口語化に専念し，口語化した後に，広く国民の意見を集約して，内容の改正を行うべきであるというのが，筆者の長年の主張であった（読売新聞1992年5月9日号「論点：法改正に不可欠な口語化」）。

　　　民法を口語化することは，法律に対する市民の理解を促進するばかりでなく，民法を時代の要請にしたがって絶えず改正していくためにも不可欠である。「せっかく改めるなら，条文も内容も一挙に改正しよう」などと欲を出したりせずに，民法のありのままを口語にして，その内容を国民の前にさらけ出し，その後，市民参加の精神にのっとって公開の場で，内容の改正を行なうべきであろう。

　今回の民法改正は，先にも述べたように，現代語化という点からは，歓迎すべきものである。民法の一部を改正する法律案理由によれば，今回の民法改正の立法理由は，「保証契約の内容の適正化の観点から，保証人の保護を図るため，貸金等根保証契約について極度額，元本確定期日等に関する規定を新設することその他の保証債務に関する規定の整備を行うとともに，**民法を国民に理解しやすいものとするためその表記を現代語化する**等の必要がある。これが，この法律案を提出する理由である。」とされている。そして，民法の一部を改正する法律案要綱によれば，今回の民法の一部改正のうち，現代語化に関しては，「**第一編（総則），第二編（物権）及び第三編（債権）について，その表記を平仮名・口語体に改め，用語を平易なものに改める等の表記の現代語化を行うとともに，これに伴い，第四編（親族）及び第五編（相続）を含む民法の全条文について，条見出し及び項番号を付し，表記の統一を図る**等の整備をする」こととされている。

第1章　民法現代語化の効用と問題点

　これだけを読むと，今回の民法改正は，民法の条文の改正とはいえ，保証の規定の改正のほかは，内容にかかわる改正は行わず，条文の表記の現代語化に徹しているようにみえる。しかし，改正法を新旧対照条文に従って，仔細に検討してみると，現代語化にとどまらない実質的な変更，すなわち，現代語化からの著しい逸脱が見られることがわかる。

　つまり，今回の民法の現代語化においては，「口語化に徹するべきである」とした上記の筆者の見解は完全に無視され，現代語化に名を借りた実質的変更まで行われてしまった。確かに，現代語化された民法に関しては，好意的な評価がなされており［中田（裕）・民法の現代語化（2005）86頁］，民法の現代語化による弊害については，ほとんど指摘されていないのが現状である。しかし，現代語化から逸脱してしまった今回の民法改正の結果は，筆者が危惧したように，条文の変更に一貫性がなく，中途半端に終わったもの，改正の結果が従来の規定に比較して具体的な妥当性を欠くものなど，以下のような問題点（立法の過誤を含む）が生じてしまっている。

1. 体裁を整えるためだけの不必要な条番号の変更
   A. 枝番号，孫枝番号を解消するための不毛な条番号の変更
   B. 章・節・款の途中の条文の削除規定（欠番）を解消したり，章・節・款の最後に移したりするための不毛な条番号の変更
   C. 削除した条文の空白を埋めるための不毛な条番号の変更
2. 用語の統一に名を借りた不適切・一貫性を欠く内容変更
   A. 「目的」から「目的物」への変更
   B. 「取消し」から「撤回」への変更
3. 立証責任の明確化に名を借りた不適切な内容変更
   A. 表見代理における相手方の「悪意または有過失」（民法109条）と「有過失」（民法112条）
   B. 弁済受領における弁済者の「善意・無過失」（民法478条）と弁済者の「悪意または有過失」（民法480条）との関係

　本稿では，以下において，今回の実質的な変更によって生じた以上のような問題点をあぶり出すことを通じて，今後に予想される民法の内容変更に際して，考慮されるべき指針を示すことを試みることにする。

第2節　民法現代語化に名を借りた逸脱行為に対する批判

1　現代語化に便乗した不毛・有害な条番号の変更

　今回の民法改正は，現代語化という歓迎すべき面と，条番号の変更というあまり歓迎したくない面とが入り混じった改正であり，手放しでは喜べないものとなっている。

　特に，成年後見（制限行為能力）の研究者にとっては，使い慣れた民法3条～20条のうち，6条～11条を除いた部分が，4条～21条へと，1条ずつ条番号がずれてしまったことに閉口しているはずである。さらに，担保物権の研究者にとっては，抵当権の効力に関する重要な条文である民法373条～381条の条文の条番号が1条ずつずれてしまい，特に，抵当権消滅請求〔旧・滌除〕を示すものとされていた378条という条番号が，今回の改正によって，従来377条とされていた代価弁済の条文へとシフトされたため，判例や文献を参照する場合に，逐一，民法の条番号の対照・読み替えをしなければならなくなったことに困惑を感じているはずである。

　今回の改正によって生じた条番号の変更は，細かく見ていくと，70ヵ所にも及んでおり，当分の間は，条番号の変更一覧［中田（裕）・民法の現代語化（2005）104頁］，［池田（真）・新民法解説（2005）131-133頁］を手元において確認しないと，専門家であっても，思わぬ誤りを犯す危険性が生じている。現代語化は歓迎するが，上記のような不便が生じる条番号の変更まで本当に必要だったのかというのが，新たな条文を目の当たりにした研究者や学生たちの正直な感想であろう。

　このように考えると，「現代語化とセットで国民に押し付けられた条番号の変更は，本当に必要不可欠だったのであろうか？」という疑問に真面目に取り組む必要がある。［民法典現代語化案（1996）］の段階では，条番号の変更は全く考えられていなかったことも強調されてよい。

　この疑問に答えるため，本稿では，条番号の変更理由を徹底的に究明することを通じて，実は，上記のような不都合をカバーするに足りる条番号の変更の理由は存在しなかったこと，すなわち，今回の改正に伴う，条番号の変

更は，現代語化とは何の関係もない，全く取るに足りない理由に基づくものであり，条番号の変更の理由は，いかなる点からも正当化できるものではないことを論証することにする。今回の改正に伴う条番号の変更は，民法の現代語化を逸脱した不毛かつ有害なものであるというというのが，筆者の結論である。

A. 条番号の変更の理由

［民法現代語化案補足説明］，および，これを解説した［池田（真）・新民法解説（2005）28-30頁（吉田徹）］によると，今回の改正における条番号の変更に関する基本的方針が以下のように述べられている（なお，〔 〕内は，筆者が補足した見出しである）。

〔1．本来の改正における条番号変更の原則〕

今回の法改正は，第1編から第3編までの条文全部を一体として書き改めるものであるから，これまでの立法例に従えば，1条，2条，3条，……というように，順次，枝番号のない条番号を新たに付していくことになると考えられる（仮に，第4編及び第5編の条番号を動かさないという前提に立てば，724条以降の条文については，724条，724条の2，724条の3，……というように，この部分のみに枝番号を振って調整することになろうか）。

〔2．今回の改正における代表的な条番号不変更の例外〕

しかし，民法中の根幹的な事項を規定する代表的な条文（例えば，90条，177条，415条，709条等）については，その条番号自体が，その意味内容（公序良俗，対抗要件，債務不履行，不法行為等）のいわば代名詞として広く呼び慣わされており，一般にも定着しているところである。また，民法の制定以来，裁判例や文献の蓄積も膨大な量に及んでおり，これらを参照する場合に，逐一，民法の条番号の対照・読み替えをしなければならないことになると，煩瑣な作業が必要になって極めて非効率的であるばかりでなく，その取り違え等により混乱が生じることも懸念される。

〔3．今回の改正における条番号の変更最小限の原則〕

そこで，今回の法改正に当たっては，現行法の条番号には，可能な限り変更を加えないという方針を採用した。ただし，これまでの数次にわたる改正により章・節・款の中途に削除された条文の欠番があったり，枝番号・孫枝番号のある条文があったりすることにより，全体の構成が未整理であってそのままでは分かりにくい印象を与える部分も存在する。そこで，各編の全条

第2節　民法現代語化に名を借りた逸脱行為に対する批判

文を改正する第1編から第3編までについては，章・節・款の中途の欠番や枝番号・孫枝番号の解消等を目的として，必要最小限の条番号の整序を行っている。

例えば，旧1条ノ2を新2条に，旧1条ノ3及び旧2条を新3条1項及び2項に改めるなどして，2条から5条までに枝番号のない新たな条番号を付している。この例にも表れているが，条番号の整序の過程で，2つの条文を1つにまとめているもの（旧1条ノ3及び旧2条→新3条）があり，逆に，1つの条文を2つに分割しているもの（旧373条→新373条及び新374条）もある。こうした過程において，あるいは，条文の内容を整理して書き改めたことに伴い，新たに項や号を新設・追加したり，逆に項や号を削除したりしたものもある。その詳細については，資料②「条番号等の変更一覧」の「条番号（項・号）の変更」欄を参照されるほか，その対応関係については，新旧対照条文の該当箇所にあたられたい。

コンピュータを利用すれば，枝番号や欠番の解消はいとも簡単に実行できる。改正後の民法の条文の数は，枝番号（60ヵ条）を加えると，全体で1104条であり，もしも，すべての欠番（5ヵ条）を解消させるとすると，全体で1099条となることが直ちに計算される。そして，枝番号と欠番とを完全に解消した場合には，民法のなかで裁判所による適用頻度が最も高い民法709条は737条へ，2番目に適用頻度が高い民法415条は440条へと変更されることになることも，直ちに示される。しかし，今回の改正においては，そこまでの割り切りをしないことが決定された。そして，条番号の変更に関する第1の原則は，代表的な条文（たとえば，90条（→93条），177条（→182条），415条（→440条），709条（→737条，または，724条の14））について条番号の変更を行うと，大混乱が生じることが懸念されるという理由に基づき，条番号の変更は可能な限り行わないとの第2の例外措置がとられることが宣言されている。

しかし，今回の民法改正の主眼が，あくまで，文語・カタカナ表記で読みにくい民法を口語・ひらがな表記に改めることを原則とするものであれば，第1原則は無視し，条番号を変更しないという第2原則をもって第1原則とすべきであった。

B. 条番号の変更による混乱の発生

［中田（裕）・民法の現代語化（2005）104頁］，［池田（真）・新民法解説（2005）131-133頁］には，条番号が変更された条文の一覧が掲載されているが，その数は，第1編から第3編に限定しても，70ヵ所に及んでいる。その中には，民法を学習したことのある者であればよく知っている，以下のような条文も含まれている。

- 私権の享有は出生に始まる（1条の3→3条1項）
- 未成年者による取消し（4条→5条）
- 制限行為能力者の詐術（20条→21条）
- 抵当権の被担保債権の範囲（374条→375条）
- 抵当権の処分（375条→376条）
- 代価弁済（377条→378条）
- 抵当権消滅請求〔旧・滌除〕（378条→379条）
- 賃借人破産による解約の申入（621条〔破産法53条へ移行のため削除〕→622条）

このような条文を変更した場合，従来の文献で表記される条数が意味を成さなくなるばかりでなく，たとえば，代価弁済（新378条）と抵当権消滅請求（旧378条）のように，全く異なる性質を有する制度が，新旧で同一条文となってしまい，無用の混乱が生じる恐れがある。

しかも，上記の場合（民法374条-381条）の条番号の変更理由は，民法381条〔旧・滌除権者への抵当権実行の通知〕が削除されているため，その削除の条文を穴埋めするためという，技術的な理由に過ぎない。その方法も，抵当権の順位に関する旧373条を無理やり2つの条文に分割させ，その後の条番号を順送りすることによって，削除された民法381条を復活させるというものであった。このような全く取るに足りない理由に基づいて，抵当権の順位の変更，抵当権の被担保債権の範囲，抵当権の処分，抵当権の処分の対抗要件，代価弁済，抵当権消滅請求の条文がすべて，1条ずつ変更されてしまったのである。

民法381条が削除となっている間隙を埋めてしまいたいという体裁上の理由によって，抵当権の条文の中でも，非常に重要な条文であり，条番号を変えることによって，代価弁済（新378条）と抵当権消滅請求（旧378条）と

第2節　民法現代語化に名を借りた逸脱行為に対する批判

が混乱することが予想されるのに，あえて，条番号を変更した今回の改正は，まさに，現代語化からの逸脱を象徴しているものとして，批判されるべきである。

さらに，削除との関連では，破産法53条へと移設され，削除された民法621条を，削除の条文を章・節の最後に置きたいという内容的には全く意味のない理由によって，民法622条へと変更し，従来の民法622条〔使用貸借の規定の準用〕の規定を民法621条としたことも注目されてよい。破産との関係で，従来の文献によって盛んに論じられた民法621条は，今や，使用貸借の規定の準用の条文へと変化してしまった。従来の文献や判例を学習する場合に，混乱が生じることは必至である。

このように，実質的な理由がないにもかかわらず，全く技術的な理由によって条番号の変更が行われてしまったのは，今回の改正の原則が，条番号の変更を原則としていることに基因していると思われる。

C. 条番号の変更による目的の達成度と変更による混乱との利益衡量

以上の検討を通じて，第1に，今回の改正に付随する条番号の変更の主たる目的は，①章・節・款の途中に生じている枝番号・孫枝番号の解消，②削除規定（欠番）の章・節・款の最後への移動，③今回の改正によって削除した条文（欠番）の穴埋めをすることであることが明らかになった。

そして，第2に，その目的を達成するために，2つの条文を1つにまとめたり，1つの条文を2つに分割したりするとともに，条番号の移動をおこなったこと，その結果，さまざまな箇所で不都合が生じていることも明らかになった。

そこで，以下においては，条番号の移動を通じて達成しようとされた目的（①章・節・款の途中に生じている枝番号・孫枝番号の解消，②削除規定（欠番）の章・節・款の最後への移動，③今回の改正によって削除した条文（欠番）の穴埋め）がどの程度実現されたのか，条番号の移動によって生じる不都合・混乱は，そのような目的の達成度との比較において，受忍せざるをえないものと考えるべきであるのかについて，比較衡量を行うことにする。

a. 条番号の変更によって枝番号は解消されたか

今回の改正によって条番号が変更された第1の理由は，章・節・款の途中

第1章　民法現代語化の効用と問題点

の枝番号，孫枝番号の解消のためであった。この目的は，技術的には，見事に達成されている。

　一見したところでは，民法83条ノ3（→84条の2）や84条ノ2（→84条の3）のように，条番号の変更によっても枝番号の解消には至っていないように見える。しかし，立法担当者の考え方は，あくまで，「章・節・款の途中」の枝番号の解消が目的であった。したがって，章・節・款の最後に発生した枝番号については，いくら枝番号が発生しようと，何の問題もないというのが立法担当者の考えのようである（後に詳しく分析するように，立法担当者は，民法1条ノ2～5条までの枝番号の解消に際して，章・節・款の最後に発生した枝番号であっても解消するという暴挙に出ており，立法担当者の真意は不明である）。

　確かに，「章・節・款の途中」の枝番号のみを解消しようとする立法担当者の考え方にも一理はある。しかし，民法84条や98条の場合のように，従来，枝番号のついていなかった条文が，今回の改正によって84条の3や98条の2という枝番号の付いた条文に変更されているのを見て，滑稽だと感じるのは，筆者だけではあるまい。むしろ，法律が生きている以上，枝番号や欠番が章・節・款の途中に生じてもやむを得ないのであり，それよりも，条文の分割・統合による不都合や，条番号の変更による不都合を何とか回避して欲しいと願うのが国民の通常の意識であると思われる。章・節・款の最後に生じる枝番号については寛容であるのに対して，章・節・款の途中にある枝番号を解消するためには，条文の分割や統合をも辞さず，平気で条番号の変更も行うという立法担当者の考え方は，条番号の変更による不都合の回避を願う国民の意識とは，かけ離れているといわざるを得ない。

　「章・節・款の途中」の枝番号・孫枝番号を解消するという目的のために，立法担当者によって，いかなる作業がなされたのかを詳細に検討してみると，以下のように分析することができる。

  1. 1条ノ2，1条ノ3という枝番号の解消のためのつじつま合わせ
      ○ 1条ノ2〔解釈の基準〕→2条（**条文を1条ずらす**ことによる枝番号の解消）
         ・章の最後の枝番号は解消する必要がないという前提に反する枝番号の解消

第2節　民法現代語化に名を借りた逸脱行為に対する批判

- ・1条ノ2は，1条ノ2のままでよく，変更する必要はなかった（**立法の過誤**）。
- ○ 1条ノ3〔私権の享有〕および2条〔外国人の権利能力〕→3条（**条文を1つにまとめる**ことによる枝番号の解消）
  - ・章の最後の枝番号は解消する必要がないという前提に反する枝番号の解消
  - ・1条ノ3→2条，2条→2条の2とするのが本来のあり方であり，2つの条文を1つにまとめる必要はない。たとえ，1つの条文にまとめることに実質的な理由があるとしても，1条ノ3，2条→第2条とするだけでよく，3条への条番号の変更は不必要であった（**立法の過誤**）。
- ○ 3条〔成年〕→4条にずれ込む（条番号の変更による**混乱の発生**）
  - ・先に述べたルールに従っておれば，3条は3条のままで変更する必要はなかった（**立法の過誤**）。
- ○ **4条1項，2項**〔未成年者の行為能力〕→**5条1項，2項にずれ込む**（条番号の変更による**混乱の発生**）
  - ・先に述べたルールに従っておれば，4条は，4条のままで変更する必要はなかった（**立法の過誤**）
- ○ 5条〔処分を許された財産〕→5条3項に**変更**（つじつま合わせの完了）
  - ・先に述べたルールに従っておれば，5条は5条のままでよく，4条と5条とを1つの条文にまとめて，つじつまを合わせる必要はなかった（**立法の過誤**）。

途中ではあるが，以上の検討に基づいて，今回の民法の現代語化に関して，立法の過誤を条文の対照表によって示すと，次頁のようになる。

2. 11条ノ2という枝番号の解消のためのつじつま合わせ
   - ○ 11条ノ2〔保佐人〕→12条（**条文を1つずらす**ことによる枝番号の解消）
   - ○ **12条〜21条まで，すべての条文を1条ずつずらす**（条番号の変更による**混乱の発生**）
   - ○ 22条〔居所〕および23条〔居所〕→23条（つじつま合わせの完了）
3. 34条ノ2という枝番号の解消のためのつじつま合わせ（→後に述べるように，削除した35条の埋め合わせのためと解することも可能）
   - ○ 35条〔営利を目的とする社団法人〕を**削除**（つじつま合わせの完了）（条番号の変更による**混乱の発生**）

第1章　民法現代語化の効用と問題点

現代語化の基本方針に従った場合のあるべき改正 （下線は，改正前との相違点）	改正後 （**ゴシック**は立法の過誤）	改正前
第一編　総則	第一編　総則	第一編　総則
第一章　通則	第一章　通則	
（基本原則） 第一条　私権は，公共の福祉に適合しなければならない。 2　権利の行使及び義務の履行は，信義に従い誠実に行わなければならない。 3　権利の濫用は，これを許さない。	（基本原則） 第一条　私権は，公共の福祉に適合しなければならない。 2　権利の行使及び義務の履行は，信義に従い誠実に行わなければならない。 3　権利の濫用は，これを許さない。	第一条　私権ハ公共ノ福祉ニ遵フ ②権利ノ行使及ヒ義務ノ履行ハ信義ニ従ヒ誠実ニ之ヲ為スコトヲ要ス ③権利ノ濫用ハ之ヲ許サス
（解釈の基準） 第一条の二　この法律は，個人の尊厳と両性の本質的平等を旨として，解釈しなければならない。	（解釈の基準） 第**二**条　この法律は，個人の尊厳と両性の本質的平等を旨として，解釈しなければならない。	第一条ノ二　本法ハ個人ノ尊厳ト両性ノ本質的平等トヲ旨トシテ之ヲ解釈スヘシ
第二章　人	第二章　人	第一章　人
第一節　<u>権利能力</u>	第一節　権利能力	第一節　私権ノ享有
（権利能力） 第二条　私権の享有は，出生に始まる。 第二条の二　外国人は，法令又は条約の規定により禁止される場合を除き，私権を享有する。	第**三**条　私権の享有は，出生に始まる。 2　外国人は，法令又は条約の規定により禁止される場合を除き，私権を享有する。	第一条ノ三　私権ノ享有ハ出生ニ始マル 第二条　外国人ハ法令又ハ条約ニ禁止アル場合ヲ除ク外私権ヲ享有ス
第二節　<u>行為能力</u>	第二節　行為能力	第二節　能力
（成年） 第三条　年齢二十歳をもって，成年とする。	（成年） 第**四**条　年齢二十歳をもって，成年とする。	第三条　満二十年ヲ以テ成年トス
（未成年者の法律行為） 第四条　未成年者が法律行為をするには，その法定代理人	（未成年者の法律行為） 第**五**条　未成年者が法律行為をするには，その法定代理人の同意を	第四条　未成年者カ法律行為ヲスニハ其法定代理人ノ同意ヲ得ル

第2節　民法現代語化に名を借りた逸脱行為に対する批判

の同意を得なければならない。ただし，単に権利を得，又は義務を免れる法律行為については，この限りでない。 <u>2　前項の規定に反する法律行為は，取り消すことができる。</u>	得なければならない。ただし，単に権利を得，又は義務を免れる法律行為については，この限りでない。 2　前項の規定に反する法律行為は，取り消すことができる。	コトヲ要ス但単ニ権利ヲ得又ハ義務ヲ免ルヘキ行為ハ此限ニ在ラス ②前項ノ規定ニ反スル行為ハ之ヲ取消スコトヲ得
<u>（処分を許された財産の処分）</u> 第五条　法定代理人が目的を定めて処分を許した財産は，その目的の範囲内において，未成年者が自由に処分することができる。目的を定めないで処分を許した財産を処分するときも，同様とする。	3　第一項の規定にかかわらず，法定代理人が目的を定めて処分を許した財産は，その目的の範囲内において，未成年者が自由に処分することができる。目的を定めないで処分を許した財産を処分するときも，同様とする。	第五条　法定代理人カ目的ヲ定メテ処分ヲ許シタル財産ハ其目的ノ範囲内ニ於テ未成年者随意ニ之ヲ処分スルコトヲ得目的ヲ定メシテ処分ヲ許シタル財産ヲ処分スル亦同シ

4. 83条ノ2，83条ノ3という枝番号の解消のためのつじつま合わせ
   - 83条ノ2〔主務官庁の権限の委任〕→ 84条（枝番号の解消）
   - 83条ノ3〔都道府県による主務官庁の事務の処理〕→ 84条の2（85条〔物の定義〕は変更できない条文のため，枝番号が残っている）
5. 84条ノ2という枝番号の解消のためのつじつま合わせ
   - 84条〔役員の罰則〕→ 84条の3第1項（85条〔物の定義〕は変更できない条文のため，**枝なし番号をわざわざ枝番号へと変更**）
   - 84条ノ2〔名称使用の罰則〕→ 84条の3第2項（85条〔物の定義〕は変更できない条文のため，枝番号が残っている）
6. 97条ノ2という枝番号の解消のためのつじつま合わせ
   - 97条ノ2〔公示による意思表示〕→ 98条（枝番号の解消）（条番号の変更による**混乱の発生**）
   - 98条〔意思表示の受領能力〕→ 98条の2（99条〔代理行為の要件及び効果〕は変更できない条文のため，**枝なし番号をわざわざ枝番号へと変更**）
7. 159条ノ2という枝番号の解消のためのつじつま合わせ（混乱が発生しなかった数少ない**成功例**）
   - 158条〔時効の停止―未成年者又は成年被後見人の権利〕および159条〔時効の停止―財産管理者に対する未成年者又は成年被後見人の権利〕→

158条（条文を1つにまとめる）
- 159条ノ2〔時効の停止―夫婦間の権利〕→159条（つじつま合わせの完了）

8. 398条ノ10ノ2という孫枝番号の解消のためのつじつま合わせ
- 398条ノ7〔被担保債権の譲渡，債務引受け〕および398条ノ8〔被担保債権の更改〕→398条の7（条文を1つにまとめる）
- 398条ノ9，398条ノ10の条文を1つずつ前にずらせる（条番号の変更による**混乱の発生**）
- 398条ノ10ノ2〔根抵当権者又は債務者の会社の分割〕→398条の10（つじつま合わせの完了）

b. 章・節・款の途中にある欠番を章・節・款の最後に移す必要性があったか

今回の条番号の変更によって大きな混乱が生じたのは，抵当権の消滅という節の途中に生じた欠番（民法381条）を解消するために行われた，民法373条の分割，373条から380条までの条番号を1条ずつ後にずらすという変更であろう。この結果，代価弁済の条番号と抵当権の消滅請求等の条番号に混乱が生じている。

1. 381条〔滌徐権者への抵当権実行の通知→削除（平成15法134号）〕という欠番の解消のためのつじつま合わせ
   - 373条〔抵当権の順位，順位の変更〕→373条（抵当権の順位），374条（抵当権の順位の変更）へと分割
   - **374条〜380条まで，すべての条文を1つずつずらす**（条番号の変更による**大混乱の発生**）
   - 381条〔滌徐権者への抵当権実行の通知→削除（平成15法134号）〕（削除による欠番状態を解消するという，つじつま合わせの完了）

2. 621条〔賃借人破産による解約の申入→削除（平成16年法76）→破産法53条〕という欠番を節の最後に移すためのつじつま合わせ
   - 622条〔使用貸借の規定の準用〕→621条（条番号の変更による**混乱の発生**）
   - 621条→622条（削除という欠番を節の最後に移すというつじつま合わせの完了）

c. 現代語化を逸脱して条文の削除を行った上に，その欠番を埋めるために条番号の変更をする必要性があったか

民法320条の削除のように，現代語化からは逸脱するが，条文の削除には

第 2 節　民法現代語化に名を借りた逸脱行為に対する批判

ぼ異論がない場合であっても，その欠番を埋めるためだけのために，なぜ，民法 321 条から 323 条までの条番号を 1 つずつ前にずらす必要があったのかは大いに疑問である。結果は，むしろ，混乱を生じさせることになっただけではなかろうか。

1. 削除した **35 条**〔営利を目的とする社団法人〕の埋め合わせ
   - 34 条ノ 2 → 35 条（枝番号の解消と削除した 35 条の埋め合わせを同時に実現）（条番号の変更による **混乱の発生**）
2. 削除した **320 条**〔公吏保証金の先取特権〕の埋め合わせ
   - 321 条～323 条まで，すべての条文を 1 つずつ前にずらす（条番号の変更による **混乱の発生**）
   - 324 条〔農工業労役の先取特権〕→ 323 条および 324 条に分割（つじつま合わせの完了）

　以上の詳細な検討によって，今回の改正による条番号の変更は，現代語化という目的とは無縁の上，条番号の変更によって，12 条から 21 条までの 10 ヵ条の条文がすべて 1 条ずつ後にずれてしまうなど，多くの混乱を生じさせており，結果として，不毛な改正であったといわざるを得ない。

D.　枝番号と欠番とは歴史の尊重であり，「永久欠番」もあってよい

　これまでの考察を通じて，今回の民法改正に伴う条番号の変更は，現代語化とは無関係であり，かつ，現代語化からの逸脱にほかならず，それによって生じる不都合は，条番号の変更によって達成しようとした「章・節・款の途中にある枝番号，孫枝番号，削除条文（欠番）を解消する」という全く技術的な目標によっては正当化できないことを論証した。

　最後に，今回の改正によってもたらされた条番号の変更を正当化するために掲げられた「章・節・款の途中にある枝番号・孫枝番号の解消や削除条文（欠番）の解消」という目標そのものの是非について検討を加えることにする。そして，「章・節・款の途中にある枝番号・孫枝番号の解消や削除条文（欠番）の解消」という目標は，そもそも正当化できないのではないのかという問題の提起を行うことにする。

　法律の歴史を尊重するという観点からは，枝番号の発生も，削除規定（欠番）の保存も，なくてはならないものである。枝番号が発生する理由が，従

来の条文の条番号を変更しないという配慮に基づくものであるのと同様，削除による欠番を保持することは，比喩的にいえば，スポーツ選手の背番号における「永久欠番」と同様，歴史的な条文に対する畏敬の念，または，反省の念の表れである。

　1999年の成年後見制度の新設自体は歓迎すべきことであるが，その際の起草者の見識によって，妻の無能力（民法旧14条-18条）という削除規定が，永久欠番とならずに埋められてしまったことは，個人的には，残念なことであったと感じている。社会が女をいかに差別してきたかという反省の意味をこめて，民法旧14条〜18条（妻の無能力）は，永久欠番とするのが，立法者の良心ではなかったかと考えるからである。

　いずれにせよ，法律が生きており，時代の進展に即応していくためは，枝番号や孫枝番号が発生すること，および，削除による欠番が生じることは避けられない。むしろ，枝番号や欠番は，先にも述べたように，法律の歴史を示すものとして尊重されるべきものであり，なくすべきものと考えてはならない。枝番号を消したり，欠番を埋める努力は，その法律が「死に体」となり，全く新しく生まれ変わらせる場合にのみ許されると考えるべきであろう。

　今後に予想される民法の部分改正においては，「章・節・款の途中」で枝番号や欠番が生じることが目に見えている。条文全体にわたる現代語化を行うからという理由で，今回に限って「章・節・款の途中」にある枝番号および欠番を解消するという目標を設定したこと自体が誤りであったというのが，筆者の結論である。

2　用語の言い換え・統一に名を借りた不適切・中途半端な内容変更

　民法現代語化の内容は，従来の民法における文語・カタカナ書きの文体を口語・ひらがな書きに改めることである。その内容は，①文体の口語化と②難解な用語を平易な用語へと言い換えることとに分かれる。

　第1の点は，文語を口語に翻訳することであり，機械翻訳による方法もあるが［加賀山・民法財産編の口語化草案（1990）185頁以下］，「言葉を機械的に置き換えるだけではニュアンスが落ちてしまう」等の理由で，今回の改正では，人間による翻訳という技法が採用された［星野・渡辺・民法典の現代語化

第2節　民法現代語化に名を借りた逸脱行為に対する批判

をめぐって（2005）12頁］。

　第2の点が，今回の改正の中心部分であり，立法担当者が最も苦心した点であると思われる［星野・渡辺・民法典の現代語化をめぐって（2005）9頁］。用語の言い換えの成果については，［中田（裕）・民法の現代語化（2005）93-94頁］に要領のよい解説がある。また，より詳しい分析のためには，立法担当者の努力の結晶である「民法現代語化言い換え一覧」［中田（裕）・民法の現代語化（2005）104頁］，［池田（真）・新民法解説（2005）129頁］にしたがって，逐一検討するのが効率的である。

　しかし，本稿では，すべてにわたって検討することはせず，むしろ，上記の「民法現代語化言い換え一覧」からは漏れている問題（目的→目的物）と，立法担当者が用語の言い換えに過ぎないと軽く考えている問題（取消し→撤回）を取り上げることにする。

　その理由は，現代語化の一環としての用語の書き換えと思われている作業の中に，実は，現代語化の範囲を超えており，内容の検討と変更なしには，適切な言い換えができない場合があり，そのような場合に，安易な用語の書き換えをしてしまうことは，非常に危険であること，そして，そのような問題については，現代語化とは切り離し，次のステップとしての実質的な内容の改正の場面で問題の解決を図ることが必要であることを強調するためである。

A. 囲繞地を「包囲地」とせず，「その土地を囲んでいる土地」としたのはなぜか

　今回の民法の現代語化の目的の1つに，「第一編（総則），第二編（物権）及び第三編（債権）について，その表記を平仮名・口語体に改め，用語を平易なものに改める等の表記の現代用語化を行う」ということが明記されており，その一環として，「現代では一般には用いられていない用語を他の適当なものに置き換える」という作業が行われた。

　その代表的なものの1つに，「囲繞地」→「その土地を囲んでいる土地」がある。「囲繞地」という用語は，他の土地に囲まれて出口を失った状態の袋地の所有者が，その土地を取り囲んでいる土地（囲繞地）を通行できるという意味で，「袋地所有者の囲繞地通行権」という文脈で用いられてきた。

　今回，囲繞地という用語は難解であるということで，「囲繞地」→「その

土地を囲んでいる土地」と言い換えることになったのであるが，分かりやすいとはいえ，長ったらしくて，市民に使われる用語とはなりえないと思われる。

ワードプロセッサ→ワープロ，パーソナルコンピュータ→パソコン，携帯電話→ケイタイという4字程度に省略して用いる傾向から見ても，「その土地を囲んでいる土地」への変更には違和感を覚える人も多いことであろう。

B. 目的と目的物との混同は解消されたか
a. 目的と目的物との混同（立法上の過誤）の解消

今回の改正においては，立法者が過誤に陥っていると指摘されていた「債権の目的」と「債権の目的物」との混同について，以下のように解消されている。

- 402条2項「債権ノ**目的**タル特種ノ通貨」→「債権の**目的物**である特定の種類の通貨」
- 419条1項「**金銭ヲ目的**トスル債務」→「**金銭の給付を目的**とする債務」
- 422条「**債権ノ目的**タル物又ハ権利ノ価額ノ全部ヲ受ケタルトキ」→「**債権の目的**である物又は権利の価額の全部の支払を受けたとき」

しかし，立法者の過誤を訂正する方法としては，民法419条1項および422条に関して，民法402条2項の改正の場合と同様に，目的を目的物と変更し，以下のように改正することも可能だったはずである。現に，［民法典現代語化案（1996）135-136頁］では，そうなっていた。

- 419条1項「**金銭ヲ目的**トスル債務」→「**金銭を目的物**とする債務」
- 422条「**債権ノ目的**タル物又ハ権利ノ価額ノ全部ヲ受ケタルトキ」→「**債権の目的物**である物又は権利の価額の全部を受けたとき」

今回の改正において「金銭を目的物とする債務」ではなく，「金銭の給付を目的とする債務」へと，また，「債権の目的物である物又は権利の価額の全部を受けたとき」ではなく，「債権の目的である物又は権利の価額の全部の支払を受けたとき」と変更したことは，結果は正しいとしても，もう1つの選択肢を無視している点で，現代語化の範囲を逸脱しており，選択肢を示した上で，いずれに決定すべきかは，内容の改正という，次のステップで議論すべきであったと思われる。

第 2 節　民法現代語化に名を借りた逸脱行為に対する批判

　そもそも，民法402条2項の「目的」を「目的物」と変更したり，民法419条1項の「金銭ヲ目的トスル」を「金銭の給付を目的とする」と変更したりしながら，「民法現代語化言い換え一覧」［中田（裕）・民法の現代語化（2005）104頁］，［池田（真）・新民法解説（2005）129頁］のリストに掲載していないのは不可解である（リスト不掲載問題）。なぜなら，民法402条1項・2項に関して，「特種ノ通貨」を「特定の種類の通貨」へと言い換えたことは，上記リストに示されているからである。また，［中田（裕）・民法の現代語化（2005）94頁］には，「債権の『目的』と『目的物』の語については，給付と給付の目的物とを区別する観点から，用語法が統一されている（402条2項，419条1項，422条）」との記述がなされており，上記リストに不備があることは明らかである。

　上記のような明白な変更点について，「民法現代語化言い換え一覧」から除外することは，特別の意図があったのではないかとの疑念を生じさせる。考えてみれば，「目的」と「目的物」の関係は，民法の根幹にかかわる問題であり，それだけで，研究書が何冊も書けるくらいに奥の深い問題である。今回のような拙速な改正では，十分な議論に基づく解決案の作成はそもそもできなかったのではなかろうか。そうだとすれば，目的と目的物に関して，一部の条文のみを改正するという中途半端な改正など行わず，次のステップへの架橋として，立法者の間違いを間違いとして指摘するだけで十分だったのではなかろうか。

b. 目的と目的物との混同（立法上の過誤）の放置

　民法402条2項，419条1項，および，422条において，目的と目的物との混同を解消するための改正を行ったのであれば，本来ならば，同様にして，その他の箇所における目的と目的物の混同の解消がなされるべきである。

　たとえば，民法343条「質権は，譲り渡すことができない物をその**目的**とすることができない」→「**目的物**」とすべきであろう。なぜなら，次の条文である民法344条では，「質権の設定は，債権者にその**目的物**を引き渡すことによって，その効力を生ずる」として，民法343条の「**目的**」と同じ意味で，「目的物」という概念が用いられているからである。

　このような「目的」と「目的物」との混同が随所で見られるが，今回の改正では，民法402条2項，419条1項，422条にみられるような改正は，全

く行われていない。今回の改正において，用語の言い換えが一貫性を欠いている典型例として批判されるべき問題点であろう。

C. 「取消し」と「撤回」との混同は解消されたか

今回の改正における用語の言い換えで特筆すべきは，「取消し」と「撤回」とを区別し，民法が取消しと規定している条文について，「取消し」のままとするか，「撤回」と変更するかを判断したことである。

しかし，今回の改正において，「用語の言い換え」に分類されている「取消し」から「撤回」への変更は，実は，立法担当者が考えているほどの容易なものではなかった。なぜなら，立法担当者の基準に従えば，「撤回」と言い換えるべき条文が「取消し」のまま放置されたり，反対に，「撤回」と言い換えるべきでない条文が「撤回」とされたり，同じ性質を有する条文について，一方が「取消し」とされ，他方が「撤回」へと変更されるなど，「取消し」と「撤回」との区別に大きな混乱が生じているからである。

今回の改正によって，「取消し」と「撤回」との区別が誤りに陥った原因は，区別の基準に重大な欠陥が潜んでいるからである。今回の改正の基準として用いられた「取消し」の定義と「撤回」の定義との間には，大きな隙間があることに立法担当者は気づいていない。

そのためもあって，今回の改正で用いられた「取消し」と「撤回」の基準に該当しない中間段階のもの（法律行為の効力は既に発生しているが，瑕疵がないにもかかわらず，事後的に法律行為の効力を消滅させる場合：夫婦間契約，書面によらない贈与契約）について，恣意的な分類がなされており（夫婦間契約→取消し，書面によらない贈与→撤回），条文の解釈をめぐって混乱が生じることが予想される。

本稿では，以上の点を詳しく論じるとともに，「取消し」と「撤回」との区別をめぐって生じている混乱を回避するため，今回の立法担当者の区別の基準に代わる合理的な「取消し」と「撤回」の定義の再構築を試みることにする。

a. 「取消し」と「撤回」の区別の基準

今回の民法改正において，取消しと撤回とを区別することにしたことは明らかであるが，問題は，その区別の基準である。立法担当者によれば，取消

第 2 節　民法現代語化に名を借りた逸脱行為に対する批判

しと撤回は以下のように区別されるという［池田（真）・新民法解説（2005）32頁（吉田徹）］。

　　取消し
　　　　法律行為の効力が既に発生しているものにつき，**瑕疵があることを理由**として，事後的にその効力を消滅させる行為
　　撤　回
　　　　法律行為の効力がいまだ発生していないものにつき，行為者自身がそれを欲しないことを理由として，その**法律行為**がなかったものとする行為

　従来の民法において「取消」と表記されていた条文の中には，その意味が「撤回」であるにもかかわらず，「取消」の用語が使われていたものがある。したがって，今回の改正では，上記の基準に従って，「『撤回』の意味で用いられている『取消』の語（407条2項〔選択権の行使の取消〕，521条1項〔申込の取消〕等）を個々の条文上も『撤回』の語に改めることによって，『取消し』と『撤回』の概念の区別を法文上明確化することにした」というのが，立法担当者の見解である［池田（真）・新民法解説（2005）32頁（吉田徹）］。

b.　「取消し」と「撤回」の区別の不明確さ

(1)　民法115条（無権代理の相手方の取消権）

　「取消し」と「撤回」を厳しく区別している立法例は，ドイツ民法である。わが国の民法115条がドイツ民法草案に倣って規定されたことは，［民法修正案理由書（1896/1897）164-166頁］からも明らかである。両者を対比してみると，「取消し」と「撤回」の用語法が異なっているに過ぎないことがわかる。

　　ドイツ民法第178条（無権代理の相手方の撤回権（Widerrufsrecht））
　　①本人が追認をしない間は，相手方は，契約を撤回することができる。ただし，契約締結の当時，相手方が代理権がないことを知っていたときはこの限りでない。
　　②撤回は，代理人に対する意思表示によっても，これをすることができる。

　　民法第115条（無権代理の相手方の取消権）
　　　代理権を有しない者がした契約は，本人が追認をしない間は，相手方が取り消すことができる。ただし，契約の時において代理権を有しないことを相手方が知っていたときは，この限りでない。

　このような判断基準に基づいた場合，民法115条に規定されている「取り消すことができる」という用語は，「撤回」と書き換えるべきであろうか，

それとも，取消しのままにされるべきであろうか。

今回の民法改正において立法担当者が採用した上記の判断基準に基づけば，民法115条の場合，①民法113条にしたがって，「契約は，本人がその追認をしなければ，本人に対してその効力を生じない」。②契約を締結した当事者の一方である相手方がその効力を欲しない。したがって，この場合は，ドイツ民法178条が明らかにしているように，「撤回」と書き換えるのが正当であろう。

このように考えると，民法115条は，以下のように書き換えられるべきであった。

民法第115条（無権代理の相手方の**撤回**権）
　　代理権を有しない者がした契約は，本人が追認をしない間は，相手方が**撤回することができる**。ただし，契約の時において代理権を有しないことを相手方が知っていたときは，この限りでない。

民法115条のいわゆる取消権が撤回権の意味であることは，古くから学説によって指摘されていた［末川・法学辞典（1974）734頁］，［金子・法律学小辞典（2004）］。今回の改正が，民法115条に関して，取消しを撤回と書き換えなかった理由は，不明であり，不可解というほかない。

(2)　民法754条（夫婦間の契約の取消権）

「取消し」と「撤回」との区別に関する上記の定義の問題点は，第1に，夫婦間契約の取消し（民法754条）において顕在化する。なぜなら，夫婦間契約の取消しの場合，夫婦の一方は，理由なしに契約を取り消すことができるのであるから，取消しの定義で述べられている「瑕疵があることを理由として」という要件は不要であるということになる。

民法第754条（夫婦間の契約の取消権）
　　夫婦間でした契約は，婚姻中，いつでも，夫婦の一方からこれを**取り消すことができる**。ただし，第三者の権利を害することはできない。

この改正によって，取消しの定義に従い，たとえ，夫婦間契約においても，「瑕疵があることを理由として」のみ取消しができるという実質的な変更がなされたと解すべきであろうか。そこまでの変更は，確立した判例・学説によってもなされてはいないことからして，今回の改正において，立法担当者がそこまでの実質的な変更を企図していないと思われる。そうだとすると，

第 2 節　民法現代語化に名を借りた逸脱行為に対する批判

民法754条を取消しのまま放置したことは，明らかに立法担当者の定義に反することになる。

反対に，夫婦間契約の場合と同様，「瑕疵があることを理由としない」場合であっても，取消しといいうるというのであれば，今回の改正で取消しから撤回へと改められた規定の中にも，以下に述べるように，取消しへと復帰させるべきものが，数多く存在することになる。

(3) 民法550条，407条，540条，919条，989条

たとえば，今回，取消しから撤回へと変更された**「書面によらない贈与」（民法550条）の場合**も，「瑕疵があることを理由としない」で，法律行為の効力が既に発生しているものにつき，事後的にその効力を消滅させるのであるから，**撤回ではなく，従来どおり，取消しと規定されるべきだ**ということになる。

さらに，既に効力が発生しているものであって，瑕疵があることを理由としないで，事後的にその効力を消滅させるという行為には，今回の改正によって，取消しから撤回に改正された，選択権行使後，相手方の承諾を得て行う，選択権の撤回（**民法407条2項**）も含まれる。また，今回の改正によって，取消しから撤回へと改正された，解除権の撤回（**民法540条2項**）も同様である。いずれの場合も，撤回へと変更する必要はなかったことになる。

さらに，相続の承認及び放棄の撤回及び取消し（**民法919条**），および，遺贈の承認及び放棄の撤回及び取消し（**民法989条**）のように，取消しの前に，追加された撤回も，すでに，承認および放棄の効力が発生した後の問題であるから，撤回ではなく，取消しが正しいということになる。つまり，この場合も，「取消し」のほかに，「撤回」を追加する必要はなかったことになる。

c. 「取消し」と「撤回」の区別の基準を法律行為とすることの非合理性

取消しを「法律行為の効力が既に発生しているものにつき，瑕疵があることを理由として，事後的にその効力を消滅させる行為」と定義することに対する第2の問題点は，効力の発生に関して，なぜ，法律行為のレベルで基準が設定されなければならないのかというものである。

ドイツ民法では，法律行為の効力発生のレベルではなく，意思表示の効力発生のレベルにおいても，取消しと撤回との区別を行っている。

ドイツ民法第 130 条（隔地者に対する意思表示）
　①意思表示が到達する前，または，意思表示とその撤回が同時に到達する場合には，意思表示を撤回できる。撤回すると，意思表示は初めから効力を生じない。

　意思表示の効力発生のレベルで撤回と取消しを区別するメリットは，ドイツ民法 130 条がそうであるように，申込みが到達する前は常に撤回ができるが，申込みが到達した後は，相当の理由がなければ，申込みの取消しはできないというように，申込みの撤回と申込みの取消しを柔軟に使い分けることができる点にある。

　今回の民法改正では，申込みは，法律行為ではないので，撤回しかありえないというような硬直的な考え方を採用しているが，そのような考え方を採用することは，「取消し」と「撤回」とを厳密に区別するドイツ民法の考え方に反するばかりでなく，以下に述べるように，契約法の国際的な基準からも遠く離れてしまうことになる。

　そもそも，「申込み」の撤回や「申込み」の取消しを議論する場合に，なぜ，その到達点である法律行為である契約の効力のみを問題にしなければならないのか理解に苦しむ。たとえば，申込みの効力が取り消されれば，契約は無効ではなく，契約が不成立となる。これに対して，契約が，たとえば制限行為能力を理由に取り消された場合には，法律行為の効力が否定される。申込みの効力が失われた場合の効力は，契約の不成立であり，契約の効力が取り消された場合とは結果が異なる。したがって，申込みの撤回と申込みの取消しは，法律行為の取消しとは別の問題として考察する必要がある。申込みの効力は，法律行為全体から考えると常に撤回となるというのは正しいとしても，それは，法律行為（契約）の撤回の問題に過ぎないのであり，意思表示である申込みの撤回か申込みの取消しかは，意思表示の効力の問題として，法律行為の効力自体とは別に考えるべきである。

d.　申込みの「取消し」と申込みの「撤回」との両立可能性の否定の弊害
　(1)　申込みの「取消し」から申込みの「撤回」への変更とグローバルスタンダードからの乖離

　今回の民法改正で，最大の失敗は，国際的な基準では，申込みの撤回と申込みの取消しを区別しつつ，両者の存在を認めているにもかかわらず，これに反して，申込みの「取消し」をすべて申込みの「撤回」へと言い換えてしま

第2節　民法現代語化に名を借りた逸脱行為に対する批判

った点にある。

その原因が，取消しを「法律行為の効力が既に発生しているものにつき，瑕疵があることを理由として，事後的にその効力を消滅させる行為」と定義したことによることはすでに述べた。

しかし，取消しと撤回の基準を「法律行為」の効力が既に発生しているかどうかにかからせることの根拠は薄弱である。取消しと撤回を区別するドイツ民法（130条）においても，また，国連国際動産売買条約（CISG）等においても，以下に示すように，法律行為（契約）の効力が発生したかどうかではなく，申込みの効力が発生したかどうかで，申込みの撤回と申込みの取消しを区別するというのが，国際的には，ほぼ一致した見解となっているからである。

CISG 第15条〔申込みの効力発生時期と，それ以前の**申込みの撤回の自由**〕
①申込みは，被申込者に到達した時にその効力を生ずる。
②申込みは，たとえ取消不能のものであっても，**申込みの撤回**通知が申込の到達前又はそれと同時に被申込者に到達する場合には，撤回し得る。

CISG 第16条〔申込みの取消しの可能性とその制限〕
①契約が締結されるまで，申込みは取り消すことができる。ただし，この場合には，被申込者が承諾の通知を発する前に取消しの通知が被申込者に到達しなければならない。
②しかしながら，申込みは，次のいずれかの場合には，取り消すことができない。
　(a)申込みが，**承諾期間の設定**その他の方法により，取消不能のものであることを示している場合。
　(b)被申込者が，申込みを取消不能のものであると了解したのが合理的であり，かつ，被申込者がその申込みに信頼を置いて行動している場合。

CISG 第22条〔承諾の撤回〕
　承諾は，その撤回通知が，承諾の効力が生じたであろう時よりも前又はそれと同時に，申込者に到達すれば，撤回できる。

わが国も，将来は，国連国際動産売買条約（CISG）に加盟することになると思われる［星野，渡辺・民法典の現代語化をめぐって（2005）6頁参照］。その場合には，国内法との整合性の観点から，今回の民法改正によって申込みの「取消し」を「撤回」と言い換えたものを，すべて反故にして，「撤回」を「取消し」へと再度，改正せざるを得ない。まったく，無駄な改正を行ったものである。わが国がCISGに加盟することが近づくにつれ，民法現代語

化による申込みの「取消し」を「撤回」としたことの失敗に気づいた立法担当予定者たちは，今回の立法の失敗を隠すために，CISG の従来の翻訳を変更し，「申込みの撤回（withdrawal）」を「申込みの中止」へ，「申込みの取消し（revocation）」を「申込みの撤回」へと改悪することを企画している［能見・CISG 試訳（2007）15 頁］。

ドイツ民法 130 条のみならず，現在の国際的な契約法の動向を全く無視した今回の改正は，不可解といわざるを得ない。また，それを隠すための CISG の翻訳の改悪など，慣習として定着している訳の変更をすることは避けるべきである。

(2) 「取消し」と「撤回」に関する区別の基準の破綻

今回の取消しと撤回の区別の基準として，取消しを「法律行為の効力が既に発生しているものにつき，瑕疵があることを理由として，事後的にその効力を消滅させる行為」と定義していることは，既に述べた。

しかし，この区別は，取消しの最も代表的な場面とされる詐欺・強迫による取消し（民法 96 条）においても，維持し得ないものであることを述べておくことにしよう。

民法第 96 条（詐欺又は強迫）
①詐欺又は強迫による意思表示は，取り消すことができる。

たとえば，A が承諾期間を定めた申込みを B に対して手紙で行ったが，その申込みが，相手方 B の詐欺によってなされたとする。この場合，申込みと撤回の判断基準を意思表示に置くと，意思表示の効力は，申込みの効力の発生のとき（民法 97 条）となるから，A は，申込みが到達するまでは，電話，ファックス，メール等を用いて，申込みの撤回をすることができる。また，申込みが B に到達した後は，民法 521 条 1 項の規定により，A は，承諾期間が過ぎるまでは申込みの撤回（取消しが正しい）をすることができない。しかし，民法 96 条によれば，詐欺を理由に，申込みを取り消すことができる。

ところが，今回の改正の基準に従うと，A の申込みが B に到達した後から承諾期間が経過するまで，A は，申込みの撤回をすることができないばかりか，B の承諾がなされるまでは，法律行為の効力は発生していないのであるから，法律行為の効力が発生した後に，はじめて利用できるに過ぎない取消しの制度（民法 96 条）も利用できないことになってしまう。

第2節　民法現代語化に名を借りた逸脱行為に対する批判

このことがおかしいことは誰でも気づくことであるが，法律行為を基準にするという理論を貫くのであれば，この場合には，申込みは，撤回もできないし，法律行為の効力も発生していないのであるから，取消しもできないといわざるを得ないのである。

申込みの撤回と取消しの区別を意思表示の効力の発生のレベルで考えておけば，このような矛盾は生じない。

D.「取消し」と「撤回」との区別基準の欠陥が原因で生じた立法の過誤

今回の民法現代語化に際して，逸脱行為としてなされた「取消し」と「撤回」の区別の基準は，基準として使い物にならない欠陥を有していることを論じた。その原因は，この基準に該当しないものが多すぎるからである。それを再度列挙すれば以下の通りである。

a. 改正基準によれば，「撤回」に該当するにもかかわらず，「取消し」と分類されているもの

契約の効力がいまだ発生していない無権代理による契約（民法113条）につき，行為者（契約当事者である相手方）自身がそれを欲しないことを理由として，その契約がなかったものとする行為（民法115条）

- 無権代理の相手方の取消権（115条）→今回の改正基準に従うのであれば，「無権代理の相手方の撤回権」と改正すべきであった。

b. 改正基準によれば，「取消し」に該当しないにもかかわらず，「取消し」と分類されているもの

(1)「法律行為の効力が既に発生しているもの」ではあるが，「瑕疵があることを理由として」には該当しないもの

- 夫婦間契約の取消権（民法754条）
  - この場合，「瑕疵があることを理由として」いないことが明らかであるから，今回の改正の用語の書き換え規則に矛盾があることを率直に認めて，今回の改正における「取消し」の定義から，「瑕疵があることを理由として」という要件を削除すべきであった。
  - このように考えると，「取消し」の定義は，「法律行為の効力が既に発生しているものにつき，事後的にその効力を消滅させる行為」となり，正しい「取消し」の定義に近づく。

(2) 「法律行為の効力が発生しているもの」とは限らないにもかかわらず、「取消し」と分類されているもの
- ●詐欺又は強迫による意思表示の取消し（民法 96 条）→遺言の場合（民法 989 条）と同様、法律行為が成立しているかどうかにしたがって、**「詐欺又は強迫による意思表示の撤回及び取消し」**と改正すべきであった。
    - ○詐欺または強迫による意思表示（たとえば申込み）がなされた時点では、契約は成立していないのであるから、いまだに法律行為の効力は発生していない。したがって、詐欺に気づいた表意者が、相手方が承諾する前に、その意思表示をなかったことにする行為は、今回の改正の定義によれば、「取消し」ではありえず、「撤回」といわなければならないはずである。
    - ○しかし、この場合でも、申込みが相手方に到達している以上、意思表示の効力はすでに発生しているのであるから、「取消し」と考えるのが正しい。
    - ○そうだとすると、この場合も、今回の改正における「取消しと撤回」の判断基準の矛盾を素直に認め、取消しの対照を法律行為に固執し、それに限定するという硬直的な考え方を捨てて、対象となるもの（法律行為だけでなく、意思表示（申込み）を含む）を広く考えるべきである。すなわち、法律行為の効力の取消し（たとえば、民法 5 条）のみだけでなく、意思表示の効力の取消し（民法 521 条以下）も認めるべきであった。
    - ○結果として、「取消し」の定義は、法律行為、意思表示を含めて、「効力が既に発生しているものにつき、事後的にその効力を消滅させる行為」という正しい定義に帰結することになる。

c. 改正基準によれば、「撤回」に該当しないにもかかわらず、「撤回」と分類されているもの

撤回の基準である「法律行為の効力がいまだ発生していないもの」ではなく、取消しの基準である「法律行為の効力が既に発生しているもの」であり、改正をせず、取消しのままにすべきであった事例
- ●選択権行使後の撤回（民法 407 条 2 項）→改正をせず、「取消し」のままにすべきであった。
- ●解除権行使後の撤回（民法 540 条）→改正をせず、「取消し」のままにすべきであった。
- ●贈与契約の撤回（民法 550 条）→改正をせず、「取消し」のままにすべきで

第2節　民法現代語化に名を借りた逸脱行為に対する批判

あった。
- 相続の承認及び放棄の撤回及び取消し（民法919条）→改正をせず、「取消し」のままにすべきであった。
- 遺贈の承認及び放棄の撤回及び取消し（民法989条）→改正をせず、「取消し」のままにすべきであった。

d. 「申込み」の「効力が既に発生しているもの」であるため、「撤回」ではなく、「取消し」と分類されるべきであったもの

意思表示（申込み）の効力がすでに発生しているものであるが、当該行為がなかったものとする行為
- 申込みの撤回（民法521条，524条，527条）→意思表示の効力が発生しているか否かに従って、「申込みの撤回」または「申込みの取消し」とを区別し、結果的に、「取消し」のままにすべきであった。
- 懸賞広告の撤回（民法530条）→「懸賞広告の撤回」または「懸賞広告の取消し」とを区別し、結果的に、「取消し」のままにすべきであった。

e. 「取消し」から「撤回」への変更がなされ、それが適切であったもの
- 遺言の撤回（民法1022条，1023条，1024条，1026条）
- 遺言の撤回及び取消し（民法891条，1025条）

このように考えると、今回の改正によって、取消しを撤回と書き換えることが適切であったと思われるのは、民法第5編第7章第5節（遺言の撤回及び取消し）、ならびに、今回の改正においては、取消しから撤回への書き換えが行われなかった民法115条の無権代理行為の取消しのみが、撤回として書き換えられるべきであったということになる。つまり、その他の取消しから撤回への書き換えは、すべて誤りだったということになる。

E.「取消し」と「撤回」の再定義に基づく再改正の必要性

上記の取消しと撤回との区別における混乱の原因は、今回の改正の基準として用いられた取消しの定義と撤回の定義との間に、大きな隙間があることに基因する。そして、今回の改正で用いられた取消しと撤回の基準に該当しない中間段階のもの（法律行為の効力は既に発生しているが、瑕疵がないにもかかわらず、事後的に法律行為の効力を消滅させる場合：夫婦間契約、書面によらない贈与契約）について、恣意的な分類がなされたこと（夫婦間契約→取消し、書面によらない贈与→撤回）が混乱を拡大することになった。

このような立法の過誤を回避するためには、取消しを法律行為の効力が発生したことを前提とするという硬直的な考え方を排除し、以下のように、意思表示の効力が発生した後にも、また、瑕疵があることを理由としない場合にも、取消しという用語を用いることを認めるべきであった。

- ●取消し
  - ○**法律行為または意思表示**につき、その効力が発生した後に、法律上の根拠に基づき、事後的にその効力を消滅させる行為
  - ・原則：民法121条（取消しの効果）…取消しの効力は既往に遡る。
    - ・制限行為能力者の法律行為の取消し（5条以下）
    - ・詐欺・強迫による意思表示の取消し（96条）
    - ・選択権使後の取消し（407条2項）、解除権使後の取消し（540条）
    - ・申込みの効力発生後の取消し（521条, 524条, 527条）、懸賞広告の効力発生後の取消し（530条）
    - ・書面によらない贈与の取消し（550条）、夫婦間契約の取消し（754条）
    - ・相続の承認及び放棄の取消し（919条）、遺贈の承認及び放棄の取消し（989条）、遺言の取消し（1022条, 1023条, 1024条, 1026条）
  - ・例外：民法748条（婚姻の取消しの効力）…取消しの効力は、将来に向かってのみその効力を生ずる。
- ●撤　回
  - ○**法律行為または意思表示**の効力がいまだ発生していないものにつき、その**法律行為または意思表示**がなかったものとする行為
    - ・無権代理行為の撤回（115条）
    - ・申込みの効力が発生する前の撤回、承諾の効力が発生する前の撤回、懸賞広告の効力が発生する前の撤回（いずれも条文上の根拠なし）
    - ・遺言の撤回（1022条, 1023条, 1024条, 1026条）

以上の基準にしたがって、「法律行為や意思表示につき、その効力が発生した後に、事後的にその効力を消滅させる行為」について、「取消し」の用語を用い、「法律行為や意思表示の効力がいまだ発生していないものにつき、その法律行為がなかったものとする行為」について、「撤回」の用語を用いることにすれば、今回の改正における恣意的な分類（たとえば、夫婦間契約→取消し、書面によらない贈与→撤回）を回避することができる上に、用語の言い換えを最小限に抑えることも可能となる。将来、民法の内容改正を行う

第 2 節　民法現代語化に名を借りた逸脱行為に対する批判

場合には，以上の基準を参考にして，今回の改正の誤りを改めるべきであろう。

3　内容変更における善意・無過失の立証責任に関する不整合

　条番号の変更やいわゆる用語の統一の次元でさえ，以上に述べたような不都合，立法の過誤が生じるのであるから，内容の変更をしない方がよいことは目に見えている。内容の変更は，現代語化の後に，現代語化とは切り離して取り込むべき問題だからである。それにもかかわらず，今回の改正が，あえて，内容の変更をも行うことにしたのは，無謀であったといえよう。

　今回の内容の変更に関しては，すでに，さまざまな見解が表明されている［中田（裕）・民法の現代語化（2005）95-96 頁（注）22-25 参照］。本稿では，立証責任との関係で実質的な変更が行われた表見代理，表見弁済受領者に関する「善意・無過失」の問題を取り上げて，今回の改正における実質的な内容変更の問題点を指摘するにとどめる。

A.　表見代理における善意・無過失の立証責任

　民法 109 条（代理権授与の表示による表見代理）の改正に関して，立法担当者は，以下のように述べている［池田（真）・新民法解説（2005）32-33 頁（吉田徹）］。

　　　109 条は，他人に代理権を授与した旨表示した者は，その代理権の範囲内において，その他人が第三者との間でした行為について責任を負う旨を規定するものであるが，これまでの条文は第三者の主観的態様については触れるところがなかった。しかし，表見代理の制度は相手方を保護するためのものであり，本条においても，その他人に代理権がないことについて第三者が悪意であるとき又は過失によって知らなかったときに，本人が責任を負わないことについては，判例（最判昭和 41・4・22 民集 20 巻 4 号 752 頁）・通説として確立した解釈といえることから，これを条文に明示するものとした。なお，第三者が悪意又は有過失であることについて，本人に立証責任があること（前記判例参照）が条文上も明らかになるよう，ただし書を付加する構成をとっている。

第1章　民法現代語化の効用と問題点

a. 改正前と改正後の規定の対比

今回の改正の是非を論じる前に，表見代理にかかわる主要な条文について，改正される前の条文と改正された後の条文の対比をしておくのがよいであろう。

- ●文語民法

  民法旧第 109 条

  　　第三者ニ対シテ他人ニ代理権ヲ与ヘタル旨ヲ表示シタル者ハ其代理権ノ範囲内ニ於テ其他人ト第三者トノ間ニ為シタル行為ニ付キ其責ニ任ス

  民法旧第 110 条

  　　代理人カ其権限外ノ行為ヲ為シタル場合ニ於テ第三者カ其権限アリト信スヘキ正当ノ理由ヲ有セシトキハ前条ノ規定ヲ準用ス

  民法旧第 112 条

  　　代理権ノ消滅ハ之ヲ以テ善意ノ第三者ニ対抗スルコトヲ得ス但第三者カ過失ニ因リテ其事実ヲ知ラサリシトキハ此限ニ在ラス

- ●現代語化民法

  民法第 109 条（代理権授与の表示による表見代理）

  　　第三者に対して他人に代理権を与えた旨を表示した者は，その代理権の範囲内においてその他人が第三者との間でした行為について，その責任を負う。**ただし，第三者が，その他人が代理権を与えられていないことを知り，又は過失によって知らなかったときは，この限りでない。**

  民法第 110 条（権限外の行為の表見代理）

  　　前条本文の規定は，代理人がその権限外の行為をした場合において，第三者が代理人の権限があると信ずべき正当な理由があるときについて準用する。

  民法第 112 条（代理権消滅後の表見代理）

  　　代理権の消滅は，善意の第三者に対抗することができない。ただし，第三者が過失によってその事実を知らなかったときは，この限りでない。

b. 改正後の表見代理に関する法律要件の齟齬

改正された民法 109 条を単独で見た場合には問題はなさそうに見える。しかし，民法 109 条を，民法 112 条との対比で検討してみると，以下に述べるような問題点が浮かび上がってくる。

(1)　改正前の表見代理の法律要件（善意・無過失に関しては，民法 112 条のみが規定）

第 2 節　民法現代語化に名を借りた逸脱行為に対する批判

　改正前の規定では，善意・無過失に関して規定しているのは，民法 112 条のみであったので，表見代理全体の規定を統一的に規定するということになれば，民法 112 条の規定を中心に全体を整理するのが妥当だということになる。

　改正前の民法 112 条においては，本文で，表見代理の要件を善意の相手方とし，ただし書で，善意の第三者に過失がある場合には，表見代理が成立しないとしている。これについて，立証責任における規範説的な説明をすると，表見代理について，相手方の善意が成立要件，相手方の過失が成立障害要件となる。

(2)　改正後の表見代理の法律要件における統一性の破壊（民法 109 条と 112 条における要件の齟齬）

　これに対して，改正後では，民法 112 条は従来通りとしたが，民法 109 条に関しては，「第三者が悪意または有過失であることについて，本人に立証責任があること（前記判例〔最判昭和 41・4・22 民集 20 巻 4 号 752 頁〕参照）が条文上も明らかになるよう，ただし書を付加する構成」へと改正を行ったとされている。

　しかし，これでは，表見代理として統一的に把握されるべき民法の規定に関して，改正後の民法 109 条と 112 条の法律要件に重大な相違を設けることになってしまう。

　なぜなら，改正後の民法 109 条においては，表見代理の成立要件として，相手方の善意も相手方の無過失も成立要件とはなっていない。ただし書で，相手方が悪意または相手方に過失がある場合には，表見代理が成立しないとしているからである。これを，立証責任の規範説的な説明をすると，相手方の善意・無過失は，両者ともに成立要件からは脱落し，相手方の悪意また相手方の過失が成立障害要件となる。

(3)　改正後の表見代理の法律要件の不統一に関する評価

　以上のことから明らかなように，表見代理の法律要件に関して，民法 112 条では，相手方の善意が成立要件，相手方の過失が抗弁事由となって，立証責任の配分のバランスが取れているのに対して，改正後の民法 109 条では，相手方の善意・無過失がともに成立要件から脱落し，相手方の悪意または相手方の過失が抗弁事由となってしまっている。このような齟齬が，立証責任

を含めて，表見代理の統一的な要件をめざす今回の改正の目的が達成されていないことは明らかである。

　もっとも，人間の内心の問題（善意・悪意）の証明は，いずれの当事者にとっても困難であり，実際の訴訟の場合には，相手方に過失があったかなかったかが，決定的に重要な問題となる。今回の改正の場合，最も重要な過失の立証責任は，改正後の民法109条と112条で食い違うところがないため，重大な不都合は生じないかもしれない。

　しかし，立法技術的には，民法109条と112条とは，表見代理という共通ルールに従う規定であり，立法上，両者の立証責任に差を設ける理由は存在しない。内心の問題については，その当事者に証明を課すのが合理的であり，本人に相手方の悪意を証明させるのは，酷に過ぎる。むしろ，相手方自身が，自分の内心の問題である善意を証明すべきであり，善意が証明された場合には，本人が，相手方に過失があることを証明するというのが，立証責任の分配としてもバランスが取れているといえよう。善意・悪意という内心の態様とは異なり，過失・無過失の判断は，より客観的な判断であり，本人に，相手方の過失に関する立証責任を課したからといって問題が生じるわけではない。

c．民法の実質的な改正に向けた再改正の提案

　内容の変更をなるべく限定すべきであるとの現代語化の方針に従うのであれば，民法112条はそのままにして，改正を行うことになった民法109条の要件を民法112条の要件と整合的に改正するのが適切であったと思われる。すなわち，民法109条は，以下のように改正すべきであった。

　　民法第109条（代理権授与の表示による表見代理）　**再改正試案**
　　①第三者に対して他人に代理権を与えた旨を表示した者は，その代理権の範囲内においてその他人が第三者との間でした行為について，その責任を負う。
　　②前項の場合において，第三者はその他人が代理権を与えられていないことにつき善意でなければならない。ただし，第三者が過失によってその事実を知らなかったときは，この限りでない。

第 2 節　民法現代語化に名を借りた逸脱行為に対する批判

B. 表見弁済受領者（債権の準占有者および受取証書持参人）に対する弁済における善意・無過失の立証責任

民法 478 条（債権の準占有者に対する弁済）の改正に関して，立法担当者は，以下のように述べている［池田（真）・新民法解説（2005）35 頁（吉田徹）］。

　　478 条は，債権の準占有者（自己のためにする意思をもって債権の行使をする者）に対する弁済が有効となる場合について規定するものであるが，これまでの条文では，その要件として弁済者が善意であることのみを掲げており，その過失の有無についての言及がなかった。しかし，本条は，債権者としての外観を信頼して弁済した者を保護する趣旨の規定であるところ，弁済者に過失のある場合にまで真実の権利者の犠牲において弁済者を保護することは行き過ぎであるとして，弁済者が無過失であることを弁済の有効要件とするのが判例（最判昭和 37・8・21 民集 16 巻 9 号 1809 頁）・通説として確立した解釈であることから，その旨を条文でも明示することにしたものである。なお，無過失であることは，弁済が有効であるための積極要件であり，一般に，債権の消滅を主張する弁済者・債務者の側に立証責任があると解されていることから，本条においても，こうした解釈に即して，無過失を善意と並ぶ要件として併記しているものである。

a. 改正前と改正後の規定の対比

今回の改正の是非を論じる前に，表見弁済受領者にかかわる主要な条文について，改正される前の条文と改正された後の条文の対比をしておくのがよいであろう。

● 文語民法
第 478 条
　　債権ノ準占有者ニ為シタル弁済ハ弁済者ノ善意ナリシトキニ限リ其効力ヲ有ス
第 480 条
　　受取証書ノ持参人ハ弁済受領ノ権限アルモノト看做ス但弁済者カ其権限ナキコトヲ知リタルトキ又ハ過失ニ因リテ之ヲ知ラサリシトキハ此限ニ在ラス
● 現代語化民法
民法第 478 条（債権の準占有者に対する弁済）
　　債権の準占有者に対してした弁済は，**その弁済をした者が善意であり，かつ，過失がなかったときに限り，**その効力を有する。
民法第 480 条（受取証書の持参人に対する弁済）
　　受取証書の持参人は，弁済を受領する権限があるものとみなす。ただし，弁

済をした者がその権限がないことを知っていたとき，又は過失によって知らなかったときは，この限りでない。

b. 改正後の表見弁済受領者に関する法律要件の齟齬

(1) 改正前の表見弁済受領者の法律要件

改正前の規定では，民法478条は，善意のみを要件としている。これに対して，民法480条は，規範説的に説明すると，悪意または有過失を成立障害要件としているが，実体法上の観点，すなわち，立証責任を無視して考えると，善意・無過失を成立要件としているということができる。

この点は，表見代理に関して，善意・無過失の要件が全く規定されていなかった民法109条と，善意・無過失の要件が規定されていた民法112条とを整合的に規定しなおす場合とは別の考慮が必要となる。

民法478条（善意のみが成立要件）と民法480条（善意・無過失が要件）の規定をともに尊重しつつ，表見弁済受領者に関する共通規定へと変更するためには，まず，民法478条の善意の要件に無過失の要件を付加する必要がある。

今回の改正は，民法478条が善意のみを成立要件としているのに対して，単純に，善意・無過失を成立要件として課すことにしている。しかし，これは，弁済者に無過失という立証困難な証明を課すものであり，本来，善意の証明だけでよかった弁済者に過酷な証明を課すものであり，妥当ではない。

弁済者に無過失の立証を要求するよりも，民法112条の規定と同様に，改正前の民法の規定と同じく，弁済者には，善意のみの立証責任を課し，債権者の側で，弁済者の過失を証明した場合に，弁済を無効とするのが穏当である。

改正前の民法480条においては，すでに，弁済者の善意・無過失が実体法上の要件と規定されており，この規定をそのまま活かすのが，現代語化の本来の姿である。

しかし，民法478条について，善意のほかに無過失を要件とすることを決定するのであれば，事情は異なる。民法478条と480条とで，要件に差異を認める根拠は存在しないからである。

そうだとすれば，民法480条は，民法478条と同様，善意を成立要件とし，無過失という証明困難な要件については，弁済の無効を主張する債権者の方

第 2 節　民法現代語化に名を借りた逸脱行為に対する批判

に，弁済者の過失を立証させるのが，穏当である。

(2)　改正後の表見弁済受領者の法律要件における弁済者の地位の低下

これに対して，今回の改正では，民法 478 条と 480 条の規定につき，一見したところでは，両者について，善意・無過失という統一的な要件を課したように見えるため，問題はないように思われるかもしれない。

しかし，立証責任の観点から見ると，両者は全く異なる規定となっている。今回の改正の問題点は，先にも述べたように，これまでの民法 478 条によれば，善意を証明するだけで有効な弁済をなしたとして免責された弁済者につき，善意および無過失を要求するという，過酷な責任を負わせている点にある。民法 480 条の場合，実体法上の要件としては，民法 478 条と同様，善意・無過失が要件とされているが，立証責任の観点からは，債権者に対して，弁済者の悪意または過失の立証責任を負わせて，弁済者の保護を図っているのとは，対極の関係にある。

今回の改正における立法担当者は，民法 478 条について，なぜ善意だけでなく，無過失についても弁済者に立証責任を負わせる形式の条文にしたのかという問題に関して，以下のような説明を行っている［池田（真）・新民法解説（2005）35 頁（吉田徹）］。

- ●無過失であることは，弁済が有効であるための積極要件であり，一般に，債権の消滅を主張する弁済者・債務者の側に立証責任があると解されている。

確かに，弁済が有効であるための積極要件は，一般には，債権の消滅を主張する弁済者・債務者の側に立証責任がある。しかし，民法 478 条と 480 条の場合には，債権者の帰責事由に基づき，弁済受領者の側に，弁済受領権限があるかのような外観があり，それ故に，弁済者を保護する必要があり，そのために置かれた規定であるという特別の事情を見逃してはならない。

今回の民法改正における立法担当者の見解は，民法 478 条と 480 条とが，ともに，権利外観法理を踏まえた，弁済者・債務者側の保護の規定であり，立証責任も，当然に，弁済者・債務者側に有利に分配されるべきであるという点を看過しており，結果的に，民法 478 条と 480 条とのバランスを著しく損なうものとなっている。

(3) 改正後の表見弁済受領者の法律要件の不統一に関する評価

以上のことから明らかなように，表見弁済受領者に関する民法 478 条の改正は，同様の規定である民法 480 条との対比において，弁済者に過酷な立証責任を課すものであり，表見弁済受領者に対する弁済の効力に関して，用語の統一の延長上において，判例・学説によって指摘されてきた要件の統一をめざすという目的を損なうものであることは明らかである。

今回の改正は，まさに，現代語化に名を借りて，弁済者・債務者の責任を過酷なものとし，弁済者・債務者の地位を貶めるものにほかならず，行き過ぎた改正であるといわざるを得ない。

なお，今回の改正に関しては，先に述べたように，立証責任に関する十分な検討がなされなかったのではないかとの疑念が生じているが，そもそも，実体法と訴訟法の区別について明確な基準が作成されていないのではないかとの疑いもぬぐいきれずに残っている。

実体法上の抗弁権と，訴訟法上の抗弁との区別がその一例であるが，今回の改正では，実体法上の権利である同時履行の抗弁権，催告の抗弁権，検索の抗弁権について，その見出しが，催告の抗弁（民法 452 条，454 条），検索の抗弁（民法 453 条），同時履行の抗弁（民法 533 条）とされている。これは，実体法上の抗弁権と訴訟法上の抗弁とを混同しており，立法上の過誤であると思われる。

第3節　民法現代語化から内容改正への展望

1　現代語化を逸脱した変更のやり直しの必要性

今回の民法改正は，現代語化の範囲では非常に優れた改正であった。しかし，現代語化を逸脱した点，すなわち，枝番号を解消するための条番号の変更，内容の変更に等しい用語の書き換え（たとえば，目的から目的物への変更，取消しから撤回への変更，立証責任を考慮した条文の変更など）については，先に検討したように，ほとんどが中途半端なものに終わっているばかりでなく，さまざまな立法上の過誤を犯していると思われる。

確かに，現代語化に徹することは，実際は困難なことである。現代語化を

第 3 節　民法現代語化から内容改正への展望

実現するために，どうしても内容の変更を伴わざるを得ない問題もありうる。しかし，内容の変更を極力避けるという方針の下で，現代語化のみに専念していれば，このような過誤は避けられたと思われる。

いずれにせよ，枝番号の解消を目的とした条番号の変更は失敗に終わったことが明らかであるから，速やかに，元の条番号に復帰させることが望ましい。このような復帰は，早ければ，早いほど実害が少ない。早急に措置を講じるべきである。

内容の変更を伴う中途半端な用語の書き換え（特に，撤回とすべき箇所を取消しのままに放置したり，撤回とすべきでない箇所を撤回と変更した箇所）も，早急に元に戻すべきである。

内容の変更にわたる改正については，十分な議論をせずに改正を急いだためもあって，立証責任のことまで考慮したという割には，立証責任の分配の根拠が薄弱な上，規定間の統一が取れておらず，中途半端な改正となってしまったといわざるを得ない。この問題は，今後の内容に関する改正作業へと引き継いでいくべきであろう。

2　内容改正のための議論の場（電子掲示板）の構築

今回の改正の最大の問題点は，改正のプロセスが公開されず，しかも，パブリック・コメントの期間が，2004 年 8 月 4 日〜9 月 3 日のわずか 1 ヵ月で締め切られ，極端に短すぎたことであろう。筆者自身も，わずか 1 ヵ月の期間では，本稿のような根本的な検討をする余裕がなかった。わが国の民法制定から 100 年以上を経て初めての全体に関する改正であったにもかかわらず，これほどの短い期間しか公開の議論の場が与えられなかったことは残念としかいいようがない。

大きな問題を残しながらも，われわれの念願であった民法の現代語化が完成したこと自体は評価されるべきである。しかし，これは，筆者が長年主張してきたように，ほんの出発点に過ぎない。今後は，まず，現代語化から逸脱した内容の改正部分について，誤りを訂正し，その後は，わが国が，国連国際動産売買条約（CISG）に加盟した場合や，ヨーロッパ契約法が完成した場合等を想定し，世界的な契約法の流れを見極めながら，民法の内容の再

検討を開始しなければならない。

その際に，今回のようにパブリック・コメントの期間をわずか1ヵ月に限定するというような失敗を繰り返すべきではない。誰でも常時参加でき，それらの考え方が立法担当者に影響を与えうるようにするためには，今後の民法改正では，立法担当部局が，常設の電子掲示板を開設し，かつ，責任をもって適切な運営を行うべきである。

3 立法における「透明・公正」の原則の確保

コンピュータのプログラムを駆使して，民法財産編の口語化を行った［加賀山・民法財産編の口語化草案（1990）185頁以下］という経験を持つ筆者から見ると，上記のように，今回の民法の現代語化における数々の失敗例を発見することができる。

問題は，そのような失敗例，たとえば，枝番号を解消するためとしながら，通常の条番号を枝番号にするという失敗例について，立法担当者がそれらを明らかにしていないという点にある。［池田（真）・新民法解説（2005）29頁（吉田徹）］は，枝番号が解消された例だけを紹介し，枝番号が解消されなかったことや，かえって枝番号が追加されたことについては，全く解説をせず，「その詳細については，資料②「条番号等の変更一覧」の「条番号（項・号）の変更」欄を参照されるほか，その対応関係については，新旧対照条文の該当箇所にあたられたい。」として，失敗例に触れることを避けている。しかし，立法担当者としては，立法に関与した人々，そして，何よりも国民に対して，「枝番号を解消することに努め，多くの枝番号を解消し，孫枝番号の解消には成功した。しかし，残念ながら，枝番号が残ってしまった箇所がある上に，枝番号のない条文について，枝番号を追加してしまうという不都合が生じてしまった」ということを率直に解説すべきであった。

このような解説がなされていれば，条番号の整理は，「技術的な問題に過ぎない」とか，「一種の美学の問題に過ぎない」といって済まされる問題ではないことが明らかとなるであろう。条番号の変更によって，これまでの貴重な文献や判例を読む場合に，「逐一，民法の条番号の対照・読み替えをしなければならないことになる」という「煩瑣な作業が必要になって極めて非

効率的であるばかりでなく，その取り違え等により混乱が生じる」［池田（真）・新民法解説（2005）29頁（吉田徹）］という弊害が生じてしまうからである。もしも，枝番号と欠番の解消を目的としてなされた条番号の変更が，実は，所期の目的を果たしていないことが，事前に詳しく報告されていたならば，今回の条番号の変更という不毛な結果を回避できたかもしれない。少なくとも，立法責任者や国民の代表者である国会議員にとって，今回の条番号の整理が上記の不都合を上回って余りあるものであるかどうかの利益衡量を行うことが極めて容易となったに違いない。

さらに，立法担当者が作成した民法現代語化言い換え一覧（［中田（裕）・民法の現代語化（2005）104頁］，［池田（真）・新民法解説（2005）124頁以下］）に，「目的→目的物」のように，変更された用語の一部が掲載されていないことも問題である。都合の悪いことは解説から省く，一覧表からも除外するというのでは，立法担当者の誠意が疑われても仕方がないであろう。立派な成果だけを誇るのではなく，都合の悪い点も含めて，偏ることなく解説することが，立法を担当した人々に求められているのであり，都合のよいことだけ解説し，後は，新旧対照条文を参照しろというのでは，誠実な解説とはいえないであろう。

立法，および，その解説は，「透明かつ公正」なものでなければならない。今回の民法改正において，このことが十分に実現されなかったという事実を踏まえて，今後の民法の実質的な改正作業は，「透明かつ公正」を重視して遂行されるべきである。

参考文献

［民法現代語化案補足説明］
　　http://www.moj.go.jp/PUBLIC/MINJI50/refer02.pdf
［法務省・民法現代語化案の意見募集結果（2004）］
　　http://www.moj.go.jp/PUBLIC/MINJI50/result_minji50.html
［民法現代語化法律案要綱（2004）］
　　http://www.moj.go.jp/HOUAN/MINPO3/refer01.html
［民法現代語化／法律案（2004）］

参考文献

　　http://www.moj.go.jp/HOUAN/MINPO3/refer02.html
［民法現代語化／理由（2004）］
　　http://www.moj.go.jp/HOUAN/MINPO3/refer03.html
［民法現代語化／新旧対象条文（2004）］
　　http://www.moj.go.jp/HOUAN/MINPO3/refer04-000.html
［民法修正案理由書（1896/1897）］
　　広中俊雄編著『民法修正案（前三編）の理由書』有斐閣（1987年）
［末川・法学辞典（1974）］
　　末川博編『全訂・法学辞典〔増補版〕』日本評論社（1974年）
［加賀山・民法財産編の口語化草案（1990）］
　　加賀山茂「民法財産編の口語化草案（私案）(1)(2・完) 阪大法学155号（1990年）185-244頁, 156号（1990年）495-574頁
［民法典現代語化案（1996）］
　　民法現代語化研究会「民法典現代語化案（1996）」ジュリスト1283号（2005年）108-155頁
［金子・法律学小辞典（2004）］
　　金子宏ほか編『法律学小辞典〔第4版〕』有斐閣（2004年）
［近江・新民法条文（2005）］
　　近江幸治編『新しい民法全条文―現代語化と保証制度改正』三省堂（2005年）
［中田（裕）・民法の現代語化（2005）］
　　中田裕康「民法の現代語化」ジュリスト1283号（2005年）86-155頁
［池田（真）・新民法解説（2005）］
　　池田真朗編『新しい民法　現代語化の経緯と解説』有斐閣（2005年）
［星野・渡辺・民法典の現代語化をめぐって（2005）］
　　星野英一・渡辺真紀「〈インタビュー〉星野英一先生に聞く『民法典の現代語化をめぐって』」法学教室294号（2005年）4-15頁
［能見・CISG試訳（2007）］
　　能見善久「ウィーン売買条約（CISG）の試訳」NBL 866号（2007）13頁以下

第2章

判例の読み方★★★★★
――判例は変更されず,ただ追加あるのみ――

はじめに

「判例とは何か」については議論がある。最も広義には,「過去に下された裁判」という意味で「判例」という用語を使う場合がある。たとえば,「民法1条1項に関しては,これを論じる学説はあるが,『判例』はない」というのがその例である。

過去に下された裁判という広義の判例の中で,そこに含まれる原則のうち,事実上の拘束力をもつものに限って「判例」という用語を使う場合もある。たとえば,「当該高裁判決は,最高裁判所の『判例』に相反する判断を下している」(刑事訴訟法405条,民事訴訟法318条)というのがその例である。

本稿では,特に断らない限り,通説[中野・判例の読み方(2002)5頁]に従って,判例とは,「個々の特定の裁判(判決・決定)において示された裁判所の判断である」というように,多少限定した考えを採用することにする。

法律の条文には裁判官に対する拘束力を認めるが(憲法76条3項参照),判例にはそのような拘束力を認めていない大陸法国においても,法の解釈・適用関して,判例の重要性を疑う者はいない。しかし,判例の果たすべき役割となると,大陸法国においては,制定法の解釈を助けるものとして,制定法に従属するものとして扱われる傾向が強かった。

しかし,法の分野にコンピュータが利用されるようになった現在では,大陸法国においても状況は変化しつつある。というのも,判例のデータベースは,紛争の解決の場において,制定法のデータベースよりもはるかに役に立つデータベースとして,実務で盛んに使われるようになっているからである。

制定法のデータベースと比較した場合の判例データベースの優位性は,以

第 2 章　判例の読み方

下の点にある。
- 制定法のデータベースは，体系的に編成される。しかし，時代の進展に伴って条文は常に改正され，壮大な体系も徐々に崩れていくという危険にさらされる。そして，条文が改正され，体系が変更された場合のデータベースの保守は困難を極める。現行法令だけ検索できるようにするデータベースであれば，その構築は容易であるが，過去に遡って，ある特定の年月日における法令のデータ，たとえば，1945年8月15日当時の民法14条〜18条（妻の行為能力・削除）の条文の内容を知りたいと思っても，そのような要望に応えうるデータベースを構築することは，簡単ではない。このため，そのような便利なデータベースは，わが国でも，いまだに実現されていない。
- これに反して，判例データベースの強みは，特定の裁判所の判決データを年月日順に淡々と蓄積しておけばよいという点にある。検索のために，キーワードや参照条文を付加するのは，後から徐々に行えばすむことである。つまり，データは蓄積があるのみであり，蓄積したデータに対して，一切の変更を要しないというのが，判例データベースの優れた特色である。

この判例データベースの優位性こそが，従来，法の移植・継受に際して，判例法に比較した場合の大陸法の優位性といわれていた現象を根底から覆す要因ともなりつつある。

このように，制定法のデータベースに比較した判例データベースの特色は，**「判例データは変更されず，ただデータの追加あるのみ」**という点にある。この問題は，単にデータベースの問題に留まらず，以下に述べるように，判例の読み方の問題にも妥当する。

普遍的な妥当性を要求される制定法が時代の進展につれて，絶え間なく変更せざるを得ないのに対して，具体的な事件への法の適用を通じて作り出される判例の法理は，事件ごとに創造されるのが通例である。したがって，ある判決が下された後に，似たような事件について，理由や結論が異なる判決が下された場合，一見すると，判例が変更されたようであるが，実は，前提となる事実が異なるので，判例は変更されたのではなく，異なる事実関係の下で新しい判例が創設されただけであり，前の事実関係の範囲では，以前の判例もその効力を維持していると考える方が妥当な場合が数多く存在する。

本稿の目的は，最高裁が判例変更をしたとする事例を取り上げ，さまざま

な実習を通じて，判例の読み方を読者とともに考えることにある。判例を読むには，制定法の解釈とは異なる視点が必要であり，先例拘束の原則を採用しないわが国においても，判例を読むに際しては，「**判例は変更されず，ただ追加あるのみ**」という緩やかな原則を承認することが有用であることを実感していただければ幸いである。

第1節　判例の読み方について

　すべての問題について，実習を行いながら，ノウハウを習得するというのが本稿の方針である（初心者にいきなり判決を読ませて実習を行うという先駆的な試みについては，［田中・実定法学入門（1984）］を参照されたい）。そこで，判例の読み方についても，直ちに実習ができるように，判例について詳しい解説を行う前に，判決を読む際に注意すべき技術的な問題を先に述べることにする。いきなり技術的な提言を行うことには，抵抗があるかもしれないが，提言の1つ1つに簡単な理由を付しておいたので，まずは，この方針に従って実習を進めていただきたい。

1　判決を読むときに留意すべき点

　さて，過去に下された判決を読む際に，注意すべきことが3点ある。その3点とは，以下の通りである。

1. まず，事実（5Wといわれる Who, Where, When, What, Why）をじっくり読み，どのような事実が認定されたのか，その事実に対してどのような結論が導かれているのかを読み取ること。
    ○判決は，ある特定の事実に関する紛争を解決するために裁判所が下した法律的な判断である。特定の事実を前提にせずに，普遍的なルールとして宣言されている法律の条文と同じように，普遍的なルールの一部を構成するものとして読むのは適切でない。
    ○したがって，判決の要旨（判旨）を読んだだけで，判決を読んだつもりになってはならない。
    ○判決の要旨をまとめるときも，本来は，どのような事実に対してどのよ

うな判断がなされたかを明らかにすべきである。初心者は，概して，基礎となる事実から切り離して，法律の条文のようなルール，または，その補助ルールを宣言するものとして判旨をまとめようとするが，そのような判旨のまとめ方は危険であり，極力避けるようにしなければならない。

2. 認定された事実に対して，裁判所は，どの条文を適用したのかを読み取ること。そして，なぜ，その条文が適用されたのか，当事者の主張からはずれることになるとしても，ほかの条文を適用する余地はなかったのかを吟味すること。
   ○判決は，一定の事実に対する法の適用というスタイルをとる。法が欠けている場合には，裁判官が類推等を通じて法創造を行うこともあるが，一般には，判決は，法を適用した結果だと考えられている。
   ○判例は，具体的な事例を通して，条文の要件に，補助的な要件（または具体的な解釈命題）を付け加えるという役割を果たしている。したがって，判決を読む場合には，適用された法が何かを読み取ることが重要となる。
   ○もっとも，具体的な事件の解決という観点から見るならば，事件に適用される可能性のある条文は，必ずしも，1つとは限らない。ひょっとすると，判例とは異なる条文を適用した方が優れた解決を導くことができたかもしれない。そこで，判決が適用した条文が適切であるかどうか，事案の解決にとってさらに適切な条文がほかになかったかどうかを吟味することが必要である。

3. ある判決を読んだら，その判決が，従来の判例とどのような関係にあるかを調べ，まったく新しい判決なのか，従来の判例を変更するものであるのか，従来の判例をそのまま是認するものなのかを検討すること。
   ○判決を孤立したものとして理解するのではなく，関連する判例と読み比べてみて，それぞれの判決にあらわれる具体的な事実に即して，歴史的な観点を入れて考察する作業を行うことが重要である。そのような作業を通じてのみ，判決の相対的な位置づけ，および，判決の射程（適用領域・守備範囲）を確定することができる。
   ○法令が，普遍的かつ体系的な法的データベースであるのに対して，判例は，法に関する編年体の法的データベースである。時を越えて通用することが期待されている法令が，時代にあわせて次々と改正・修正を重ねなければならないのに対して，判例は，淡々とデータを追加すればよい

第1節　判例の読み方について

だけであって，データ自体の変更は必要がない。
- 判例は，ある時代のある事実に適合した紛争解決策に過ぎないのであるから，従来の判例が変更されたと思われるような場合であっても，判例の変更ではなく，判例の追加と考えること，すなわち，時代の進展とともに，前提となる事実が変わったので，新しい紛争解決策が生み出されたと考えることの方が，判例の見方として適合的である場合が多い。
- 確かに，判例を法令の一部（法令の解釈命題）と考える傾向の強い人々は，似たような事件について，最高裁が異なる結論を導く判決を下すと，すぐに，判例が変更されたと主張したがる（最高裁自身もそう考えがちである）。しかし，多くの人によって判例変更が行われたと主張されている場合であっても，あえて，判例は変更されずに，新しい判断が追加されたに過ぎないのではないのかと考えてみることが有用である。そのように考えることによって，それぞれの判決の前提となる事実の違いが明確となり，相互の判決の射程（適用領域・守備範囲）が確定されることになるのである。
- これまで先例とされていた判決が，新たな判例の出現により，その問題についての先例としての価値を疑われて，その後の判例との抵触が回避されるという逆のパターンもあり得る。このように，判例変更と思われる場合であっても，先の判例の射程の見直しと後の判例の射程確定作業という厳密な検討を経た後に，はじめて，本当に判例が変更されたかどうかを判断することができる。
○このような比較検討なしには，実は，判決理由中の判断のうち，どこが判例として尊重されるべき部分であり，どこが傍論（主要な争点に対する判断ではない部分）であるのかも判断することはできないのである。
○最後に，判例が変更されたと判断できる場合でも，以前の判例の効力がなくなるわけではない。変更された判例と抵触しない範囲で，その判例は生き続ける。そして，時代が変わって，現在の判例が通用力を弱めるという事態が生じた場合には，以前の判例が再評価されて通用力を復活するということも稀ではない。
○このように考えると，判例に関しては，**「判例は変更されず，ただ追加あるのみ」**という緩やかな原則が妥当するように思われる。

2 判決を読むときの具体的な方法の提案

以上の3点を念頭において判決を読もうとしても，人間はどうしても安易な方向に流されやすい。というのも，判例集には，最初の部分に，必ず，編集者によって，判決要旨，場合によっては，その解説までが用意されている。そのため，判決要旨やその解説を読んだだけで，大切な事実の部分を読み飛ばしてしまい，それで，判決を読んだつもりになってしまいがちである。

しかし，判決要旨は，判決理由そのものではなく，判決を下した裁判官とは別の第三者（判例委員会）が作成した単なるメモ書きに過ぎない［中野・判例の読み方（1986）30頁参照］。判決要旨の多くは，争われた事実から切り離して，条文の解釈を助ける補助命題として書かれることが多く，それを他の事例に適用すると不都合が生じることがある。そのような危険を避けるためにも，判決の法理は，あくまで，具体的な事実とセットで読まれなければならない（詳しくは，「グランヴィル・イギリス法入門（1985）」参照）。

そこで，事実を念頭において，判決理由を吟味するという習慣を養い，かつ，上で述べた3点を確実に実行するための具体的な判例の読み方として，以下に示すように，7つのステップを踏む方法（**判決解読の7ステップ**）を紹介する。

1. 事実を読むに際して，年月日，事実，法律関係という3つの項目をもった，たとえば，次頁のような表を用意して，そこに，時系列にしたがって事実を簡潔にまとめるようにする。ここで大切なことは，3つの項目について，簡潔に事実をまとめてみることである。表を作成するための適当なソフトウェアがない場合には，それぞれの項目について，箇条書きにするだけでもよい。
2. 事実を時系列にまとめたら，今度は，登場人物を端的に解説するメモ，または，図を事実関係の前または後に付加する。
3. 判決によって適用された条文だけでなく，事件の解決に必要と思われる参照条文を添付する。
4. 該当する分野の教科書，条文の注釈書，判例批評等を参考にして，関連判例をピックアップし，関連判決の前提事実と当該判決の前提事実を比較対照し，その事実の違いが，結論の違いを生じさせたかどうかを考察する。
5. 該当する分野の教科書，条文の注釈書，判例批評を参考にして，当該判

第 2 節　具体例としての最高裁判決（最三判平12・6・27民集54巻5号1737頁）

例に関連する学説（教科書・学術論文等）をフォローする。
6. 従来の判例との対比を通じて，当該判決の射程を検討した上で，争点ごとの判決理由および結論に対する自分なりのコメントを書いておく。
7. 最後に，判例の出現によって，制定法の解釈にどのような影響が生じたかを明らかにし，新しい判例法理を，制定法の形で表現しなおしてみる（リステイトメント）。このような積み重ねによって，時代に即した新しい立法草案が用意されることになる。

年月日	事　実		法律関係
	原告側の主張	被告側の主張	
○○○○年○○月○○日	原告Xと被告Yとは，△△契約を締結し，被告Yは，原告Xに対して，手付として，金10万円を交付した（当事者に争いがない）。		△△契約の成立
××××年××月××日	本件手付は違約手付であり，Yは，△△契約を解除できない。	Yは本件解約手付を放棄して，本件△△契約を解除した。	△△契約は解除されたか？
□□□□年□□月□□日	Xは，△△契約に基づき，Yに対して，金100万円の支払いを求めて訴えを提起した。		

前置きは以上である。それでは，実際の判例を選んだ上で，この7つのステップを踏んだ読み方の実習にとりかかることにしよう。

第2節　具体例としての最高裁判決（最三判平12・6・27民集54巻5号1737頁）

1　具体的な判例の選択の意図

判例の具体的な読み方を解説するため，ここでは，平成12年度の最高裁判例の中から，最三判平12・6・27民集54巻5号1737頁（バックホー盗難被害者から転得者に対する返還・使用料請求事件（以下，「バックホー盗難事件」という））を取り上げることにする。この最高裁判決は，大審院の判例（大判

昭 4・12・11 民集 8 巻 923 頁）に従ったとされる一審・二審の判断を最高裁が破棄・自判したものである。

　最高裁が判例を変更することは，珍しいこととは考えられていないし，その理由もさまざまである。具体的な事案を通じて，裁判所間，または，学説間の法理の対立に決着をつけるために従来の判決を変更するというものもあれば，具体的な事案を合理的に解決するためには，従来の判例の法理を変更せざるを得なくなたというものもある。本件は，後者のタイプに属するものであるとされている。

　このバックホー盗難事件に関する判例を通じて，なぜ，最高裁が大審院以来の判断を一部変更するに至ったとされているのか，本当に判例の変更が行われたのかどうかの検討を通じて，読者に判例の射程とは何かを考えてもらおうというのが，本稿の意図である。

2　最高裁判決の背景にある判例・通説の対立状況

　最高裁の判決（最三判平 12・6・27 民集 54 巻 5 号 1737 頁）を読む前に，最小限の予備知識をもってもらうために，バックホー盗難事件に関する判例と学説の動向について概説しておくことにしよう。

　本件は，バックホー（土木機械）の盗難事件を通じて，大審院以来確立していた判例の法理を最高裁が一部変更するに至ったとされる事件である。一審，二審の判決が大審院の判例の法理に忠実に従った判決を出していたのを，最高裁が，大審院の判例を変更するという方法を用いて，具体的に妥当な解決を示したという点でも興味深い事件である。

　大審院の判例（大判大 10・7・8 民録 27 輯 1373 頁）は，盗品・遺失物が転得者に渡った場合に，被害者・遺失主が民法 193 条・194 条に基づいて，盗難・遺失の日から 2 年間に限って盗品を回復請求できるのは，被害者または遺失主が所有権を保持しているからだと考えていた［梅・要義（1887）62 頁］。

　大審院の考え方は，民法 193 条に基づいて，被害者・遺失主が盗品または遺失物の回復請求を無償でできることを説明するには好都合である。しかし，反対に，民法 194 条に基づいて盗品または遺失物の回復請求をする場合には，

第2節 具体例としての最高裁判決（最三判平12・6・27民集54巻5号1737頁）

　被害者または遺失主は，無償ではなく，転得者が支払った代価を弁償しなければ回復請求ができない。被害者または遺失主に所有権があるといいつつ，このことを説明するのは困難である。被害者または遺失主が所有権を保持してるのであれば，基本的に，転得者に代価を弁償しなければならない道理はないからである。

　そこで，通説は［末弘・物権法（1929）272頁］，［我妻・物権法（1952）141頁］は，民法192条の例外である民法193条，194条に関して，判例とは逆に，所有権は，被害者または遺失主から転得者に移転すると解している。通説によると，民法194条の場合には，所有権は，すでに，占有者に移転しているのであるから，被害者または遺失主は，有償でしか回復請求ができないこと（一種の買戻権）を説得的に説明できる。しかし，この説は，反対に，民法193条の場合には，所有権は占有者に移転しているにもかかわらず，被害者または遺失主は，無償で回復請求ができることになり，説得的な説明ができない。

　盗品または遺失物の所有権の帰属に関する判例と学説の対立状況を整理すると，次頁のような表となる。

　このようにして，民法193条と194条とを統一的に説明しようとすると，判例の見解によれば，民法193条は容易に説明できるが，民法194条の説明に困難をきたすことになり，反対に，通説の見解によれば，民法194条は容易に説明できるが，民法193条の説明に困難をきたすことになる。このため，これまで，判例と通説は，対立したまま平行線をたどってきたのである。

　ところが，本件を通じて，判例は，民法194条の場合に関してではあるが，通説の方に少し歩み寄ることになった（判例評釈の中には，本件最高裁判決は，通説である取得者帰属説へと判例を変更したものであると解する説［野口・批判（2001）66（69）頁］もあるほどである）。

　裁判所が従来の考え方を一部変更したと考えられるに至ったのは，理論的な問題というよりは具体的な事例の解決にとって，従来の考え方では通用しなくなったからであろう。それでは，従来の判例の考え方では，どのような不都合が生じるのであろうか。以下の参照条文を参考にしながら，実習を通じて考えてみることにしよう。

条文	要件	盗難・遺失の時から2年間が経過するまでの効果			
		判例の考え方（原所有者帰属説）		通説の考え方（取得者帰属説）	
		被害者または遺失主	取得者	被害者または遺失主	取得者
民法193条	盗品または遺失物を公の市場ではなく，特殊のルートで取得した場合	盗難または遺失の時から2年間は，所有権を有する。したがって，所有権に基づき回復請求ができる。	盗難または遺失の時から2年間は，無権限占有者に過ぎない。	取得者の即時取得によって，所有権を失う。しかし，無償で回復する請求権を有する（説明としては苦しい）	所有権を即時に取得する。しかし，被害者・遺失主の返還請求に応じなければならない。（説明としては苦しい）
民法194条	盗品または遺失物を公の市場または同種の物を販売する商人から善意で買い受けた場合	盗難または遺失の時から2年間は，所有権を有する。しかし，代価を弁償しないと回復請求をなしえない。（説明としては苦しい）	盗難または遺失の時から2年間は，無権限の占有者に過ぎない。しかし，代価の弁償を受けるまで，被害者または遺失主の返還請求を拒絶する抗弁権を有する。（本件の場合不都合が生じる）	所有権を失う。しかし，代価を弁償して所有権を再取得できる。	所有権を即時に取得する。しかし，被害者または遺失主が代価を弁償した場合には，所有権を失う。

3 参照条文

　公式判例集には，常に，参照条文の記載がある。これは，判決が，条文の適用の結果であることを示す点で重要である。さらに，事件に適用されるべき条文は，法律の改正等によって，事件当時の条文と現行条文とが異なることがありうるので，事件当時の参照条文が掲載されていることは大きな意味

第2節　具体例としての最高裁判決（最三判平12・6・27民集54巻5号1737頁）

を持っている。

　本件の場合，公式判例集には，民法194条のみが参照条文として記載されているが，判決を読み解くためには，さらに，多くの条文を参照しなければならない。そこで，本稿では，バックホー盗難事件において参照すべき条文をすべて掲げることにした。

- 民　法

　　民法第192条（即時取得）
　　　　取引行為によって，平穏に，かつ，公然と動産の占有を始めた者は，善意であり，かつ，過失がないときは，即時にその動産について行使する権利を取得する。

　　民法第193条（盗品又は遺失物の回復）
　　　　前条の場合において，占有物が盗品又は遺失物であるときは，被害者又は遺失者は，盗難又は遺失の時から2年間，占有者に対してその物の回復を請求することができる。

　　民法第194条（同前）
　　　　占有者が，盗品又は遺失物を，競売若しくは公の市場において，又はその物と同種の物を販売する商人から，善意で買い受けたときは，被害者又は遺失者は，占有者が支払った代価を弁償しなければ，その物を回復することができない。

　　民法第189条（善意の占有者による果実の取得等）
　　①善意の占有者は，占有物から生ずる果実を取得する。
　　②善意の占有者が本権の訴えにおいて敗訴したときは，その訴えの提起の時から悪意の占有者とみなす。

　　民法第190条（悪意の占有者による果実の返還等）
　　①悪意の占有者は，果実を返還し，かつ，既に消費し，過失によって損傷し，又は収取を怠った果実の代価を償還する義務を負う。
　　②前項の規定は，暴行若しくは脅迫又は隠匿によって占有をしている者について準用する。

- 古物営業法（昭和24年5月28日公布，同年7月1日施行）

　　第20条（盗品及び遺失物の回復）
　　　　古物商が買い受け，又は交換した古物（商法（明治32年法律第48号）第519条に規定する有価証券であるものを除く。）のうちに盗品又は遺失物があつた場合においては，その古物商が当該盗品又は遺失物を公の市場において又は同種の物を取り扱う営業者から善意で譲り受けた場合においても，被害者又は遺失主は，古物商に対し，これを無償で回復することを求めることができる。ただし，盗難

又は遺失の時から1年を経過した後においては，この限りでない。
（平7法66・旧第21条繰上・一部改正）

　以上の予備知識を理解したうえで，しかし，以上の予備知識にはとらわれることなく，実際の最高裁判決を読んでみることにする。以下に，最高裁の判決を読む上で必要となる用語について，若干の解説をしておくことにしよう（判決用語を実際の判決に即して説明するものとして，［田中・実定法学入門(1984) 14頁以下］参照）。判決を読みながら，参照すると理解が深まるであろう。

4　判例用語の解説

　判決は，結論部分である「主文」，および，その根拠を示す「事実」，「理由」の2つの部分で構成されている（民事訴訟法253条参照）。ただし，最高裁判所は，事実審ではなく，法律審であるため，最高裁判所の判決においては，「事実」の部分は省略される。ところが，本件の場合には，最高裁判所によって，原判決が取り消されて，上告人（原告）の請求が認められている関係上，「事実」という項目は存在しないが，「理由」の部分に，判決理由を正当化するための「事実」が，かなり詳しく記述されている。

　ところで，最高裁の判決集には，まず最初に，事件表示，事件番号，判決年月日，結論，当事者（上告人，被上告人），第一審，第二審の裁判所名，判示事項，判決要旨，参照条文が掲げられているが，主文の前に書かれている部分は，判決要旨を含めて，第三者が作成したものであって，判決原文にはないものである。

A.　主　文

　「主文」には，上告に対する判断，および，訴えの内容（「請求」という）に対する判断が含まれる。

　主文の最初に，「原判決を次のとおり変更する。」と書かれているのは，最高裁判所が上告を是認して，原判決と異なる判断を下したことを示している。

　原判決に対する評価には，本判決のように，「原判決を…変更する」というもののほか，「原判決を破棄する。本件を原審に差し戻す」ものなどがあ

る。反対に，原判決を是認する場合には，「本件上告を棄却する」となる。

本判決では，上告が認められたため，次に，請求に対する判断も行われている。「被上告人は上告人に対し，300万円及びこれに対する平成9年9月3日から支払済みまで年5分の割合による金員を支払え」という判断によって，上告人（原告）の請求が認められたことが示されている。

原判決においては，上告人である控訴人（原告）の請求が棄却されていたのであるから，最高裁判所の判断は，原判決とは逆の判断を下したことになる。主文の最初の最初に，「原判決を…変更する」と書かれていた意味がここで明らかとなっている。

主文の最後には，訴訟費用の負担についての判断が示されている（民事訴訟法67条，258条2項以下参照）。

B. 理　由

判決には，結論に到達した「理由」が示されなければならない（民事訴訟法253条，刑事訴訟法44条）。

判決理由においては，主文の判断を導くに至った前提をなす事実，争点，法の適用が示され，かつ判断の経路が明らかにされるのが通常である。

判決理由そのものは既判力をもたないが（民事訴訟法114条1項），主文の意味を補完するものとして，また裁判の公開に役立つものとして重要であり，この部分のうちの最重要部分が，判例集の編集者によって判決要旨としてピックアップされ，判例の重要部分として，その後の裁判に大きな影響力をもつことになる。

第3節　バックホー盗難事件に関する判例の紹介

実習の対象となる最高裁判所の判決全文と，参考のため，第一審判決，第二審判決の概要を以下に示す。実習の際には，常にこの部分に立ち返って，検討してほしい。

1 最高裁判決（最三判平 12・6・27 民集 54 巻 5 号 1737 頁）

○動産引渡請求本訴，代金返還請求反訴事件（平成 10 年（受）第 128 号　同 12 年 6 月 27 日第三小法廷　一部破棄自判　一部棄却）
【上告人】　控訴人・附帯被控訴人・反訴原告，被告　安藤忠男，　代理人　成田龍一
【被上告人】　被控訴人・附帯控訴人・反訴被告　原告　宮下清　代理人　岩井羊一　外 2 名
【第一審】　名古屋地方裁判所　平成 9 年 7 月 29 日判決
【第二審】　名古屋高等裁判所　平成 10 年 4 月 8 日判決
○判示事項
一　民法 194 条に基づき盗品等の引渡しを拒むことができる占有者と右盗品等の使用収益権
二　盗品の占有者がその返還後にした民法 194 条に基づく代価弁償請求が肯定される場合
○判決要旨
一　盗品又は遺失物の占有者は，民法 194 条に基づき盗品等の引渡しを拒むことができる場合は，代価の弁償の提供があるまで右盗品等の使用収益権を有する。
二　盗品の占有者が民法 194 条に基づき盗品の引渡しを拒むことができる場合において，被害者が代価を弁償して盗品を回復することを選択してその引渡しを受けたときには，占有者は，盗品の返還後，同条に基づき被害者に対して代価の弁償を請求することができる。
【参照】（一，二につき）民法第 194 条　占有者カ盗品又ハ遺失物ヲ競売若クハ公ノ市場ニ於テ又ハ其物ト同種ノ物ヲ販売スル商人ヨリ善意ニテ買受ケタルトキハ被害者又ハ遺失主ハ占有者カ払ヒタル代価ヲ弁償スルニ非サレハ其物ヲ回復スルコトヲ得ス
○主　文
一　原判決を次のとおり変更する。
上告人の控訴に基づき，第一審判決中上告人敗訴部分を取り消す。
前項の部分につき被上告人の請求を棄却する。
被上告人の附帯控訴を棄却する。
被上告人は上告人に対し，300 万円及びこれに対する平成 9 年 9 月 3 日から支払済みまで年 5 分の割合による金員を支払え。

第3節　バックホー盗難事件に関する判例の紹介

　上告人のその余の請求を棄却する。
　二　訴訟の総費用は被上告人の負担とする。

　○理　由
　上告人代理人成田竜一の上告受理申立て理由について
　一　原審の適法に確定した事実関係の概要及び記録によって認められる本件訴訟の経緯等は，次のとおりである。
　1　被上告人は，第一審判決別紙物件目録記載の土木機械（以下「本件バックホー」という。）を所有していたが，平成6年10月末ころ，光井信俊ほか1名にこれを盗取された。
　2　上告人は，平成6年11月7日，無店舗で中古土木機械の販売業等を営む結城政一（以下「結城」という。）から，本件バックホーを300万円で購入し，その代金を支払って引渡しを受けた。右購入の際，上告人は，結城が本件バックホーの処分権限があると信じ，かつ，そのように信ずるにつき過失がなかった。
　3　平成8年8月8日，被上告人は，上告人に対して本件訴訟を提起し，所有権に基づき本件バックホーの引渡しを求めるとともに，本件バックホーの使用利益相当額として訴状送達の日の翌日である同月21日から右引渡済みまで1箇月45万円の割合による金員の支払を求めた。
　上告人は，右金員の支払義務を争うとともに，民法194条に基づき，被上告人が300万円の代価の弁償をしない限り本件バックホーは引き渡さないと主張した。
　4　第一審判決は，上告人に対して，
　（一）被上告人から300万円の支払を受けるのと引換えに本件バックホーを被上告人に引き渡すよう命じるとともに，
　（二）上告人には本件訴え提起の時から物の使用によって得た利益を不当利得として被上告人に返還する義務があるとして，平成8年8月21日から右引渡済みまで1箇月30万円の割合による金員の支払を命じた。
　5　上告人が控訴をし，被上告人が附帯控訴をしたが，第一審判決によって本件バックホーの引渡済みまで1箇月30万円の割合による金員の支払を命じられた上告人は，その負担の増大を避けるため，本件が原審に係属中である平成9年9月2日に，代価の支払を受けないまま本件バックホーを被上告人に引き渡し，被上告人はこれを受領した。被上告人は引渡請求に係る訴えを取り下げた上，後記二記載のとおり請求額を変更し，他方，上告人は後記二記載のとおり反訴を提起した。
　二　本件は，以上の経緯から提起された本訴と反訴であり，
　（一）被上告人が上告人に対して，不当利得返還請求権に基づく本件バックホー

の使用利益の返還請求又は不法行為による損害賠償請求権に基づく賃料相当損害金の請求として，訴状送達の日の翌日である平成8年8月21日から前記一5の引渡しの日である平成9年9月2日まで1箇月40万円の割合により計算した額である497万0950円の支払を求める本訴請求事件と，（二）上告人が被上告人に対して，民法194条に基づく代価弁償として300万円の支払と，右引渡しの日の翌日である平成9年9月3日から支払済みまで民法所定の年5分の割合による遅延損害金等の支払を求める反訴請求事件からなる。

　三　原審は，右事実関係の下において，次のとおり判断し，

　（一）被上告人の本訴請求を273万2258円（平成8年8月21日から平成9年9月2日まで1箇月22万円の割合により計算した額）の支払を求める限度で認容し，（二）上告人の反訴請求を300万円及びこれに対する反訴状送達の日の翌日である平成9年11月18日から支払済みまで年5分の割合による金員の支払を求める限度で認容した。

　1　結城は民法194条にいう「其物ト同種ノ物ヲ販売スル商人」に当たり，上告人は民法192条所定の要件を備えているから，上告人は，被上告人の本件バックホーの引渡請求に対して，民法194条に基づき代価の弁償がない限りこれを引き渡さない旨の主張をすることができる。

　2　占有者が民法194条に基づく主張をすることができる場合でも，代価が弁償されると物を返還しなければならないのであるから，本権者から提起された返還請求訴訟に本権者に返還請求権があると判断されたときは，占有者は，民法189条2項により本権の訴え提起の時から悪意の占有者とみなされ，民法190条1項に基づき果実を返還しなければならない。したがって，被上告人は本件バックホーの引渡請求に係る訴えを取り下げてはいるが，上告人が本件バックホーをなお占有していれば，被上告人の右請求が認容される場合に当たるから，上告人は，本件訴え提起の時から引渡しの日まで本件バックホーの果実である使用利益の返還義務を負う。

　3　上告人は，民法194条に基づき，被上告人に対して代価の弁償を請求することができると解すべきであり，右債務は反訴状送達の日の翌日から遅滞に陥る。

　四　しかしながら，原審の右判断のうち2及び3の遅滞時期に関する部分は，いずれも是認することができない。その理由は，次のとおりである。

　1　盗品又は遺失物（以下「盗品等」という。）の被害者又は遺失主（以下「被害者等」という。）が盗品等の占有者に対してその物の回復を求めたのに対し，<u>占有者が民法194条に基づき支払った代価の弁償があるまで盗品等の引渡しを拒むことができる場合には，占有者は，右弁償の提供があるまで盗品等の使用収益を</u>

第3節　バックホー盗難事件に関する判例の紹介

行なう権限を有すると解するのが相当である。けだし，民法 194 条は，盗品等を競売若しくは公の市場において又はその物と同種の物を販売する商人から買い受けた占有者が同法 192 条所定の要件を備えるときは，被害者等は占有者が支払った代価を弁償しなければその物を回復することができないとすることによって，占有者と被害者等との保護の均衡を図った規定であるところ，被害者等の回復請求に対し占有者が民法 194 条に基づき盗品等の引渡しを拒む場合には，被害者等は，代価を弁償して盗品等を回復するか，盗品等の回復をあきらめるかを選択することができるのに対し，占有者は，被害者等が盗品等の回復をあきらめた場合には盗品等の所有者として占有取得後の使用利益を享受し得ると解されるのに，被害者等が代価の弁償を選択した場合には代価弁償以前の使用利益を喪失するというのでは，占有者の地位が不安定になること甚だしく，両者の保護の均衡を図った同条の趣旨に反する結果となるからである。また，弁償される代価には利息は含まれないと解されるところ，それとの均衡上占有者の使用収益を認めることが両者の公平に適うというべきである。

　これを本件について見ると，上告人は，民法 194 条に基づき代価の弁償があるまで本件バックホーを占有することができ，これを使用収益する権限を有していたものと解される。したがって，不当利得返還請求権又は不法行為による損害賠償請求権に基づく被上告人の本訴請求には理由がない。これと異なり，上告人に右権限がないことを前提として，民法 189 条 2 項等を適用し，使用利益の返還義務を認めた原審の判断には，法令の解釈適用を誤った違法があり，右違法は原判決の結論に影響を及ぼすことが明らかである。この点をいう論旨は理由がある。

　2　本件において，上告人が被上告人に対して本件バックホーを返還した経緯は，前記一のとおりであり，上告人は，本件バックホーの引渡しを求める被上告人の本訴請求に対して，代価の弁償がなければこれを引き渡さないとして争い，第一審判決が上告人の右主張を容れて代価の支払と引換えに本件バックホーの引渡しを命じたものの，右判決が認めた使用利益の返還債務の負担の増大を避けるため，原審係属中に代価の弁償を受けることなく本件バックホーを被上告人に返還し，反訴を提起したというのである。右の一連の経緯からすると，被上告人は，本件バックホーの回復をあきらめるか，代価の弁償をしてこれを回復するかを選択し得る状況下において，後者を選択し，本件バックホーの引渡しを受けたものと解すべきである。このような事情にかんがみると，上告人は，本件バックホーの返還後においても，なお民法 194 条に基づき被上告人に対して代価の弁償を請求することができるものと解するのが相当である。大審院昭和 4 年（オ）第 634 号同年 12 月 11 日判決・民集 8 巻 923 頁は，右と抵触する限度で変更すべきもの

である。
　そして，代価弁償債務は期限の定めのない債務であるから，民法412条3項により被上告人は上告人から履行の請求を受けた時から遅滞の責を負うべきであり，本件バックホーの引渡しに至る前記の経緯からすると，右引渡しの時に，代価の弁償を求めるとの上告人の意思が被上告人に対して示され，履行の請求がされたものと解するのが相当である。したがって，被上告人は代価弁償債務につき本件バックホーの引渡しを受けた時から遅滞の責を負い，引渡しの日の翌日である平成9年9月3日から遅延損害金を支払うべきものである。それゆえ，代価弁償債務及び右同日からの遅延損害金の支払を求める上告人の反訴請求は理由がある。そうすると，反訴状送達に先立つ履行の請求の有無につき検討することなく，被上告人の代価弁償債務が右送達によってはじめて遅滞に陥るとした原判決の判断には法令の解釈適用を誤った違法があり，右違法は原判決の結論に影響を及ぼすことが明らかである。この点をいう論旨は理由がある。
　五　以上の次第で，原判決のうち，被上告人の本訴請求に関する上告人敗訴部分及び上告人の代価弁償請求に関する上告人敗訴部分は，いずれも破棄を免れず，被上告人の本訴請求を棄却し，上告人の代価弁償に関する反訴請求を認容すべきであるから，これに従って原判決を変更することとする。
　よって，裁判官全員一致の意見で，主文のとおり判決する。
（裁判長裁判官　金谷利廣　裁判官　千種秀夫　裁判官　元原利文　裁判官　奥田昌道）

2　第一審判決（要旨）

- 善意取得者Yの抗弁を認め，Yは，所有者Xから300万円の支払いを受けるのと引換えに本件機械をXに引き渡すよう命じた。
- Yは，民法189条2項，190条により，訴え提起の時から物の使用により得た利益を不当利得としてXに返還する義務があるとして，訴状送達の日の翌日から引渡済みまで，1ヵ月30万円の割合による金員の支払いを命じた。

　Yは，控訴をし，Xも附帯控訴をしたが，一審判決によって本件機械の引渡済みまで1ヵ月30万円の支払いを命じられたYは，負担の増大を避けるため，控訴審の継続中である平成9年9月2日に，代価の支払いを受けないまま任意に本件機械をXに引き渡し，Xはこれを受領した。

そこで，Xは，本件機械の引渡請求を取り下げるとともに，金銭請求を引渡の日までの確定額の請求に変更し，Yは，反訴請求として，民法194条に基づく代価弁済請求として300万円と引渡しの日の翌日から支払済みまで年5分の割合による遅延賠償金の支払いを求めた。

3　第二審判決（要旨）

- 盗品の占有者が民法194条に基づき代価の弁償と引き換えでなければ物を引き渡さないとして争っている場合でも，占有者は民法189条2項，190条により，使用利益の返還義務がある。
- Yは，目的物をXに返還した後も，代価としての300万円と反訴状送達の日の翌日以降の遅延損害金の支払いを求めることができる。

第4節　条文と判例の法理を考慮した事実関係の読み方

実習の対象となる判決（最三判平12・6・27民集54巻5号1737頁）の全文を紹介したので，実習を始めることにしよう。

1　事実関係

> 実習1　上記の最高裁判決を実際に読んでみて，事実関係を時系列ごとにまとめる表を作成してみよう。そして，その後で，筆者が作成した表と比較検討してみよう。

A.　事実の整理

次頁の表を見る前に，実習1を自分でやってみよう。そのような努力があって，はじめて，事実関係を把握する能力が養成されるからである。

第 2 章 判例の読み方

年月日	事　実	法律関係
平成 6 年10月末	Xは所有していた土木機械（バックホー）をAらに窃取された。	一方で、Yは所有権を善意取得する可能性を得る。他方で、Xは、代金相当額を支払って、本件機械の返還を求めることができる
平成 6 年11月 7 日	Yは、無店舗で中古土木機械の販売業を営むBから善意・無過失で本件機械を購入し、代金300万円を支払い、引渡しを受けた。	
平成 8 年 8 月 8 日	XはYに対して、所有権に基づき本件引渡しを求めるとともに、訴状到達日の翌日から引渡済みまでの使用利益相当額の支払いを求める訴えを提起した。	
平成 8 年11月		もし、XがYに対して請求をしなければ、Yが、確定的に所有権を取得する
平成 9 年 7 月29日	一審判決（Yは、Xから300万円の支払いを受けるのと引換えに本件機械をXに引き渡せ。Yは、訴状送達の日の翌日から引渡済みまで、使用により得た利益として、 1 カ月30万円の割合による金員を支払え）	Yは、代金300万円の弁償を受ける代わりに、本件機械を返還するまで、 1 カ月30万円を支払わなければならないのか。
平成 9 年 9 月 2 日	Yは、負担の増大を避けるため、Xから代価の支払いを受けないまま、任意に本件機械をXに引き渡し、Xはこれを受領した。	Yの目的物の返還によって、代価弁償請求はどうなるか。
平成10年 4 月 8 日	二審判決（Yは、本件機械の引渡しまでは、 1 カ月30万円を支払う義務がある。Yは、代価として300万円と遅延損害金の支払いを求めることができる）	

　事実をまとめる表を作成してみると、登場人物の人間関係が複雑となることが多い。そのような場合に、事実をまとめる表とともに、登場人物の関係図、および、目的物がどのようなものであるかをメモしておくのが有益である。
　そこで、以下に、登場人物と目的物であるバックホー盗難事件の解説を行

第4節　条文と判例の法理を考慮した事実関係の読み方

ってみた。事実関係の図を理解する上で，参考にするとよい。将来，判例評釈をするようになったら，以下のような，登場人物の関係図，目的物の解説を行うと，説得力が増すものと思われる。

B.　登場人物の整理

　　X：本件機械（バックホー）の原所有者
　　A：本件機械の窃盗者
　　B：中古土木機械の販売業者。本件機械を買い受けて販売
　　Y：Bから本件機械を善意・無過失で購入

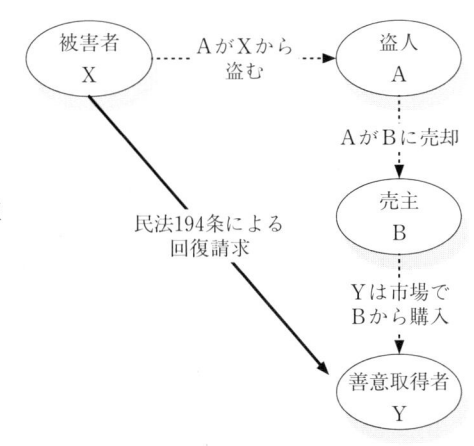

登場人物の関係図

C.　目的物の解説

　バックホーとは，建設機械の1つで，ドラグショベルともいう。ブーム先端のバケットで土砂を手前にすくい取り，旋回してトラックなどに積み込む。多くはキャタピラ式。下方の掘削，特に溝掘り，建造物の基礎根掘りに適している。

2　争　点

　事実関係が明らかにされたので，次の作業において，事件の争点と最高裁判所（最高裁）が下した判断について，吟味をする必要がある。
　本件において，最高裁が判断した争点とそれぞれの争点について最高裁判所が下した判断は，最高裁判所民事判例集の「判示事項」，および，「判決要旨」によれば，以下のようにまとめられている。

1. 民法194条に基づき盗品等の引渡しを拒むことができる占有者と右盗品等の使用収益権
    ○盗品または遺失物の占有者は，民法194条に基づき盗品等の引渡しを拒むことができる場合は，代価の弁償の提供があるまで右盗品等の使用収益権を有する。
2. 盗品の占有者がその返還後にした民法194条に基づく代価弁償請求が肯定される場合
    ○盗品の占有者が民法194条に基づき盗品の引渡しを拒むことができる場合において，被害者が代価を弁償して盗品を回復することを選択してその引渡しを受けたときには，占有者は，盗品の返還後，同条に基づき被害者に対して代価の弁償を請求することができる。

問題は，このような最高裁の結論が，どのような理由から導かれているのか，また，そのような理由が十分な説得力を持つかどうかである。そこで，最高裁があげている理由を詳しく検討してみよう。

A. 第1の争点─占有者の使用収益権

民法194条の場合，占有者は，代価の弁償の提供があるまで盗品等の使用収益権を有するかどうか。第一審および第二審は，被害者が占有者を訴えた場合，民法189条2項により，占有者は悪意の占有者とみなされるため，占有者は，被害者に使用利益を返還しなければならないという最高裁とは逆の結論を導いていた。

それでは，最高裁は，なぜ，第一審および第二審の判断を覆し，民法194条の場合，占有者は，代価の弁償の提供があるまで盗品等の使用収益権を有するとの結論を導くに至ったのか。その理由を判決文からピックアップし，その理由を吟味してみよう。

実習2 第1の争点である民法194条の場合の占有者の使用収益権について，最高裁の判決理由をピックアップし，その理由が説得的であるかどうか検討してみよう。そして，そのメモを「実習2直感」という名前でファイルに保存しておき，次の説明を読み終わった後に，「実習2中間」という名前で，再度メモを取り直してみよう。そして，この章をすべて読み終わった後に，もう一度メモを取り，今度は，「実習2熟慮」というファイルに保存し，3者を

第4節　条文と判例の法理を考慮した事実関係の読み方

> 比較検討してみよう。そうすれば，自分自身の理解度の進展を客観的に見ることができると思われる。

　最高裁の判決のうち，最初の争点である「占有者の使用収益権」を肯定した判決理由をピックアップすると以下の通りとなる。

> 　占有者が民法194条に基づき支払った代価の弁償があるまで盗品等の引渡しを拒むことができる場合には，占有者は，右弁償の提供があるまで盗品等の使用収益を行なう権限を有すると解するのが相当である。
> 　被害者等の回復請求に対し占有者が民法194条に基づき盗品等の引渡しを拒む場合には，被害者等は，代価を弁償して盗品等を回復するか，盗品等の回復をあきらめるかを選択することができるのに対し，占有者は，被害者等が盗品等の回復をあきらめた場合には盗品等の所有者として占有取得後の使用利益を享受し得ると解されるのに，被害者等が代価の弁償を選択した場合には代価弁償以前の使用利益を喪失するというのでは，占有者の地位が不安定になること甚だしく，両者の保護の均衡を図った同条の趣旨に反する結果となるからである。

　この理由については，その後に公表された判例評釈を見ると，結論に対しては，概ね肯定的な評価がなされている。また，最高裁の判断について，最も詳しく解説した［笠井・判批（2001）75（77）頁］は，最高裁の理由を以下のように的確に表現している。

> 　民法194条は，商人等から取得した盗品等については，一方で被害者等に回復のチャンスを与えつつ，回復によって占有者がこうむることのありうる損失を代価によってカバーして両者のバランスのとれた保護に配慮したものである。本判決は，この観点を敷衍し，占有取得後代価弁済提供までにおいても，完全な所有権を取得した場合と同様の使用収益権を取得者に与えることにより，被害者が盗品回復・代価弁償を選択した場合と，回復を断念した場合とに対し，少なくとも代価弁償前においては同等の効果を与えようとするアプローチをとっている。
> 　すなわち，通常占有者の知らない盗難または遺失のときから2年間（民法193条）は，原権利者が占有者の即時取得を破るか否かについてイニシアティブを握っている状態にあり，占有者は不確定な状態におかれるから，回復によって損失が代価によってカバーされるまでは，即時取得状態が継続していたと同様の処理を行うことにより，被害者の回復請求によって占有者が影

響を受けるリスクをできるだけ少なくするという政策判断である。

このように考えると、最高裁の判断は、以下の表のように、被害者と占有者の利益のバランスを考慮した公平な判断のように見える。

取得者の利益		被害者が回復を求めない場合	被害者が回復を求める場合
最高裁の考え方	使用利益に着目	使用利益を取得できる。	右と同じく、使用利益を取得できると解すべきである。

しかし、最高裁の考え方は、一見、公平のようであるが、よく考えるとそうでもない。すなわち、第1に、均衡と公平のみを根拠とするのであれば、被害者が回復を求めない場合であっても、被害者が回復を求める場合であっても、占有者は被害者に使用利益を返還すべきであるという逆の結論を導くことも可能である〔佐賀・判批（2001）57（58）頁〕。第2に、占有者の使用利益のみを考えるのではなく、占有者が使用利益を取得するためにどの程度の対価を支払うことになるのかという取得者の利益状況の全体像を考慮した場合には、非常に偏った判断をしていることがわかる。

このことを明らかにするため、被害者が回復を求めない場合と被害者が回復を求める場合との比較を、最高裁のように、単に使用利益を取得できるかどうかという点に限定するのではなく、どの程度の対価の支払いによって使用利益を取得するのかという全体像を明らかにするために、次頁のような比較対照表を作成することによって、比較検討を試みてみよう。

なお、次頁の表の（　）内は、各自で適切と思われる言葉を補ってみること。

ところで、最高裁は、占有者が使用収益権を有する理由として、「弁償される代価には利息は含まれないと解されるところ、それとの均衡上占有者の使用収益を認めることが両者の公平に適う」というもう1つの根拠を挙げている。

これも、一見すると、一方で利息を付さなくてもよいから、他方で使用利益を得させるのだという発想であり、被害者と占有者の利害のバランスを考慮した公平の観点のように思われるかもしれない。

しかし、この点も、以下の表のように、「一方で利息を付さなくてもよい

第4節 条文と判例の法理を考慮した事実関係の読み方

	占有者の使用利益	被害者が回復を求めない場合	被害者が回復を求める場合
最高裁の考え方	使用利益のみに着目（両者の公平に適う）	使用利益を取得できる。	左と同じく，使用利益を取得できると解すべきである。
最高裁への批判	使用利益のみに着目（結論を逆にしても両者の公平と均衡を達しうる）（佐賀徹哉・ジュリ1202号58頁）	右と同じく，使用利益を被害者に返還させるべきである。	使用利益を被害者に返還させるべきである。
	使用利益と対価との関係に着目（最高裁の判断は両者の公平と均衡を達成していない）（加賀山茂）	売主に代金300万円を支払って，有償で，使用利益を取得できる。	売主に支払った300万円を被害者から全額回収できるため，結局，（　　　）で，使用利益を取得できることになる。

から，他方で使用利益を得させるのだ」という質的な問題のみならず，量的な観点から見てみると，「一方で月々1万余円の利息を付さなくてもよいから，他方で，月々22万円にも達する使用利益を得させるのだ」ということになるのだとわかれば，それが公平の観点に基づいていないことも明らかになる。

占有者と被害者のバランス	被害者の利益	取得者の利益
最高裁の考え方	弁償すべき代価には利息を付さなくてもよい。	使用利益を取得できる。
最高裁に対する批判	利息といっても，月々1万2,000円程度に過ぎない。	使用利益は月々22万円にも達する。

このように考えると，第1の争点（占有者の使用収益権の有無）に関しては，最高裁の判断を支える理由は，的外れであるし，説得的でないことが明らかである。

確かに，一部の判例評釈は，使用利益に関する最高裁の判断を全面的に支持している［野口・判批（2000）66（69）頁］，［油納・判批（2001）64（67）

193

頁〕。しかし，多くの判例評釈は，所有権の帰属の観点から，または，占有者の使用収益権を認める最高裁の理由中の判断は十分なものではないとして，以下のような批判をしている。これまでの作業を終えた者にとっては，最高裁の判断にこれほどの批判がなされていることの理由を理解することができるであろう。

　しかし，これ〔最高裁の理由づけ〕によっては代価弁償までの<u>使用収益権の占有者帰属の法理的説明としては十分といえない</u>。使用収益を認めることを法理的に説明するとすれば，末弘説〔末弘・物権法上巻（1930年）272頁〕のように，192条によって所有権は占有者に帰属し，193条，194条によって回復がなされたときには将来に向かって所有権が原権利者に回復されると解するのが最も合理的であるように思われる。〔中井・判批（2001）22（25）頁〕

　〔所有権の帰属を問わずに，被害者と占有者の〕観点から<u>保護の均衡をいうならば，民法189条以下の適用があり得るにせよ，原所有者が回復を断念する場合も含めて，2年間の使用収益を原所有者に返還させる余地も考えられ（同法193条による回復の場合も同様であろう），同法194条のみから占有者の使用収益権限を根拠づけるのは容易ではない</u>という印象が強い。〔佐賀・判批（2001）57（58）頁〕

　占有者は善意で市場取引する限り些かなりとも損はさせないという<u>最高裁の新しい判断枠組みには重大な疑問がある</u>ことを提起したい。〔池田・判批（2001）67（71）頁〕

　まず，注意を要するのは，本件判決は，両者の保護の均衡や公平を根拠としているのであって，民法189条1項を適用していないということである。すなわち，「代価を弁償しなければその物を回復できないこと」（占有権限）は確かに均衡や公平に合致するものであるが，「その物の使用利益を取得すること」（使用収益権限）はそれと別物である。後者は，善意占有者の果実取得や即時取得と同じように，均衡や公平ではなく，善意取得者の信頼保護等が根拠となっている。したがって，<u>もし均衡や公平を根拠として使用利益の取得を認めるのであるならば，その使用利益の取得の範囲は，両当事者の各利益が釣り合う一定範囲に限定されることになろう</u>。善意占有者であるだけで，

第 4 節　条文と判例の法理を考慮した事実関係の読み方

一定の範囲（占有者が負担する債務）を超える利益を全て取得できる権限の根拠は、別の所に求めなければならないからである。そのような意味で、本件最高裁判決は、新たな問題点を抱えている。［鳥谷部・判批（2001）7（9）頁］

　Yは、Xに物を返還する際に、無権利第三者に支払ったその購入代金をXに弁償させることができるのであるから、193条の場合と異なり、Yは何ら酷な状況に陥ることはない。のみならず、後にもみるように、Yはその使用によって価値の低下した機械を返せば足りるほか、その間の使用利益を返還しなくてもよいとなると、その分、丸もうけをするのである。他方、Xは、もとはといえば自分の物を取り戻すのに300万円も支払ううえに、Yの2年8ヶ月間の営業用の使用によって価値の低下させられた物を取り戻せるだけというのでは、大損である。価値の低下した機械のほか、その価値の低下をもたらしたYの使用利益相当額まで返還させなければ、Xの弁償する300万円と対応しないはずである。［好美・判批（2001）723（733）頁］

B．第 2 の争点―盗品を返還後の代価弁償請求の適否

　第2の争点は、占有者が、盗品を被害者に返還した後も、代価弁償請求権を行使できるかという問題である。民法194条の条文（被害者又は遺失者は、占有者が支払った代価を弁償しなければ、その物を回復することができない）だけを見ると、一方で、占有者が盗品の引渡しを拒絶している場合はもちろん、盗品を被害者に返還した場合であっても、占有者は、代価の弁償を請求できるようにも読めるし、他方で、占有者は、代価の弁償を受けるまで、被害者からの回復請求を拒絶できる抗弁権を与えられているだけであり、盗品等を返還をした後においても代価の弁償を請求できるとは限らないとも読める。筆者も、かつて、抗弁説を支持していたことがある［加賀・民法体系(1) 248頁］。

　民法194条の場合において、所有権が被害者に帰属しているという従来の判例の考え方によれば、所有者である被害者が盗品の回復を求めるのは当然の権利であり、民法194条の占有者の代価弁償は、所有者の原状回復請求に対して、代価の弁償を受けるまでの間に限って、盗品の引渡しを拒絶できるという抗弁権（一種の同時履行の抗弁権のようなもの）を与えただけに過ぎな

いと解することが容易である。そのような考え方に従うと，占有者が盗品の占有を失った場合，たとえば，盗品を被害者に返還してしまった場合にはもはや返還拒絶の抗弁権としての代価弁償の抗弁権も消滅してしまうということになる。

現に，同業の古物商から購入した指輪が盗品であったため，窃盗被疑事件の証拠物としてそれを警察に任意提出した古物商Xが，警察から仮下渡を受けた被害者Yに対して代価の弁償を請求した事件において，大審院は，昭和4年12月11日の判決（大判昭4・12・11民集8巻923頁）において，占有を失ったXの代価弁償を否定している。

しかし，そのように考えると，被害者は，本来，盗品の回復をあきらめて代価の支払いをせずに済ますか，占有者が支払った代価を弁償して盗品の回復を求めるかの選択権を有していたはずであるのに，警察から半ば強制的に盗品の仮下渡を受けた場合，盗品の回復をあきらめる道が閉ざされ，占有者が支払った代価を弁償する道しか残されていないとすると不当な結果が生じる。

そもそも，抗弁権と請求権とを背反的なものと考えること自体が誤りである。たとえば，同時履行の抗弁権の場合，売主が先履行義務を負っているために，同時履行の抗弁権が失われたとしても，売主の代金請求権がそれとともに失われることはない。これと同様に，民法194条の取得者の引渡拒絶の抗弁権も，それが失われたからといって，取得価格の弁償を求める権利が失われるわけではないのである。

今回のバックホー盗難事件の場合は，占有者が，任意に盗品の返還を行った場合であるので，警察によって，半ば強制的に盗品の回復がなされた大審院昭和4年判決の場合とは事案を異にしている。しかし，本件の場合にも，第1審，第2審判決によって占有者が支払うべきとされた使用利益の額が余りにも過大であったため，半ば強制的に返還に応じたものであり，いずれにしても，民法194条に規定された占有者の代価弁償を拒絶する理由に乏しい。

そこで，最高裁は，以下のように述べて，従来の判例を変更し，盗品の返還後においても，占有者の代価弁償の請求を認めるに至ったのである。

　　Y（占有者）は，本件バックホーの引渡しを求めるX（被害者）の本訴請求に対して，代価の弁償がなければこれを引き渡さないとして争い，第一審

第 4 節　条文と判例の法理を考慮した事実関係の読み方

判決が Y の右主張を容れて代価の支払と引換えに本件バックホーの引渡しを命じたものの，右判決が認めた使用利益の返還債務の負担の増大を避けるため，原審係属中に代価の弁償を受けることなく本件バックホーを X に返還し，反訴を提起したというのである。右の一連の経緯からすると，X は，本件バックホーの回復をあきらめるか，代価の弁償をしてこれを回復するかを選択し得る状況下において，後者を選択し，本件バックホーの引渡しを受けたものと解すべきである。このような事情にかんがみると，Y は，本件バックホーの返還後においても，なお民法 194 条に基づき X に対して代価の弁償を請求することができるものと解するのが相当である。大審院昭和 4 年（オ）第 634 号同年 12 月 11 日判決・民集 8 巻 923 頁は，右と抵触する限度で変更すべきものである。

> **実習 3**　第 2 の争点である民法 194 条の場合の被害者の取得者に対する代価弁償について，最高裁の判決理由をピックアップし，その判断が，後に掲げる大審院の判例（大判昭 4・12・11 民集 8 巻 923 頁）とどの点が異なるか，詳細に列挙してみよう。そして，そのメモを「実習 3 直感」という名前でファイルに保存しておき，次の説明を読み終わった後に，「実習 3 中間」という名前で，再度メモを取り直してみよう。そして，この章をすべて読み終わった後に，もう一度メモを取り，今度は，「実習 3 熟慮」というファイルに保存し，3 者を比較検討してみよう。そうすれば，自分自身の理解度の進展を客観的に見ることができると思われる。

最高裁は，平成 12 年の本判決において，Y は，本件バックホーの返還後においても，なお民法 194 条に基づき X に対して代価の弁償を請求することができるものと解するのが相当である。大判昭 4・12・11 民集 8 巻 923 頁は，右と抵触する限度で変更すべきものであると判示したのであるが，「右と抵触する限度で変更すべきものである」という限度とは，どの限度をいうのであろうか。

本判決は，盗品の所有権の帰属については，全く判断せずに，盗品の使用収益権についても，また，盗品の返還後の代価弁償についても，それぞれ，所有権の帰属とは別の観点から判断を行っているため，昭和 4 年判決当時の大審院の判決が採用していた盗品の所有権に関する被害者帰属説まで変更するものではないといえよう。

つまり,「右と抵触する限度で変更すべきものである」という意味は,盗品の引渡し後も民法194条の取得者による代価弁償請求を認めることとし,その限度で,大審院昭和4年判決が採用していた抗弁説を否定したと考えるべきであろう。

もっとも,昭和4年判決の事案は,占有者が古物商であったという点に着目すると,昭和4年当時には成立していなかったが,もしも,古物営業法20条が適用されておれば,被害者は,無償で盗品の引渡しを請求できるものであったため,少なくとも現行法の下では,民法194条の代価弁償請求は否定されるべき事案であったということも可能である。そうだとすれば,昭和4年判決は,抗弁説の先例といえるかどうかに疑問が生じ,実質的には,判例変更に当たらないとする考え方も成り立ちうる。

いずれにせよ,本判決によって,盗品の所有権の帰属をどのように考えるかは,残された課題とされたことになる。もっとも,以下の表に示したように,抗弁説は,被害者（原所有者）帰属説から生じた学説であることは疑いがない。その点を考慮するならば,最高裁平成12年判決は,民法194条に関して,取得者帰属説に傾いたと考えることも可能であろう。

		所有権の帰属と権利関係の変動	被害者	占有者
被害者が盗品の回復を選択	取得者帰属説	買戻関係の形成	買戻しに基づく買主の引渡請求権	買戻しに基づく売主の代価請求権（占有を失っても請求権は存続する）
	原所有者帰属説	原状回復に対する抗弁権の発生（最高裁はこれを否定）	所有権に基づく盗品の回復請求権	代価弁償を受けるまでの引渡拒絶の抗弁権（占有を失うと抗弁権も喪失する）
被害者が盗品の回復を断念	取得者帰属説	現状が確定するだけ	—	—
	原所有者帰属説	所有権の放棄がなされる	—	—

民法193条に関しては,判例および少数説の原所有者帰属説は,説得力を有するが,民法194条に関しては,代価弁償に関する抗弁説が否定されると,

第4節　条文と判例の法理を考慮した事実関係の読み方

説自体が成り立たなくなることになりかねない。そうだとすると，最高裁は，従来の原所有者帰属説を捨てて，取得者帰属説の立場に立つに至ったのではないかとの疑問が生じる［佐賀・判批（2001）57（58）頁］。

C. 第3の争点—隠された争点としての盗品の所有権の帰属

最高裁平成12年判決は，民法194条の場合につき，先にも述べたように，所有権の帰属について，全く判断しないまま，取得者に対して使用収益権と代価弁償請求権を認めた。

しかし，最高裁の見解は，以下の2点のいずれについても，明らかに取得者帰属説にとって有利である。

1. 原所有者帰属説に立った場合，取得者が盗品を返還するまでの間，特に，原所有者が取得者に盗品等の返還請求を行った後から実際に取得者が原所有者にその物を返還するまでの間，取得者が使用収益権限を有することを説明することは困難である。
2. 原所有者帰属説に立った場合，取得者が代価の弁償を受けるまでの間，盗品等の返還を拒絶する抗弁権であると説明することは容易である。しかし，原所有者帰属説によりつつ，取得者がその物を返還した後も，代価の弁償を請求できると説明することは困難である。

実習4　最高裁平成12年判決が下した結論は，原所有者帰属説ではなく，取得者帰属説に有利である。また，取得者帰属説に立たずに，単に被害者と取得者との利害の均衡や公平の観点からだけでは，以上の結論を導くには不十分であるとの批判にさらされることも十分に予見されるところであった。

1. それにもかかわらず，最高裁は，なぜ所有権の帰属について判断しないまま，上記の結論を導くに至ったのであろうか。
2. 民法193条の場合（本件とは異なり，Xが無償で返還を請求できる場合），所有権は，Xに留まるのか，すでに，Yに移転しているのか。Yは，盗品を使用・収益する正当な権限を有するか。
3. 民法194条の場合（本件のように，Xが価格を弁償して返還を請求できる場合），所有権は，Xに留まるのか，すでに，Yに移転しているのか。Yは，盗品を使用・収益する正当な権限を有するか。

現在の学力の範囲で，自分ならどう答えるか，メモを取ってみよう。そして，そのメモを「実習4直感」という名前でファイルに保存しておき，次の

> 説明を読み終わった後に,「実習4中間」という名前で,再度メモを取り直してみよう。そして,この章をすべて読み終わった後に,もう一度メモを取り,今度は,「実習4熟慮」というファイルに保存し,3者を比較検討してみよう。そうすれば,自分自身の理解度の進展を客観的に見ることができると思われる。

　最高裁は,平成12年判決によって,民法194条の取得者に盗品の使用収益権を認め,かつ,取得者が盗品を被害者に返還した後も,代価の弁償を請求できると判断したのであるが,このことの根拠としては,民法194条の取得者は,即時に所有権を取得すると考えれば,簡単に説明がつく。
　それにもかかわらず,最高裁が,所有権の帰属について,全く判断を下すことなく,上記の結論を導くに至ったのは,以下の理由に基づくと推察される。

- 民法193条は,盗品・遺失物については,即時取得(民法192条)の規定に例外を設け,被害者または遺失主は,盗難または遺失の時から2年間は占有者に対してその物の回復を請求することができると規定している。
- しかし,民法194条は,さらに,その例外として,占有者が,盗品または遺失物を公の市場において,または,その物と同種の物を販売する商人から善意で買い受けた場合には,被害者または遺失主は,占有者が支払った代価を弁償しなければその物を回復することができないと規定している。
- そこで,民法192条,193条,194条の関係をどのように整合的に説明するかが問題となる。
- 通説[我妻・物権法 (1952) 141頁]は,民法192条の例外である民法193条,194条に関して,所有権は,被害者・遺失主から物の占有者に移転すると解している。通説によると,民法194条の場合には,所有権は,すでに,占有者に移転しているのであるから,被害者・遺失主は,有償でしか回復請求ができないことを説得的に説明できる。しかし,民法193条の場合には,所有権は占有者に移転しているにもかかわらず,被害者・遺失主は,無償で回復請求ができることになり,説得的な説明ができない。
- これに対して,判例(大判大10・7・8民録27輯1373頁)は,民法192条の例外である民法193条,194条に関して,期間が経過するまで,所有権は,被害者・遺失主に留まると解する。この見解によれば,民法193条の場合には,所有権は,被害者または遺失主に留まるのであるから,被害

第5節　関連判例との比較による本判例の位置づけ

者または遺失主が無償で回復請求ができることを説得的に説明できる。しかし、反対に、民法194条の場合には、所有権は被害者または遺失主に留まるにもかかわらず、被害者・遺失主は、有償でしか回復請求ができないことになり、説得的な説明ができない。

● そこで、判例（大判昭4・12・11民集8巻923頁）は、民法194条によって規定された占有者の「代価弁償権」は、占有者に対し代価の弁償がない以上占有物の回復請求に応ずる必要のない抗弁権を認めたもの過ぎないのであって、代価弁償の請求権を与えたものではないと説明してきた。

● 本件は、民法194条の場合に関して、判例の見解をそのまま適用すると、不合理な事態が生じる事案（占有者が被害者から受ける300万円の弁償金よりも、占有している間の使用金額（月々30万円）の方が高額になるおそれがあるため、占有者が、すでに、盗品を被害者に返還してしまった場合）に関して、従来の判例の立場を一部変更した。

● しかし、所有権の帰属についての従来の判例の立場は、民法193条の場合においても、民法194条の場合においても、統一的に、原所有者に帰属すると判示してきたため、民法194条の場合について、判例を変更すると、民法193条の場合についても、所有権の帰属について、判例を変更せざるを得ない。しかし、本件の事案の解決としては、民法193条の場合についてまで判断することは必要ではない。

● そうだとすると、所有権の帰属に関して、民法193条と194条とを統一的に判断してきた判例の立場を変更するに適した場合というのは、民法193条と194条とが同時に問題となる事例が生じた場合であるということになる。本件の場合は、単に民法194条だけが問題となっているので、所有権の帰属について踏み込んで判断することを避けたものと思われる。

第5節　関連判例との比較による本判例の位置づけ

最高裁の判決の相対的な位置づけ、および、判決の射程（適用領域，守備範囲）を明らかにするために、最高裁によって一部変更されたとされる、大審院の判決（大判昭4・12・11民集8巻923頁）を詳しく読んでみることにしよう。

最高裁の判決を読んだときに行った、7つのステップを踏む方法（第1節2参照）を、ここでも使ってみることが大切である。

1 参考判例（大判昭4・12・11民集8巻923頁）

A. 判決要旨

盗品または遺失物について民法192条の要件を具備しても，動産の上に行使する権利を即時に取得するものではない。また，民法194条は，占有者に対し代価の弁償がない以上占有物の回復請求に応ずる必要のない抗弁権を認めたものであつて，代価弁償の請求権を与えたものではない。

B. 判　決

○昭和4年（オ）第634号（指環引渡請求事件）
【上告人】　被控訴人　被告　溝淵弁助　訴訟代理人　石橋忠男　外1名
【被上告人】　控訴人　原告　坂本貞雄　訴訟代理人　里村栄蔵　外1名
○事　実

　被上告人（控訴人，原告）訴旨ノ要領ハ被上告人ハ装身具ヲ取扱フ古物商ニシテ昭和元年12月26日同種ノ商品ヲ取扱フ同業者ナル訴外塩田アイヨリ代金170円ニテ本件指環一箇ヲ善意ニテ買受ケ即時其ノ引渡ヲ受ケ占有シ居リシ処右指環ハ訴外姜洪烈カ所有者タル上告人（被控訴人，被告）方ヨリ窃取シタルモノナリトノ理由ニテ同人ニ対スル窃盗被疑事件起リ昭和2年4月14日兵庫県警察部ニ於テ其ノ取調アリタル際被上告人ハ捜査処分ノ証拠品トシテ右物件ヲ任意同警察部ニ提供シタルニ同警察部ハ被上告人ノ承諾ヲ得ルコトナク同日上告人ニ右物件ヲ仮下渡シ上告人ハ現ニ之ヲ所持セルモノナリ

　然レトモ訴外姜洪烈ニ対スル刑事事件ノ有罪判決ハ確定シタルノミナラス上告人ハ被上告人ニ対シ其ノ支払ヒタル代価ヲ弁償セサルヲ以テ右物件ノ回復ヲ請求シ得サルニ拘ラス仮下渡ヲ受ケ之ヲ所持スルハ被上告人ノ右物件ニ対スル占有ヲ侵奪シタルモノニ外ナラス故ニ占有回収ノ訴ニ依リ之カ返還ヲ請求シ併テ其ノ引渡アラサル場合ニ於ケル代償金ヲ請求スト云フニ在リ

　上告人ハ答弁トシテ上告人ハ兵庫県警察部ヨリ本件指環ノ仮還付ヲ受ケ之ヲ所持スルモノニシテ其ノ侵奪者ニ非サルヲ以テ請求ニ応シ難シト云フニ在リ

　原裁判所ハ被上告人ハ兵庫県警察部ニ対シ本件指環ヲ任意提供シタルモノナレハ之ニ依リテ其ノ占有ハ同警察部ニ移転シ被上告人ハ本件指環ノ所持ヲ任意ニ喪失シタルモノト謂フヘク従テ爾後上告人カ同警察部ヨリ仮還付ヲ受ケ占有スルモ被上告人カ本件指環ニ付有スル占有ヲ侵奪シタルモノト謂フヲ

第5節　関連判例との比較による本判例の位置づけ

得ス故ニ侵奪ヲ理由トスル指環返還ノ請求ハ失当ナリ然レトモ本件指環ハ現ニ上告人ニ回復セラレ而モ上告人ハ被上告人ニ対シ其ノ買受代価ノ弁償ヲ為シ居ラサルヲ以テ被上告人ハ其ノ弁償ヲ請求シ得ヘク従テ該請求ハ正当ナリトシテ之ヲ是認シタリ

当院ハ上告ヲ理由アリトシ原判決中「被控訴人（上告人）ハ控訴人（被上告人）ニ対シ金170円ヲ支払フヘシ訴訟費用ハ第一，二審共全部被控訴人ノ負担トス」トアル部分ヲ破毀ス前記請求ノ部分ニ対スル控訴ハ之ヲ棄却ス被上告人ノ附帯上告ハ之ヲ棄却ス訴訟費用ハ第一，二，三審ヲ通シ総テ被上告人ノ負担トス」トノ判決ヲ言渡シタリ

○理　由

上告理由第一点ハ民法第194条ノ規定ハ被害者カ占有者ニ対シ其ノ物ノ回復ヲ請求シ得ルコトヲ規定シ以テ被害者ヲ保護シタルモノニシテ占有者ノ為ニ設ケラレタルモノニ非サルコトハ法文自体ニヨリ明瞭ナリト然ルニ原判決ハ上告人カ「本件指環ノ所持ヲ回復シ居ルコトハ前示認定ノ如クナルヲ以テ同人ニ対シ之カ買受代価ノ弁償ヲ請求シ得ルヤ勿論ナリ」ト説示シタルハ法則ヲ不当ニ適用シタルモノト信ス（占有者ハ盗品又ハ遺失者ニ対シテ其ノ代価ノ弁済ヲ請求スル権利ヲ有スルニ非ス川名博士物権法要論38頁参照）

元来本件ノ指環ノ実際価格ハ100円ニ満タス（第一審ノ口頭弁論中上告人カ170円ノ価格ヲ相当トストアルハ履行不能ノ場合ノ金円ノ請求ナリシヲ以テ之ヲ争ハサリシニ過キス）故ニ仮リニ本件指環ヲ被上告人カ占有スル場合ニ於テモ固ヨリ上告人ハ民法第194条ニヨリ被上告人ノ買受代価170円ヲ弁償シテ其ノ物ヲ回復スルノ意思ヲ有セス

然ルニ原判決ニヨレハ上告人ハ指環ヲ被上告人ニ返還シテ代価弁済ノ義務ヲ免レントスルモ免ルル能ハサル事トナリ上告人ハ金170円ヲ支払ヒナカラ実価100円未満ノ指環ノ所持ヲ判決ニヨリテ強ヒラルル結果トナル即本判決ニ示スカ如クナレハ物件ノ買入代金カ其ノ実際価格ヲ超過スル場合ニ於テハ常ニ被害者ノ地位ニアルモノハ其ノ選択ノ自由ヲ奪ハレ実際以上ノ価格ノ支払ヲ強ヒラルルノ不合理ヲ招来スルコトトナルヘシ之全ク同法条ヲ不当ニ適用シタルカ為ニ此ノ如キ結果ヲ来スモノナリト信スト云フニ在リ

案スルニ平穏且公然ニ動産ノ占有ヲ始メタル者カ善意ニシテ且過失無キトキト雖其ノ占有物ニシテ盗品又ハ遺失物ナル場合ハ被害者又ハ遺失主ヨリ2年内ニ其ノ回復請求ヲ受ケサルニ及テ茲ニ始メテ其ノ動産ノ上ニ行使スル権利ヲ取得ス可ク夫ノ一般ノ場合ノ如ク決シテ即時ニ此ノ権利ヲ取得スヘキモノニ非ス

第2章　判例の読み方

　民法第193条ハ此ノ趣旨ヲ言顕ハシタルモノニシテ同条ニ「前条ノ場合ニ於テ」トアルハ「平穏且公然ニ動産ノ占有ヲ始メタル者カ善意ニシテ且過失ナキ」場合ニ於テト読ミ做スヘク「其ノ動産ノ上ニ行使スル権利ヲ取得ス」トアル文詞ニ承接スル意味ニ解スヘキニ非サルナリ蓋シ若シ之ヲ爾ラストシ此ノ場合ト雖占有者ハ一旦ハ即時ニ当該ノ権利ヲ取得スルモノトセムカ法文ニ所謂回復トハ此ノ権利ヲ還元スルノ義ト解セサル可カラス而モ此ノ回復請求権ヲ有スル者カ被害者又ハ遺失主ナルコトハ規定ノ上ニ昭々タルト共ニ凡ソ被害者又ハ遺失主トハ単ニ不任意ニ占有権ヲ喪失シタル者ノ謂ニシテ必シモ本権ヲ有スル者ニ限ラサルカ故ニ茲ニ本権ヲ有セサル被害者又ハ遺失主ト雖民法第193条アルニ因リテ其ノ元来有セサリシ本権ヲ回復スルヲ得ルト云フ極メテ不可解ナル結果ヲ見ルニ至ラムナリ豈斯カル理アラムヤ然レハ盗品又ハ遺失物ノ場合ニハ占有者ニ於テ其ノ物ノ上ニ行使スル権利ヲ即時ニ取得スルモノニ非スト解スルト同時ニ此ノ場合ニ於ケル回復トハ猶引渡ト云フカ如ク単ニ占有権ノ移転ヲ意味スルニ過キスト解スヘキハ亦何等ノ疑ヲ容ル可カラス

　而シテ此ノ回復ハ無条件ニ之ヲ請求スルヲ得ルヤト云フニ必スシモ爾ラス或場合ニハ占有者ノ払ヒタル代価ヲ弁償スルニ非サレハ回復ヲ為シ得サルヘク即之ヲ占有者ノ側ヨリ云ハハ右ノ弁償ナキ限リ其ノ回復ノ請求ニ応セサルコトヲ得ヘシ

　民法第194条ハ此ノコトヲ規定シタルモノニ外ナラス故ニ同条ハ占有者ニ与フルニ一ノ抗弁権ヲ以テスルニ止マリ一ノ請求権ヲ認ムルノ法意ニ非ス而モ斯クスルコトハ実ニ回復者ニ便ナルト同時ニ亦占有者ニモ有利ナリ

　何者回復者ハ占有者ノ払ヒタル代価ヲ弁償シテマテモ物ヲ回復セムトスル程爾ク今ヤ其ノ物ニ執著セサルコトアルヘキト共ニ弁償ノコトナクシテ其ノ間2年ノ歳月ヲ経過スルトキハ茲ニ占有者ハ完全ニ其ノ物ノ上ニ行使スル権利ヲ保有シ得テ以テ其ノ物ヲ買受ケタル当初ノ目的ヲ達シ得ヘキヲ以テナリ従テ回復者ニ於テ代価ノ弁償ヲ為スコト無クシテ恣ニ物ヲ持チ去リタル場合ニ於テハ占有者ハ占有ノ回収ヲ請求スルヲ得ヘキモ（民法第203条但書参照）代価弁償ノ如キハ固ヨリ其ノ請求ヲ為シ得ルノ限ニアラス否物ヲコソ欲スヘケレ斯カル請求ハ抑モ始メヨリ其ノ望ムトコロニ非サラムナリ

　然ラハ則チ斯ル弁償請求権アリトノ前提ニ立テル当該原判決ハ此ノ点ニ於テ既ニ失当タルヲ免レス

　次ニ被上告人ノ附帯上告ニ付案スルニ被上告人ノ本訴物件返還ノ請求ハ結局占有侵奪者ニ対スル占有回収請求ニ外ナラサルヲ以テ原審カ本件ニ於テ占

第5節　関連判例との比較による本判例の位置づけ

有侵奪ノ事実ヲ否定シタル以上該請求ヲ排斥シタルハ当然ニシテ附帯上告ハ其ノ理由ナキモノトス
　以上説明ノ如ク而モ本件ハ事件ニ付直ニ裁判ヲ為スニ熟スル部分アルヲ以テ上告ニ付民事訴訟法第408条第1号第384条附帯上告ニ付同法第138条第396条374条第384条訴訟費用ニ付同法第96条第89条ヲ適用シ主文ノ如ク判決ス

※カタカナ書きを読むのが苦手な人は，ひらがな書きで濁点や句読点を補ったよみやすい文にしてくれるオンラインソフト（韋駄天（いだてん））を使用するとよい（http://www.kl.i.is.nagoya-u.ac.jp/idaten/index.html）

実習5　上記の大審院の判決を先に読み，事実関係を時系列ごとにまとめる表を作成してみよう。その後，筆者がまとめた事実関係の表と比較検討してみよう。

C. 事実の概要

年月日	事　実	法律関係
	Yは所有していた本件指輪1個をAに窃取された。	一方で，Xは所有権を善意取得する可能性を得る。 他方で，Yは，代価を払って，本件物件の返還を求めることができる可能性を有する。しかし，本件の場合，Xは，占有を失っている。
昭和元年12月26日	Xは，同種の商品を取り扱う古物商Bから善意で本件指輪1個を購入し，代金170円を支払い，引渡しを受けた。	
昭和2年4月14日	兵庫県警察部において，窃盗疑惑事件の取調べがあり，その際にXは，捜査処分の証拠品として本件物件を任意に同警察部に提供したところ，同警察部はXの承諾を得ることなく同日Yに本件物件を仮下渡しし，Yが現にこれを所持するに至った。	
昭和4年	Xは，Yに対して代価の弁償を請求して訴えを提起した。	Xは，占有を失っても，代価の弁償を請求できるか。

2　新旧2つの判決の比較検討

　上記の指環盗難事件に関する昭和4年大審院判決（大判昭4・12・11民集8巻923頁）とバックホー盗難事件に関する平成12年最高裁判決（最三判平12・6・27民集54巻5号1737頁）とを比較検討し，事実関係の違いを明らかにしておくことにしよう。

	目的物	当事者		盗難から発見までの期間	古物営業法（昭和24年法）が適用されたとした場合の結果
		売主	買主		
昭和4年大審院判決	指輪 経年変化なし	古物商	古物商	1年以内	被害者は無償で回復可能
平成12年最高裁判決	バックホー 経年変化あり	古物商	建設業者	1年以後 2年以内	被害者は有償で回復可能

　2つの判例が前提とする事実について，上の表のように，目的物，当事者，盗難から発見までの期間という属性で比較してみると，事件の性質の違いが浮き彫りとなることがわかる。

　そして，最高裁判決によって判例変更されたとされる昭和4年の大審院判決も，現在の時点で再度判決をやり直したとしても，その場合には，古物営業法の適用によって，判決の結論はそのまま維持されることになることも明らかである。さらに，本件の事実関係を精査すると，取得者が本当に善意かつ無過失といえるかどうかも微妙である。目的物の値段等から考えて盗品であることに気づかなかったことに過失があるとすると，結論は逆になる。

　このように，判例変更がなされたとされる事例においても，その事案をつぶさに検討すると，その事案に特有の事実により，現在の時点においても，その判決の結論が維持される場合は少なくないのである。

　以上の比較検討を通じて，判例変更がなされたとされる事案においてさえ，「判例は変更されず，ただ追加あるのみ」という緩やかな原理が妥当する場合のあることが理解できたと思われる。

第 5 節　関連判例との比較による本判例の位置づけ

3　判例の法理の抽出と判決要旨のまとめ方

バックホー盗難事件について，事実審判決，最高裁判決，さらには，関連する大審院判決を読み込んできた。そこで，新しい最高裁判決について，その法理を抽出する作業に入ることにしよう。

> **実習 6**　以下の問題点について検討し，その結果を，「判例法理 1」というファイル名で保存しなさい。その後，本文を読んで，再度，以下の問題点を検討し，その結果を「判例法理 2」というファイル名で保存しなさい。そして，両者を比較してみなさい。
> 1. 大判昭 4・12・11 民集 8 巻 923 頁と本判決（最三判平 12・6・27 民集 54 巻 5 号 1737 頁）とは，どの点で一致し，どの点が異なるのか。前者は，後者によってどの点が変更されたのか。
> 2. 民法 194 条の場合，盗難・遺失の時から 2 年間，盗難・遺失物の所有権は，誰に属するのか。本判決は，この点について，判断をしているか。
> 3. 民法 193 条の場合，盗難・遺失の時から 2 年間，盗難・遺失物の所有権は，誰に属するのか。大判大 10・7・8 民録 27 輯 1373 頁（民法第 193 条ハ　平穏公然善意無過失に動産の占有を始めたる場合（即法文に所謂前条の場合）と雖も　若し其物が盗品又は遺失物なるときは占有者は盗難又は遺失の時より 2 年内に被害者又は遺失主より回復の請求を受けざるときに限り始めて其物の上に行使する権利を取得すと云う旨趣にして　従て又　回復と云うは占有者が一旦其物に付き即時に取得したる所有権其他の本権を回復するの謂に非ず　単に占有物の返還と云うことを意味するものに外ならず）は，本判決によって影響を受けるか。

4　筆者の判決メモ

以下に，読者の学習に供するために，本判決に関する筆者自身の見解をまとめて提示することにする。この見解は，あくまで，参考意見に過ぎない。実習の結果と対比してみるとよいであろう。

最三判平 12・6・27 民集 54 巻 5 号 1737 頁によって，盗品・遺失物に関

する利用関係について，大審院の判例（大判昭4・12・11民集8巻923頁）が変更されることになった。これに伴い，利用関係と密接不可分の関係にある所有権の帰属自体に関しても，最高裁の立場に変更が行われたと考えるべきであろう。

判　決	論　点		
	所有権	代価弁償権	利用権
大判昭4・12・11民集8巻923頁	民法192条の即時取得の要件を満たす場合でも，盗品・遺失物の場合には，期間が経過するまで，所有権は，被害者・遺失主に留まる。	取得者の抗弁権に過ぎない。返還した後は，代価弁償の権利を有しない。	判断せず。（所有権が被害者・遺失主にある以上，取得者は，利用権を有さないことになろう。）
最三判平12・6・27民集54巻5号1737頁	判断せず。（ただし，占有者に使用収益権を認める以上，所有権も占有者に移転するとの判断が示されたと見るべきか？）	返還した後も代価弁償を受ける権利を有する。	占有者は，代価の弁償の提供があるまで右盗品を使用収益する権限を有する。

盗品または遺失物の取得の場合には，所有権の帰属は，従来の判例とも，さらに，通説の見解とも異なり，最三判平12・6・27民集54巻5号1737頁を通じて，民法193条の場合と194条の場合とで異なると考えるのが通説の理解である。しかし，次頁の表のように，民法193条，194条を取得者の2年間の短期取得時効であると考える（加賀山説）ならば，民法193条と194条とを連続的に理解することが可能となる。

すなわち，民法193条，194条，192条の関係は，以下のように整理できる。

- 民法193条の場合
  - 民法193条の場合には，民法192条の例外として，所有権は，2年間に限って，本来の所有者に帰属する。そして，2年の経過とともに，取得者が所有権を時効取得（短期取得時効）する。この点に関する大判大10・7・8民録27輯1373頁の見解は，そのまま維持されてよい。
  - したがって，取得者の使用権については，2年間に限っては，所有権を取得できないため，占有者の果実取得権の規定（民法189条，190条）

第5節　関連判例との比較による本判例の位置づけ

条文	本来の所有者の権利	取得者の権利
民法193条	所有権あり（○） ただし2年の経過により溯って所有権を失う（×）	所有権なし（×） ただし2年の経過によって溯って時効取得する（○）
民法194条	所有権あり（○） ただし目的物の返還を受けるには，取得価格を弁償しなければならない。しかも，返還請求をしないと，2年の経過により，溯って所有権を失う（×）	所有権なし（×） ただし2年間の経過によって溯って時効取得する（○）
民法192条	所有権なし（×）	所有権あり（○） （即時に原始取得する）

　　にしたがって，善意取得者は，果実を取得できるが，悪意取得者は果実を取得できない。
- もっとも，善意取得者の場合であっても，本件の訴えにおいて敗訴したときは，民法189条2項によって，その起訴の時から悪意の占有者とみなされてしまうので，本件のように，一審，二審ともに敗訴した場合には，起訴の時から使用利益を所有者に返還しなければならない危険性が生じる。

●民法194条の場合
- これに反して，民法194条の場合は，民法192条と同様，所有権は，取得者が即時取得するというのが通説の考え方である。しかし，この考え方によると，民法193条と194条との連続性は断ち切られてしまう。
- 民法194条の場合は，民法192条の場合とは異なり，2年以内に，原所有者が取得者に代金を弁償して物の返還を請求した場合には，取得者は，代金と引換えに物を原所有者に返還しなければならない。この点を考慮し，かつ，民法193条との連続性を保持するのであれば，民法194条の場合にも，所有権は原所有者にあるが，返還請求するためには占有者に取得価格を弁償しなければならず，かつ，2年が経過すると，占有者が所有権を時効取得するため，所有者は溯って所有権を喪失すると考えることも可能である（加賀山説）。なお，取得者が先に物を返還した場合でも代金の弁償を請求できることは，民法194条の返還請求の性質を，本

稿のように，引渡拒絶の抗弁権を伴った弁償請求権の行使であると考えれば，大審院の判例を変更したとされる最高裁の考え方も容易に説明ができる。
　　○民法194条の場合，原所有者が返還を求めないときには，使用利益は善意の占有者に帰属するのであるから，その間の使用収益については，原所有者に返還する義務はないことになる。
- 本件における特別事情
　　○ところが本件の場合には，占有者は本件の訴えについて敗訴している（原所有者の所有権に基づく返還請求が認められている。このため，占有者は民法189条2項により，訴えの提起の時から悪意の占有者とみなされ，民法190条に従って，使用利益の返還をしなければならない。

第6節　判例の読み方から立法論へ

　これまで検討を行ってきたバックホー盗難事件（最三判平12・6・27民集54巻5号1737頁）は，民法194条に関する従来の大審院の判例（大判昭4・12・11民集8巻923頁）を変更したものであった。本件の事実関係においては，大審院の判決（抗弁権だけを認めて請求権を否定するという判断）を最高裁が変更せざるを得なかったのには，十分な理由があることが理解できる。
　しかし，平成12年判決が出されるまで，裁判所は，大審院の判例に従って事件を処理してきた。それでは，裁判所は，なぜ，このように長きにわたって，誤った判断を続けてきたのであろうか。この点の検討を通じて，裁判所が判断を誤ってきた原因のひとつに，民法の条文の構造自体に問題点があることを明らかにし，その問題点を改善する改正案を作成してみようというのが，これからの作業目標である。

1　民法192条以下の条文構造とその問題点

　遺失物または盗品の善意取得に関して，民法の条文は以下の構造を有している。
　　原則：動産を善意かつ無過失で取得した者は，即時に財産権（所有権）を取得する（民法192条）。

第6節　判例の読み方から立法論へ

例外：盗品または遺失物に関しては，2年間は，被害者または遺失主は取得者に対して無償で目的物の返還を請求できる（民法193条）。

例外の例外：盗品または遺失物を公の市場等で取得した者に対しては，被害者または遺失主は，代価を弁償しなければ，目的物の返還を請求できない（民法194条）。

各条文の関係を構造化すると以下のようになる。
- 原則：民法192条
  - 例外：民法193条
    - 例外の例外：民法194条

しかし，例外の例外は原則に戻るという考えをすると各条文の関係は，以下のようにも構造化できる。
- 原則：民法192条
  - 例外：民法193条
- 例外の例外：民法194条

条　文	条文の関係
民法192条	即時取得の原則（通常は公の市場での取引安全の原則）
民法193条	盗品・遺失物が公の市場に出ていない段階（闇市場）の場合の例外
民法194条	盗品・遺失物が公の市場に出た場合の例外

民法がどちらの立場を取っているかはすぐには判断できないので，要件をさらに詳しく分析することによって，ヒントを探ってみよう。

民法193条と194条との要件の相違を取得者の取得場所に注目して分析すると，民法194条が，盗品または遺失物を公の市場で取得した場合を想定しているのに対して，民法193条はそれ以外の場合，すなわち，目的物が未だに窃取者の下や闇市場に留まっている場合を想定していることがわかる。

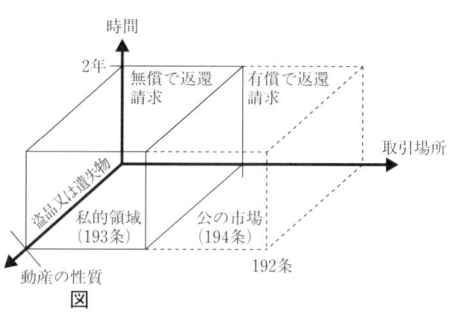

図

第2章 判例の読み方

このことを目的物が法律上の原因なしに所有者の下を離れて拡散していくプロセスにしたがって整理すると，以下のようになる。
- 盗品または遺失物を善意が無過失で取得した場合
  - 目的物が加害者の下，または，闇市場に留まっている場合（民法193条）
    - 目的物が公の市場に出回ってしまった場合（民法194条）
- 盗品または遺失物以外の動産を善意・無過失で取得した場合（民法192条）

法律上の原因なしに，所有者の下から目的物が離れていくプロセスとしてみた場合，盗品・遺失物という限定された動産について，最も拡散が少ない場合が民法193条であり，市場へと拡散した場合が民法194条であり，盗品または遺失物という枠も外れて目的物が拡散されている一般的な場合が民法192条の射程であることがわかる。

一般的なものから特殊なものへと順を追って規定するのが民法の通例であることを考慮するならば，民法の条文の順序は，本来は，
- 民法192条（一般原則：盗品または遺失物以外の原則）
  - 民法194条（盗品または遺失物について公の市場で取引された場合の例外）
    - 民法193条（盗品または遺失物について，公の市場で取引されていない場合の例外）

という順序で，一般的な状況から，特殊な状況へと規定すべきであったことも明らかとなる。

2　民法192条，193条，194条という条文の順序は合理的か

このような規定を通常の言語で行おうとすると，非常に困難であることがわかる。言語のレベルでは，まず，一般原則を宣言し，次に特殊な場合の原則を規定し，最後に，特殊な場合の例外を規定するという方法をとればよいのであるが，この場合，特殊な場合の例外というのは，概念として明確であることが要求され，通常は，肯定文が使われる。特殊な場合について，否定文で表現することは，言語のレベルでは，違和感を生じさせてしまう。

この問題は複雑な要素を含んでいるので，簡単な例をあげて説明することにしよう。

第 6 節　判例の読み方から立法論へ

　原則と例外を記述する場合，原則の方が外延（ある言葉が指示する対象の範囲）が広い。例外は，原則よりも外延が狭く，通常は，特定できるか，原則よりも例示が可能である。つまり，例外は原則よりも外延が狭いので，通常は，例外は肯定文または肯定文の連言で記述される。
　よく利用される例は，以下のような事例である。
- 原則：鳥は飛ぶ
  ○ 例外：鳥のヒナ，ペンギン，ダチョウ，…は飛ばない

民法での例をあげると，以下のようになろう。
- 原則：加害者の故意または過失のある行為によって権利（保護法益）を侵害され，損害を受けた被害者は加害者に対して損害賠償を請求する権利を有する（民法 709 条）。
  ○ 例外：加害者の故意または過失のある行為によって被害者の権利（保護法益）が侵害されて損害が発生したとしても，加害者に正当防衛または緊急避難等の違法性阻却事由がある場合には，被害者は加害者に対して損害賠償を請求できない（民法 720 条）

　権利侵害が発生した場合，違法性のある場合と違法性のない場合を比較すると，違法性のある方が外延が広いと考えられるため，違法性がない方が例外とされている。ここで注目すべきは，例外は，否定形を嫌うという点である。違法性がないという言葉の代わりに，正当防衛または緊急避難という肯定形の概念がわざわざ使われているのは，例外は肯定形で表現されるという原則に合致させるためである。
　原則と例外を表現する場合の以上のルールを念頭に置いた上で，民法 192 条以下の条文構造に関して，さらに，検討を続けることにしよう。
　3 つの条文のうち，否定形を含まずに表現できるのは，実は，民法 194 条に限定される。民法 192 条は，盗品または遺失物以外に関する原則であって，場合の数が多すぎて，肯定文だけで表現することはできない。また，民法 193 条も，窃取者の下に留まっている場合と，闇市場に留まっている状態を肯定文だけで表現することは，言語表現上かなり困難である。
　そこで，すべてを肯定文で表現できる民法 194 条が例外物（盗品または遺失物）に関する例外状態（公の市場という肯定文で表現可能である）を表現しているかのように，最後に配置され，民法 193 条は，同じ例外物（盗品また

は遺失物）に関する一般状態（公の市場以外を肯定文で表現することは困難である）を表現しているかのようにその前に置かれ，原則物（盗品または遺失物以外の物）の一般状態を表現している民法192条がさらにその前に置かれるという事態が生じたのであろう。

しかし，先の図による表現では，動産が所有者の手を離れて拡散していく模様を，物の性質，場所，時間との相関関係において確実に捕らえることができる。問題は，盗品または遺失物という例外物が，窃取者の下にとどまっている状況，または，私的領域にとどまっていることを適切に表現する言語が存在しないという点である。たとえば，その状態を，闇市場（公の市場に出る以前の段階をいう）という表現で代替することができれば，民法192条，193条，194条の関係は，よりわかりやすく表現できると思われる。

> **実習7** 民法192条，193条，194条の条文構造について，自らの見解を正当に表現できるような条文構造を考案してみよう。新しい提案がまとまったら，「立法提案」というファイル名で保存し，筆者の見解と比較検討してみよう。

3　民法192条以下の条文の意味を変更する提案

あえて，言語表現のわかりやすさという点を無視して，民法192条，193条，194条の関係を明らかにするならば以下のようになろうか。

民法第192条
　　平穏，かつ，公然と動産の占有を始めた者が善意にして，かつ，過失がないときは，即時に，その動産の上に行使する権利を取得する。

民法第193条
　　前条の場合に，占有物が盗品又は遺失物であって，占有物が，次条にいう公の市場等に出る以前の段階にとどまっているときは，被害者又は遺失主は，盗難又は遺失の時から2年間占有者に対してその物の回復を請求することができる。

民法第194条
　　占有者が盗品又は遺失物を競売若しくは公の市場において又はその物と同種の物を販売する商人から善意で買い受けたときは，被害者又は遺失主は，占有者が支払った代価を弁償しなければ，その物を回復することができない。

第 6 節　判例の読み方から立法論へ

4　最高裁平成 12 年判決を踏まえた民法 194 条の改正案

　先に最高裁が下した使用利益に関する判断については，それが，占有者を一方的に有利にするものであって，被害者と占有者の利益の均衡を達成しておらず，公平にも反することを検証した。

　それでは，使用利益の公平な分担を実現するためには，どのように考えるのが公平であろうか。それには，民法 194 条に立ち返り，被害者が占有者に弁償すべき対価について，両者の均衡を実現するよう配慮すればよいことがわかる。その答えは，以下のように，民法 194 条の「占有者が支払った代価を弁償しなければ」を「占有者に現存価格を弁償しなければ」へと変更すればよいことがわかる。

> **民法第 194 条**（改正試案）
> 　　占有者が，盗品又は遺失物を，競売若しくは公の市場において，又はその物と同種の物を販売する商人から，善意で買い受けたときは，被害者又は遺失者は，占有者に現存価格を弁償しなければ，その物を回復することができない。

民法 194 条を以上のように変更することによって，最高裁が陥った被害者と占有者の利益の不均衡は，以下の表のように，見事に回復され，両者の保護の公平が実現されることになろう。そして，その結果は占有者が訴えの提起によって悪意の占有者とみなされた場合に適切な使用利益を所有者に返還したのと同じ結果になることも理解されるであろう。

	被害者が回復を求めない場合	被害者が回復を求める場合
最高裁の考え方	占有者は，売主に代金300万円を支払って，有償で，使用利益を取得できる。	売主に支払った300万円を被害者から全額回収できるため，結局，無償で，使用利益を取得できることになる。
新しい立法提案	占有者は，売主に代金300万円を支払って，耐用年数が尽きるまで，使用利益を取得できる。	占有者は，売主に支払った代金300万円から現存価格として被害者から回収できる200万円を控除した金額（100万円）で，取得から被害者への返還までの間の使用利益を取得できる。

　民法 194 条に関する従来の大審院の判例（大判昭 4・12・11 民集 8 巻 923 頁）を変更した，バックホー盗難事件（最三判平 12・6・27 民集 54 巻 5 号 1737 頁）を取り上げることによって，判決の読み方を実習するとともに，こ

れまでの判例が誤った判断を下した原因の1つが，民法192条，193条，194条の条文構造にあることが明らかにされた。そして，そのような誤りを防止するために，民法192条，193条，194条の条文構造を変更する試みを行った。

　これらの作業を通じて，判例を読むということが，読む人にとって，具体的な事案を解決するために適切な条文を適用する技術を向上させるのに有用な手段であることが理解できたと思われる。

　各人が，このような技術を向上させるためには，単に，判例の要旨を，事実から切り離して，条文の補助解釈命題として一般化するのではなく，具体的な事実とセットにして理解することが重要であること，さらには，具体的な事実に適用される条文を選択する過程で，条文の意味，条文の構造，個々の条文と条文全体とのかかわりがより鮮明となることも理解できたと思われる。

　このような具体的な事実に対する法の適用過程を実際に体験した人のみが，立法者が気づかなかった条文の欠陥に気づき，その改正案を提案し，かつ，具体的な事実に照らしてその提案理由を説得的に説明できるのである。

おわりに

　成文法主義を採用する大陸法においては，判例は成文法の適用の結果として位置付けられ，判例によって導かれるルールも，その重要性はしばしば強調されても，それは，あくまで，成文法の解釈を助ける補助命題として扱われてきたように思われる。

　しかし，現代においては，成文法自体が完全なものであるとの神話は崩壊しつつあり，事実に基づいた判例のルールは，不十分な制定法を補うだけでなく，制定法のルールを，立法機関による正規の改正を待たずして，実質的に変更するものとして受け入れようとする考え方も有力になってきている。

　立法機関は，制定法を作ることには熱心であるが，制定法のルールが社会の現状に合わなくなってきている場合でも，即座に対応し，改正することに熱心ではない。立法の不備が社会問題として大きくクローズアップされるようになって初めて，重い腰を上げるというのが現状である。

これに対して，裁判所は，現実の訴えを通じて，常に，制定法が社会の現状に適合しているかどうかを吟味している。そして，制定法が社会の現実に合わなくなっているにもかかわらず，立法機関が法の改正を行わない場合には，法的安定性を犠牲にしても，結果の妥当性を保持するため，判例のルールとして，制定法の実質的な改正を行うことが少なくない。最近のハンセン病国賠訴訟において，裁判所が，立法機関の怠慢を指摘したのは，異例のことではあるが，一般的にいって，立法機関は，法律の制定には熱心だが，そのメンテナンスには熱心でないことを暴露したものといえよう。

　大陸法国においては，成文法主義を採用する以上，法の制定・改廃は，最終的には，立法機関の権限に属する問題である。しかし，立法機関は，すでに述べたように，法を作るのには熱心だが，そのメンテナンスには熱心ではない。なぜなら，作られた法を日々適用し，そのメンテナンスに感心が高いのは，行政機関や司法機関であり，立法機関ではないからである。したがって，立法機関としては，作成した法が社会の実情に適合しているかどうかについて，法を適用する行政機関や司法機関意見を謙虚に聞くことが重要であり，裁判所が，法の解釈を変更した場合には，それを立法の変更へとつなげる努力を惜しんではならない。

　このように考えると，判例は，法の事実への適用であるとともに，ある事実に対して具体的に妥当する法を創造するものでもある。判例を読むことは，したがって，具体的な事実を確定し，その事実に適用される最も適切なルールを発見するプロセスを追体験する作業にほかならない。

　判例を読むことを通じて，われわれは，制定法が現実の社会で適切に機能しているかどうか，どの点を改正しなければならないのかを知ることができるのである。

参考文献

［梅・要義（1887）］
　　梅謙次郎『民法要義　巻之二（物権編）』有斐閣（1887年）
［末弘・物権法上（1930）］
　　末弘厳太郎『物権法　上巻』有斐閣（1929年）

参考文献

［我妻・物権法（1952）］
　　我妻栄『物権法（民法講義II）』岩波書店（1952年）
［田中・実定法入門（1984）］
　　田中英夫『実定法学入門（1984）』〔第3版〕東京大学出版会（1984年）
［グランヴィル・イギリス法入門（1985）］
　　グランヴィル・ウィリアムズ著、庭山英雄・戒能通厚・松浦好治訳『イギリス法入門』日本評論社（1985年）
［加賀山・民法体系（1996）］
　　加賀山茂『民法体系1 総則・物権』信山社（1996年）
［野口・判批（2000）］
　　野口恵三・NBL 703号66頁（2000年）
［中井・判批（2001）］
　　中井美雄・私法判例リマークス2001（下）22頁
［佐賀・判批（2001）］
　　佐賀徹哉・ジュリスト1202号57頁（2001年）
［笠井・判批（2001）］
　　笠井修・NBL 710号75頁（2001年）
［池田・判批（2001）］
　　池田恒男・判例タイムズ1046号67頁（2001年）
［油納・判批（2001）］
　　油納健一・銀行法務21　591号64頁（2001年）
［鳥谷部・判批（2001）］
　　鳥谷部茂・判例評論505号7頁
［好美・判批（2001）］
　　好美清光・民商124巻4・5号723頁（2001年）
［中野・判例の読み方（2002）］
　　中野次雄『判例とその読み方』〔改定版〕有斐閣（2002年）

第3章

要件事実論・要件事実教育批判*****
――法創造教育の観点から――

はじめに―要件事実論の目標と「不親切」―

　法科大学院教育において，要件事実教育を行うべきか否かは，法科大学院の教育をどのようなものと考えるか，また，教育内容（カリキュラム）をどのように構成するかを考える上でも，避けて通れない問題である。

　法科大学院の教育に関して，司法制度改革審・意見書は，法科大学院は，「実務との架橋を強く意識した教育を行うべきである」としており，これを受けて，多くの法科大学院においても，要件事実教育は，法科大学院の必須科目であるかのように考えている。

　しかし，法科大学院が設立されたのは，国民から最も遠い存在とされてきた司法を「国民の期待に応える司法」，すなわち，「国民にとって，より利用しやすく，分かりやすく，頼りがいのある司法」へと改革するためであった。この点からみると，要件事実教育は，「わかりやすい司法」とは，対極にある，すなわち，国民にとって訴訟をわかりにくくする教育方法である。

　後に詳しく論じるが，要件事実教育の究極の目標は，「民事実体法の立体化」であるとされている［加藤（新）・細野・要件事実の考え方（2002）2頁参照］。これまでの法教育においては，実体法を平面的にしか理解できなかったが，要件事実教育においては，民事実体法の理解を立体化し，民事訴訟の攻撃防御の構造に組み立てなおすことになるという［加藤（新）・細野・要件事実の考え方（2002）5頁］。

第3章　要件事実論・要件事実教育批判

第1節　要件事実論の目標：民法の「立体化」とは何か？

　それでは，従来の民法教育が平面的であったというのはどのような意味であり，要件事実教育が立体的であるというのはどのような意味なのであろうか。そのことを知るためには，原点に立ち返って考察することが必要である。実体法が平面的であるとの記述がなされるのは，おそらく，［兼子・実体法と訴訟法（1957）53頁］が最初であろう。そこでは，平面的であるとの意味が，以下のように，記述されている。

　　法規が要件事実を定めるのに，常に**一方的に表現するに止め，決して裏表双方から駄目をつめない**ことも，裁判規範として，必ず一義的に紛争解決の結果を導き出せるようにし，訴訟上の引分け無勝負が絶対に生じないようにする立法者の賢明な配慮としてのみ理解できるものである。それは，決して立法者の粗雑や不精の故ではない。即ち条文は，「善意ならば権利を取得する」と定めるか，「悪意ならば権利を取得しない」と定めるか何れかの表現を用いるので，決して**正確を期して両者を同時に用いることはしない**。

　　平面的な論理としては，両者は裏表を成す択一的命題であり，行動規範としてならば，同時に用いて差支えないのみならず，却って**行届いた親切を示すもの**といえよう。たとえば，「青信号が出ている場合は通ってもよい。それ以外の場合は通ってはならない」というように。ところが，裁判規範としては前例の場合に，もし裏表から規定しているとすれば，**訴訟上善意とも悪意とも確定できない場合は，権利を取得したかどうかは何れにも決められない**ことになり，紛争の解決を与えられなくなってしまう。

　　これが**一方的な命題ならば，**これによって挙証責任の分配の定めが引出せるのであって，その要件が積極的に認定されない限り，その定める権利の取得（又は不取得）を否定すればよいから，**要件事実の不明のために法律的解決が不可能に陥ることはない**のである。この意味で行動規範としてはどっちでもよいはずの法規の要件の定め方や本文と但書の構造が，裁判規範としては非常に重要な意義をもつものである。

第1節　要件事実論の目標：民法の「立体化」とは何か？

表3-1　兼子一『実体法と訴訟法』に基づく実体法の考え方と要件事実論との対比

		実体法学の考え方と表現 （平面的？）	要件事実論の考え方と表現 （立体的？）
特色	全体的か一方的か	全体を考慮して，裏表双方から駄目をつめる。	一方的に表現するに止める。
	正確を期するか	論理の正確さを期する。	真偽不明の場合にどう判断するかを考えて，一方的な命題とする。
	親切か	行き届いた親切さを示す。	親切さを犠牲にして，真偽不明の場合の解決を優先する。
	立証責任の分配の定めが引き出せるか	引き出せない。	引き出せる？
例	交通法規	青信号が出ている場合は通ってもよい。それ以外の場合は通ってはならない。	青信号が出ている場合は通ってもよい。
	民法93条	民法93条（心裡留保） 　表意者が真意でないことを知りつつ意思表示をした場合（心裡留保）における意思表示の効力は，次の各号のしたがって，その効果が定まる。 一　相手方が表意者の真意を知らず，かつ，知ることができないとき（善意かつ無過失）は，意思表示はその効力を妨げられない ←権利概観法理の適用（例外） 二　相手方が表意者の真意を知っていた場合，又は過失によって知らないとき（悪意または有過失）は，意思表示は無効とする　←意思の不存在の原則	民法93条（心裡留保） 意思表示は，表意者がその真意ではないことを知ってしたとき〔心裡留保〕であっても，そのためにその効力を妨げられない。ただし，相手方が表意者の真意を知り，又は知ることができたときは〔悪意または有過失〕，その意思表示は，無効とする。

今回の民法の現代語化は，要件事実教育を受けた人々によって，推進された。文語から口語へと変化した点は，国民にとってわかりやすいが，単なる現代語化だけでなく，条文を要件事実教育の成果を取り入れて変更した部分は，国民にはわかりにくい改悪となっている。

第2節 改革審・意見書の考え方

1 法科大学院の目的

法科大学院は，司法が21世紀のわが国社会において期待される役割を十全に果たすための人的基盤を確立することを目的とし，司法試験，司法修習と連携した基幹的な高度専門教育機関とする。

2 法科大学院の教育理念

法科大学院における法曹養成教育の在り方は，理論的教育と実務的教育を架橋するものとして，公平性，開放性，多様性を旨としつつ，以下の基本的理念を統合的に実現するものでなければならない。

- 「法の支配」の直接の担い手であり，「国民の社会生活上の医師」としての役割を期待される法曹に共通して必要とされる専門的資質・能力の習得と，かけがえのない人生を生きる人々の喜びや悲しみに対して深く共感しうる豊かな人間性の涵養，向上を図る。
- **専門的な法知識を確実に習得させるとともに，それを批判的に検討し，また発展させていく創造的な思考力**，あるいは**事実に即して具体的な法的問題を解決していくため必要な法的分析能力や法的議論の能力等を育成する**。
- 先端的な法領域について基本的な理解を得させ，また，社会に生起する様々な問題に対して広い関心を持たせ，人間や社会の在り方に関する思索や実際的な見聞，体験を基礎として，法曹としての責任感や倫理観が涵養されるよう努めるとともに，実際に社会への貢献を行うための機会を提供しうるものとする。

第2節　改革審・意見書の考え方

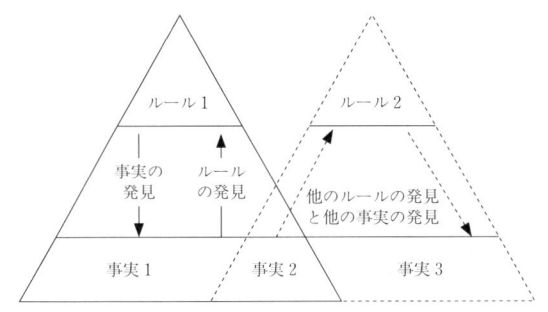

図3-1　ルールの観点から事実を発見する能力，および，事実に即して具体的な法的問題を解決していくため必要な法的分析能力

3　法科大学院の教育内容および教育方法

- 法科大学院では，法理論教育を中心としつつ，実務教育の導入部分（たとえば，要件事実や事実認定に関する基礎的部分）をも併せて実施することとし，実務との架橋を強く意識した教育を行うべきである。
- 教育方法は，少人数教育を基本とし，双方向的・多方向的で密度の濃いものとすべきである。
- 法科大学院では，その課程を修了した者のうち相当程度（たとえば約7‐8割）の者が新司法試験に合格できるよう，充実した教育を行うべきである。
- 厳格な成績評価及び修了認定の実効性を担保する仕組みを具体的に講じるべきである。

4　本稿の目的

　法科大学院における要件事実教育は，上記の改革審・意見書の方向に沿って，法理論教育を中心としつつ，実務との架橋を強く意識した教育を実施すべきである。ところが，法曹実務教育の典型例とされる司法研修所によって行われてきた要件事実教育は，その理論的支柱となるべき「立証責任」の考え方においても，また，立証責任の分配原理においても，理論的に破綻しており，法理論教育を中心とした法科大学院の教育理念に反するものとなって

いる。
　したがって，法科大学院においては，司法研修所において実施されてきたいわゆる要件事実教育を無批判的に導入すべきではなく，従来の要件事実教育とは，全く異なる観点，すなわち，法科大学院の教育理念に従って，再構築されるべきである。
　本稿は，法科大学院における教育理念と，司法研修所で行われてきた要件事実教育とは，両立しないこと，法科大学院における理論と実務との架橋は，従来の要件事実教育とは異なる「新しい要件事実」の考え方に基づいて行われるべきであるということを論じようとするものである。

第3節　民事訴訟法上の請求，否認，抗弁と実体法との関係

1　請求，否認，抗弁の関係

　司法研修所において行われている要件事実教育とは，訴訟において主張立証されるべき事実を，立証責任の分配法則に従い，要件事実，否認，抗弁，再抗弁，再々抗弁，再々々抗弁，…等に分解し，原告が要件事実を，被告がその否認または抗弁を，次に原告が再抗弁を，…というように，訴訟の攻撃防御方法を実体法の構造に即して展開する方法をマスターさせようとする教育である。そこでの中心概念は，要件事実，否認，抗弁，再抗弁，…であるから，要件事実教育を理解するためには，まず，請求，否認，抗弁の関係を理解することが不可欠となる。
　実体法である民法は，私権の発生，変更，消滅のメカニズムを明らかにしている。訴訟法である民事訴訟法は，実体法の権利に基づいて，原告の権利主張（請求）が成り立ちうるかどうかを，原告の攻撃方法（請求），被告の防御方法（否認，抗弁）を通じて明らかにするものである。
　訴訟上の請求，否認，抗弁と実体法上の権利との関係は，次頁の図によって明らかにすることができる。

第3節　民事訴訟法上の請求，否認，抗弁と実体法との関係

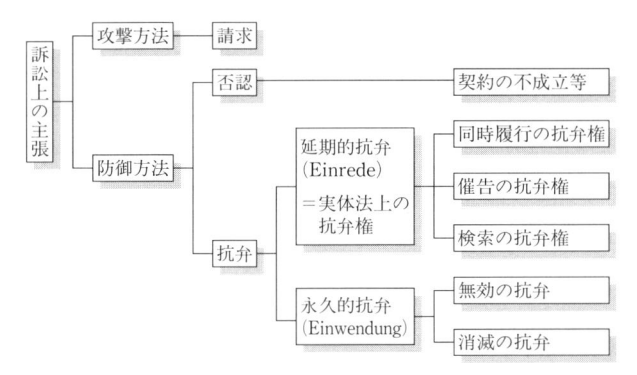

```
                          ┌─ 請求
              ┌─ 攻撃方法 ─┤
              │           └─ 否認 ──────── 契約の不成立等
訴訟上の主張 ─┤
              │                   ┌─ 延期的抗弁 ─┬─ 同時履行の抗弁権
              │                   │  (Einrede)   ├─ 催告の抗弁権
              └─ 防御方法 ─ 抗弁 ─┤  =実体法上の  └─ 検索の抗弁権
                                  │    抗弁権
                                  │
                                  └─ 永久的抗弁 ─┬─ 無効の抗弁
                                     (Einwendung) └─ 消滅の抗弁
```

図3-2　訴訟上の攻撃方法と防御方法と実体法上の権利との関係
(Vgl.D. Medicus, Bürgerliches Recht, 17, Aufl. 1996, S. 549.)

2　否認と障害事実（抗弁）とは，ともに請求原因事実の否定であり，実体法上の差は存在しない

A. 障害事実は，請求原因事実の否定であって別個の事項ではない（要件事実教育の根本的な誤り・その1）

［金子・法律学小辞典（2004）］によれば，被告が主張する防御方法のうち，否認と抗弁の差は，以下の点にあるという。

　　抗弁とは，民事訴訟において，原告の請求を排斥するため，被告が原告の権利主張・事実主張を**単に否定・否認するのではなく**，自らが証明責任を負う事実による**別個の事項**を主張すること。

確かに，上記の抗弁の定義は，発生要件と消滅要件の場合には当てはまる。実体法が，存在証明について，発生（a）∧¬消滅（a）⇔存在（a）という論理に依存しているからである。しかし，障害要件の場合には当てはまらない。なぜなら，発生原因と障害要件とは，単純な肯定と否定の関係にあり，別個の事実ではないからである。

たとえば，成立した契約に関して，意思と表示が合致していることが契約の有効要件であることは一般に疑われておらず，また，解除が契約の消滅原因であることも疑われていない。しかし，「錯誤」が契約有効の障害要件なのか，「錯誤がないこと（意思と表示とが一致していること）」が有効要件なのかについては疑いがある。

要件事実教育では，錯誤（意思と表示が合致していること）は，要件事実ではなく，抗弁事実であるとする。しかし，錯誤が「意思の不存在（いわゆる意思の不存在）」の一態様であることは，民法101条からも明らかである。したがって，「意思と表示とが合致していること」が契約の有効要件であるとすれば，錯誤は単にその否定に過ぎない。そうだとすると，上記の抗弁の定義によれば，錯誤は，有効要件の「否定」に過ぎず，「別個の事項」ではないのであるから，「抗弁」ではないことになるはずである。

B. 障害事実になるかどうかは立証責任の分配の後に決まるに過ぎない（要件事実教育の根本的な誤り・その2）

　実体法の理論としては，成立した契約について，意思と表示とが合致していること，すなわち，意思と表示との間に食い違いがないことが契約の有効要件の1つであり，それを欠く場合には，原則として契約は無効となる。つまり，実体法上は，「意思の存在」が契約の有効要件であり，したがって，有効要件の不存在の場合，すなわち，「意思の不存在」の場合は，契約は無効となるに過ぎない。意思の存在の単なる否定とは異なった「意思の不存在」という別個の事項（抗弁事実）が存在するわけではない。

　契約が成立した以上，両当事者間に合意が存在しているのであるから，「意思と表示が一致していること」が法律上推定されており，契約の有効要件の反対事実である「意思と表示とが食い違っていること（意思の不存在）」について，相手方に立証責任が負わされているに過ぎない。

　このように考えると，権利発生要件と障害要件との差は，実体法上は，単に裏表の関係に過ぎず，訴訟法上，立証責任の配分が異なるという違いがあるに過ぎない。したがって，権利発生要件と障害要件とが実体法上区別され，それにしたがって立証責任の配分が定まるという，要件事実教育の発想は，本末転倒であり，完全な誤りであることがわかる。

第4節 再抗弁という概念はどこから来たのか

表3-2 反対解釈が許される場合，$(a)\wedge(b)\rightarrow(R)$と$(a)\wedge(\neg b)\rightarrow(\neg R)$とは，論理的には同値。真偽不明の場合の立証責任の配分が異なるだけである。

ルール(1)	法律要件		法律効果
	契約成立	意思の存在	契約有効
	(a)	∧ (b)	→ (R)
立証責任	表意者	表意者	

意思の存在を表意者が証明

ルール(2)	法律要件		法律効果
	契約成立	意思の不存在	契約無効
	(a)	∧ (¬b)	→ (¬R)
立証責任	表意者	相手方	

意思不存在を相手方が証明

3 抗弁と再抗弁との差も同様であり，再抗弁は，実体法上は，請求原因の一部に過ぎないのではないか

上記の図3-2では，請求，否認，抗弁（抗弁の否認を含む）までは出てくるが，再抗弁，再々抗弁，再々々抗弁，…は出てこない。それらは必要であるのだろうか。それが，次の問題である。

訴訟上は，請求，否認，抗弁という3つの概念があれば十分であり，再抗弁という概念は不要である。なぜなら，すべての要件について，立証責任は，原告が負担するか被告が負担するかのいずれかであり，原告が立証責任を負担する請求とその否認，被告が立証責任を負担する抗弁とその否認という概念があれば，それで十分だからである。

再抗弁という概念が必要であるとすれば，それは，実体法上の論理構造の複雑さに基づくものと思われる。しかし，すでに抗弁のうち，障害要件は，実体法上の根拠が存在しないことが示された。そうだとすると，再抗弁に実体法上の根拠が存在しないことは，障害要件の場合と同様ではないのだろうか。

以下において，この点をさらに検討してみることにしよう。

第4節 再抗弁という概念はどこから来たのか

1 再抗弁とは何か

司法研修所において行われてきた要件事実教育は，本来の要件事実を，基

本的には，法律要件分類説（規範説）に従って，「立証責任」という観点から再構成し，これに基づいて事案の解決に法がどのように適用されるかを明らかにしようとするものである。しかし，ここにおいては，実体法上の法律要件が，いわゆる要件事実，抗弁，再抗弁，再々抗弁等，立証責任の配分に従って分断されており，法律要件の全体像を理解するという観点からは，明らかに難解なものとなっている。

そこで，もっともポピュラーな法律辞書［金子・法律学小辞典（2004）］に従って，再抗弁，再々抗弁とはどのようなものなのかを見てみることにしよう。

抗　弁
　　民事訴訟において，原告の請求を排斥するため，被告が原告の権利主張・事実主張を**単に否定・否認するのではなく**，自らが証明責任を負う事実による**別個の事項**を主張すること。防御方法の１つ。

再抗弁
　　民事訴訟上，被告の提出する実体上の抗弁に対して，原告がそれによる法律効果の発生を妨げあるいはその消滅をもたらす事実を主張すること。再抗弁事実の証明責任は原告にある。例えば，消滅時効の抗弁に対する**時効中断事由の主張**は再抗弁である。

再々抗弁
　　原告が主張する再抗弁に対し，被告がさらにこれを争うために提出する抗弁。再々抗弁事実については被告が証明責任を負う。例えば，消滅時効の抗弁についての訴えの提起による時効の中断の再抗弁に対し，**訴えの却下又は訴えの取下げの事実の主張**は再々抗弁にあたる。

上記の辞書で，再抗弁の代表的な例とされる「時効の中断事由」とは何かを見てみよう。

時効の中断
　　１　意義　　時効の基礎となる事実状態（例：所有者らしい状態，債務が存在しないような状態）と相いれない一定の事実（例：所有者から占有者に対する**訴えの提起**，債権者の債務者に対する**訴えの提起**）が生じた場合に，時効期間の進行を中断させること。中断があれば，既に進行した時効期間は全く効力を失い，中断事由の終わった時から新たに時効期間が進行を開始する〔民157〕。

第4節 再抗弁という概念はどこから来たのか

2 **中断事由** 民法は取得時効と消滅時効に共通の中断事由として，以下のものを定めている〔民147〕。これを法定中断という。
1. **請求**〔民149〜153〕
2. **差押え・仮差押え又は仮処分**〔民154・155〕
3. **承認**〔民156〕

1.の請求には，裁判上の請求（訴えの提起）〔民149〕，支払督促〔民150〕，和解のための呼出し又は任意出頭〔民151〕，破産手続参加〔民152〕，催告〔民153〕が認められているが，これらは判決又は判決と同一の効力が与えられる事由によって〔民訴396・267，破242〕，その効力が確定しなければ，中断の効力が生じないことに注意を要する。時効中断は当事者及びその承継人の間においてのみその効力をもつ〔民148〕。なお，取得時効に特有の中断事由（これを自然中断という）として占有の喪失がある〔民164〕。

2 貸金返還請求訴訟における原告の時効中断の主張は再抗弁か？

代表的な法律辞書にあげられている「再抗弁」としての「時効の中断事由」は，一見，請求とも抗弁とも違う，「再抗弁」という独自の事実であるかのように見えるが，詳しく見てみると，実は，請求（訴えの提起，およびこれに類するもの）または，承認（請求の承認）であり，内容的には，請求原因事実の主張，または，その承認と同じとなっていることがわかる。

表3-3 貸金返還請求における否認，抗弁，再抗弁の分類とその問題点

原告の請求（訴訟物）	被告の防御方法		原告の攻撃方法
	否認	抗弁	再抗弁（原告）
	契約不成立に基づく，貸金返還請求権の発生原因の否定	貸金返還請求権の消滅の抗弁	貸金返還の請求（再抗弁とは請求のこと？）
貸金返還請求	金を借りて返す約束はしたが，まだ，金を貸してもらっていない。	確かに金を借りたが，返還時期からすでに10年を経過しており，時効で消滅している。	金を返せと請求した（債権を行使した）ので，時効は中断しており，時効は完成していない。

このように，再抗弁（たとえば時効の中断事由）と考えられているものを具

体的に検討してみると，請求原因の存否（請求）の問題に帰ってくるか，抗弁の否定（債権の不行使）かのいずれかであって，再抗弁という独自の概念があるわけではないのではないかとの根本的な疑問が生じることになる。

なぜ，このような誤りが生じたのかを追及することは，要件事実教育の根本的な誤りを知るためにも必要なことである。そこで，誤りが生じた根源にまで遡って考察することにしよう。

3 時効中断の主張が再抗弁であるという誤りの生じた原因（要件事実教育の根本的な誤り・その3）

消滅時効と時効の中断に関する民法の条文を見てみよう。まず，消滅時効に関する要件効果を明らかにしている民法167条を見てみる。

> **民法第167条**（債権等の消滅時効）
> ①債権は，10年間行使しないときは，消滅する。
> ②債権又は所有権以外の財産権は，20年間行使しないときは，消滅する。

そうすると，債権の消滅時効に関する民法167条1項は，消滅時効の要件として，債権者が「10年間」，「債権を行使しないこと」をあげていることがわかる。条文を素直に読めば，消滅時効の要件と効果は，以下のような論理として表現することができる。

(1) 10年間（a）∧ 債権の不行使（b）→ 債権の消滅（R）

次に，時効の中断を定めた民法147条を見てみよう。

> **民法第147条**（時効の中断事由）
> 時効は，次に掲げる事由によって中断する。
> 一　請求
> 二　差押え，仮差押え又は仮処分
> 三　承認

民法147条に掲げられた要件は，①請求，②差押え，仮差押え，または，仮処分，③承認となっている。これらの要件は，先に見た民法167条との比較において考察すると，民法167条に掲げられた時効の要件である「10年間債権を行使しないこと」の反対概念である**「10年以内に債権を行使していること」**であることが明らかである。そして，債権の行使の方法として，以下のような3つの類型が示されていることがわかる。

第4節　再抗弁という概念はどこから来たのか

1. 債権者の債権の行使について，債務者が争っている場合
    ○ **請求**
        ・訴訟外の請求（催告）
        ・訴訟での請求
            ・本案手続き
            ・**訴訟上の請求**
        ・保全手続き
            ・**差押え，仮差押えまたは仮処分**
2. 債権者の債権の行使について，債務者が争っていない場合
    ○ 債権者からの請求に対する債務者の**承認**

このように考えると，民法147条は，つまるところ，債権の消滅時効に関して，中断事由，すなわち，債権者が債権を行使した事実があるときは，消滅時効の効果は発生しないことを明らかにしているに過ぎないことがわかる。つまり，時効の中断事由＝債権者による債権の行使とは，論理的には同値である。したがって，民法147条の論理を表現すると以下のようになる。

(2) 10年間（a）∧時効中断事由（債権の行使（¬b））→債権の不消滅（¬R）

以上の考察を通じて，時効の中断事由とは，債権者による債権の行使，すなわち，請求（詳しくいうと，請求を確保するための手段である，請求そのもの，請求を確保するための訴訟上の請求，保全手続，請求に対する債務者の承認）を裏から表現したものに過ぎないことが明らかにされた。

［司法研修所・要件事実〔第1巻〕(1985) 8-9頁］も，以下に示すように，このことを認めている。

> 債権の時効消滅について，民法167条1項は，「10年間これを行使しないときは」と規定するが，この文言および条文の形式からみれば，**当該債権の10年間の不行使も右消滅の効果の発生要件事実となるべきもののように読める**。ところが，民法147条以下の法条によれば，**右10年間に当該債権に基づく請求をするなどの債権の行使は，消滅時効の中断事由とされる**から，当該債権の不行使が時効消滅の要件事実ではなく，**反対事実すなわち右債権の行使が時効消滅の効果の発生障害の要件事実であるとも考えられる**。
>
> しかし，債務者が右不行使について，また，債権者が右行使について，それぞれ立証責任を負うというような，論理的に相反する二つの事実のいずれ

にも立証責任を認める考え方は，立証責任の本質に反し，許されない。不行使，行使のいずれか一方の事実のみが要件事実であってこれについて立証責任が存在すると考えるべきである。

それでは，要件事実教育は，どこをどう間違えたのであろうか。それは，抗弁とは，「原告の権利主張・事実主張を単に否定するのではなく，自らが証明責任を負う事実による**別個の事項を主張するものである**」という点を忘れてしまっている点にある。もしも，司法研修所の見解のように，時効の中断事由が，消滅時効の要件である民法167条1項の「債権の不行使」の反対事実であるとするならば，それは，単なる消滅時効の要件（債権の不行使）の否定であって，「別個の事実たる抗弁」とはなりえないはずなのである。

反対解釈が許される通常の場合，(1)式（a）∧（b）→（R）は，当然に，（¬b）→（¬R）が推論されるのであるから，債権を行使することと時効中断事由とは，表と裏の関係にあり，独立した事象ではありえない。つまり，請求と時効中断とは，肯定と否定の関係にあるのであるから，貸金請求に対する時効中断の主張は，債権の行使の主張と同値であり，再抗弁という別の概念が存在するわけではない。

実体法上は，債権の不行使と時効中断の事由とは，肯定と否定の関係にあるに過ぎない。問題は，実体法上の問題ではなく，訴訟において，めったに起こらないが，万が一，真偽不明の状況が生じた場合に，証明責任の分配をどのようにするのかが問題となるだけである。

表3-4　債権の行使または不行使の立証責任

	法律要件			法律効果
ルール(1)	10年間 (a)	∧	債権の不行使 (b) →	債権の時効消滅 (R)
立証責任	債務者		債務者	

債権の不行使を債務者が証明

	法律要件			法律効果
ルール(2)	10年間 (a)	∧	債権の行使 (¬b) →	時効消滅の中断 (¬R)
立証責任	債権者		債権者	

債権の行使を債権者が証明

実体法の論理としては，債権者が10年間，債権を行使しない場合には，その債権は時効によって消滅する。しかし，債権者が，10年間の間に，債権を行使した場合（時効の中断事由がある場合）には，その債権は時効によっ

第4節 再抗弁という概念はどこから来たのか

て消滅しないということであり、債権の行使・不行使以外に、時効中断事由という独立の概念（再抗弁）が存在するわけではない。つまり、筆者の見解によれば、ここでの問題の本質は以下のように整理することができる。

　　消滅時効の法律要件のうち、10年間については、債務者に立証責任を負担させ、債権の不行使については、その反対事実（債権の行使＝時効中断事由）を債権者に立証責任を負担させ、両者の衡平を図っているに過ぎない。したがって、債権の消滅時効の法律要件である「10年間の債権の不行使」をわざわざ2つに分断し、「10年間の経過」のみが要件事実であって、「債権の不行使」の反対事実である「債権の行使（中断事由）」を時効消滅の障害事由であるという必要性は存在しない。

民法が、債権の消滅時効の法律要件として「10年間」＋「債権の不行使」を規定した上で、「債権の行使」に関する時効の中断事由を別途定めているのは、債務者の主張責任として「10年間」＋「債権の不行使」を規定するとともに、立証責任としては、「債権の行使」を債権者に証明させようとしたものと理解することが可能であろう（主張責任と立証責任との分離）。

ところが、要件事実教育の基本的な教科書である［司法研修所・要件事実〔第1巻〕(1985) 9頁］は、この点を以下のように述べている。

　　消滅時効については、民法147条以下に規定するような債権の行使が消滅時効の効果の発生障害の要件事実（時効の中断事由）であり、**時効期間中の債権の不行使は時効消滅の要件事実とはならない**と解釈し〔ている〕。

しかし、民法167条の規定からも明らかなように、債権の消滅時効の「実体法上の要件」は、あくまで、「10年間」の「債権の不行使」である。司法研修所の教育において、「債権の不行使は、消滅時効の要件事実とはならない」とされるのは、明らかに民法の文言に反している。そればかりではない。消滅時効の要件事実が「10年間の経過」だけであるといわなければならないのだとしたら、そのような教育は、実体法の法理を無視しており、実体法の素直な理解を妨げる有害な教育といわざるを得ないであろう。

ここにおいても、訴訟上めったに起こらない真偽不明の場合を訴訟のバックボーンであると過大評価し、立証責任の分配を重視するあまり、実体法の要件である「10年間の債権の不行使」という実体法の要件を分断し、消滅時効の要件事実は、「期間の経過」のみであり、「債権の不行使は、消滅時効

の要件事実とはならない」というのは，滑稽ですらある（要件事実教育の根本的な誤り・その3）。

　何度も述べたように，債権の消滅時効の実体法の要件は，あくまで，「10年間の債権の不行使」である。この法律要件のうち，証明の衡平さという観点から，「10年間の経過」については債務者に立証責任が負わされ，債権の不行使の反対事実である「債権の行使（時効中断事由）」については債権者に立証責任が負わされているに過ぎない。時効中断事由は「再抗弁」だから，債権者が立証責任を負担するというのは，まさに，本末転倒した議論であって，証明責任を決めた後に，「債権の不行使」が抗弁か「債権の行使」が再抗弁かを論じているに過ぎない。訴訟上は，法律要件（10年間＋債権の不行使）のうち，債権の不行使についてのみ，反対事実の証明責任が債権者へと分配されている（証明責任の転換）に過ぎないのであって，そもそも再抗弁という概念は必要ではない。つまり，時効中断事由が再抗弁事由であるという根拠は，実体法上も訴訟法上も存在しない。

4　再抗弁，再々抗弁という概念の破綻（要件事実教育の根本的な誤り・その4）

　時効の中断事由を例にとって詳しく論じたように，また，後に，「錯誤」の問題を取り扱うとわかるように，再抗弁という概念は，訴訟上は，抗弁の否認の誤りか，請求への復帰のいずれかであり，実体法上も正当化できない。
　さらに，抗弁，再抗弁，再々抗弁，…という訴訟構造としてよくあげられる事例としては，そのほかに，所有権に基づく土地の返還請求訴訟があるが，この場合において，抗弁として現れるのが，賃貸借の「契約成立の抗弁」である。そして，賃貸借解除の再抗弁，借地法上の黙示の更新があるとの再々抗弁，借地法上の一時使用に当たるとの再々々抗弁…という展開を見せていくのであるが，これまた，「ためにする議論」としか思えない。
　というのは，民法の条文が大切であり，条文の表現構造によって，要件事実，抗弁，再抗弁，再々抗弁に分類されるという規範説の出発点に照らしてみても，契約の解消に基づく賃借物の返還請求の問題について，わが国の条文にない物権的請求権を訴訟物として構成し，条文がないにもかかわらず，立証責任の分配を論じるのは大胆に過ぎよう。さらに，争点が，賃貸借の解

第 5 節　権利障害規定は，訴訟上の概念か？実体法上の概念か？

除に基づく債権的請求権の存否の問題であり，賃貸借の存在とその終了に基づく返還請求権という条文上の根拠（民法616条による598条の準用に基づく明渡請求権）がある問題にもかかわらず，わざわざ，条文に根拠がなく，賃貸借契約の下では，当然に消滅すると思われる物権的請求権を最後まで残しておいて，再抗弁，再々抗弁，…とわざとらしく論じるのは，滑稽というほかない。条文上の根拠をもたない物権的請求権と明文の規定がある契約上の請求権が競合する場合には，訴訟物の決定に際して，当事者の意思すべてを委ねるべきではなく，契約上の請求権が優先的に適用されるべきであって，物権的請求権を訴訟物とすべきではないからである。

　ここですべてを論じることはできないが，このように，代表的といわれる問題を取り上げただけでも，請求原因，抗弁，再抗弁，再々抗弁という構造を重視する要件事実教育が，理論的に破綻していることがわかる。

　その根本原因は，訴訟物に関して，実体法の条文に依存する旧訴訟物理論に依拠している点，および，立証責任の分配法則を，これまた，実体法である民法の条文，判例の表面的な構造（本文とただし書き）に依拠し過ぎている点に求められる。

　訴訟物理論にしても，また，証明責任の分配にしても，実体法に依存し過ぎるのは，訴訟法学の自立にとっても，また，実体法の自由な発展にとっても有害である。訴訟法学は，誤った実体法依存の法理（旧訴訟物理論，法律要件分類説）から徐々に脱却する必要があると思われる。それと同時に，むしろ，それにもまして，実務を経験したことのない実体法学者が，妙なコンプレックスから，要件事実教育におもねたり，妥協するという態度を改め，要件事実教育の誤りを徹底的に批判することが，より重要であると思われる。

第 5 節　権利障害規定は，訴訟上の概念か？実体法上の概念か？

1　権利障害規定とは何か

　要件事実教育の根本的な誤りの1つとして，すでに，この問題（権利障害規定の法的性質）を何度も取り上げている。そこで，ここでは，理論的な問題として，障害規定は実体法上は存在しないこと，それにもかかわらず，障

害規定を実体法上の規定であるとする要件事実教育の有害性を再度確認するにとどめる。

　法律要件分類説（規範説）によれば，挙証責任の分配は，実体法規範を分析し，発生規定，発生障害規定，消滅規定，消滅障害規定とを区別することによって一義的に決定しうるという。

　　ローゼンベルク［ローゼンベルク・証明責任論（1972）23頁］は，10年間の取得時効の規定（「10年間（a）の自主占有（b）で時効取得する。ただし，悪意占有（¬c）の場合には，この限りでない。」）は，実体法の分析によって以下のように分類できるとしている。
　　(1)　権利発生根拠規定：$a \wedge b \Rightarrow R$
　　(2)　権利発生障害規定：$\neg c \Rightarrow \neg R$
　　このような分類に基づいて，すべての法律要件は，原告が証明すべき主要事実，被告が証明すべき抗弁，原告が証明すべき再抗弁，被告が証明すべき再々抗弁，…というように，構造的に分類することができる。

　私法における実体法の規範は，権利・義務の発生，変更，消滅を扱うものであるから，その規範を発生規範，消滅規範に分類することは可能である。しかし，発生規範と発生障害規範との区別は，証明責任がどちらにあるかが決定された後に決まる問題であって，実体法の規範の分析からは導き得ないものである。

　たとえば，ローゼンベルク（Rosenberg）が挙げた例は，実は，以下のような論理式で表現できる。
　　(1)　権利発生規定：$a \wedge b \wedge c \Rightarrow R$
　　(2)　証明責任規定：$b \Rightarrow c$ が法律上推定される

　わが国の民法は，左のようなドイツ民法の表現形式とは異なり，上のような表現形式を採用している。ローゼンベルクは，このような日本民法の規定は，立法の過誤だと非難するが［ローゼンベルク・証明責任論（1972）237頁］，お門違いも甚だしいといわなければならない。

　結論があって初めて区別できることを，あたかも，実体法の規範の構造分析によって区別できるとした点に，規範説のごまかしと，それを長年にわたって法曹に信じさせた点に規範説の罪の深さがある。

　このようにして，権利障害要件という概念は実体法の誤った解釈から導か

第 5 節　権利障害規定は，訴訟上の概念か？実体法上の概念か？

れた概念であり，訴訟法上も実体法上も正当化できない。

2　権利概観法理における「善意かつ無過失」の要件の立証責任の分配と立法者の混乱

　要件事実教育の最大の弊害は，最近の民法の起草者が，実体法の改正をするに際して，立証責任のルールが実体法の条文構造を通じて，明確に規定できると信じ込むに至っている点にある。

　従来は，実体法である民法は，立証責任のルールとは，無関係に，実体法上の論理に従って，原則と例外を，たとえば，本文とただし書とによって表現していたに過ぎず，本文とただし書が存在するからといって，それによって立証責任の分配がなされているとは限らないということが可能であった。そして，そのことは，実体法の条文構造には左右されない，衡平な立証責任の分配を裁判所が解釈を通じて確立していく道を保証していた。

　ところが，要件事実教育の影響を受けた法曹が多くなるにしたがって，立証責任の分配は，実体法の条文構造によって決定されると信じる人々が増加し，挙句の果ては，民法の改正を起草する担当者までが，民法の改正に際して，民法の条文は，立証責任の分配を考慮して文言を整理しなければならないと考え始めている。

　今回の民法現代語化は，現代語化という名目の下で，さまざまな誤った改悪を行っているが，その最たるものは，立証責任の分配を立法者が明確に意識し，本来，裁判官の自由な解釈に委ねられるべき立証責任の分配を，裁判官ではない立法者が事前に決定し，これに裁判官を従わせるべきであると考え，その考えに従って，民法の条文構造を変更した点にある。

　これが，民法の現代語化を著しく逸脱するものであることは明らかであり，今回の現代語化は，後世に大きな禍根を残すものとなっているといえよう。

　今回の民法現代語化によって生じている立法担当者の混乱ぶりは，以下の条文を対比することによって明らかとなる。

第3章　要件事実論・要件事実教育批判

表3-5　権利概観法理における立証責任

実体法の法理		条文	旧条文		現行法（現代語化）	
			条　文	善意・無過失の立証	条　文	善意・無過失の立証
権利概観法理	表見代理	民法109条	第109条〔代理権授与表示による表見代理〕第三者ニ対シテ他人ニ代理権ヲ与ヘタル旨ヲ表示シタル者ハ其代理権ノ範囲内ニ於テ其他人ト第三者トノ間ニ為シタル行為ニ付キ其責ニ任ス	善意も無過失もともに不問。→判例によって必要とされるに至る。	第109条（代理権授与の表示による表見代理）第三者に対して他人に代理権を与えた旨を表示した者は，その代理権の範囲内においてその他人が第三者との間でした行為について，その責任を負う。ただし，第三者が，その他人が代理権を与えられていないことを知り，又は過失によって知らなかったときは，この限りでない。	本人が相手方の悪意または過失を立証しなければならない。
		民法110条	第110条〔代理権踰越の表見代理〕代理人カ其権限外ノ行為ヲ為シタル場合ニ於テ第三者カ其権限アリト信スヘキ正当ノ理由ヲ有セシトキハ前条ノ規定ヲ準用ス	相手方が正当の理由（善意かつ無過失）を立証しなければならない。	第110条（権限外の行為の表見代理）前条〔代理権授与の表示による表見代理〕本文の規定は，代理人がその権限外の行為をした場合において，第三者が代理人の権限があると信ずべき正当な理由があるときについて準用する。	相手方が自らの正当な理由（善意かつ無過失）を立証しなければならない。
		民法112条	第112条〔代理権消滅後の表見代理〕代理権ノ消滅ハ之ヲ以テ善意ノ第三者ニ対抗スルコトヲ得ス但第三者カ過失ニ因リテ其事実ヲ知ラサリシトキハ此限ニ在ラス	相手方が自らの善意，表意者が相手方の過失を立証しなければならない。	第112条（代理権消滅後の表見代理）代理権の消滅は，善意の第三者に対抗することができない。ただし，第三者が過失によってその事実を知らなかったときは，この限りでない。	相手方が自らの善意，本人が相手方の過失を立証しなければならない。

第 5 節　権利障害規定は，訴訟上の概念か？実体法上の概念か？

表見弁済受領	民法478条	第478条〔債権の準占有者への弁済〕債権ノ準占有者ニ為シタル弁済ハ弁済者ノ善意ナリトキニ限リ其効力ヲ有ス	弁済者が善意のみを立証しなければならない。無過失は不問。→判例によって民法478条と同じとされる。	第478条（債権の準占有者に対する弁済）債権の準占有者に対してした弁済は，その弁済をした者が善意であり，かつ，過失がなかったときに限り，その効力を有する。	弁済者（相手方）が自らの善意・無過失を立証しなければならない。→民法110条型
	民法480条	第480条〔受取証書持参人への弁済〕受取証書ノ持参人ハ弁済受領ノ権限アルモノト看做ス但弁済者カ其権限ナキコトヲ知リタルトキ又ハ過失ニ因リテ之ヲ知ラサリシトキハ此限ニ在ラス	債権者が弁済者の悪意，または，弁済者の過失を証明しなければならない。	第480条（受取証書の持参人に対する弁済）受取証書の持参人は，弁済を受領する権限があるものとみなす。ただし，弁済をした者がその権限がないことを知っていたとき，又は過失によって知らなかったときは，この限りでない。	債権者(本人)が弁済者(相手方)の悪意又は過失を立証しなければならない。→民法109条型

　民法 109 条（代理権授与の表示による表見代理）の改正に関して，立法担当者は，以下のように述べている [池田（真）・新民法解説（2005）32-33 頁（吉田徹）]。

　　109 条は，他人に代理権を授与した旨を表示した者は，その代理権の範囲内において，その他人が第三者との間でした行為について責任を負う旨を規定するものであるが，これまでの条文は第三者の主観的態様については触れるところがなかった。しかし，表見代理の制度は相手方を保護するためのものであり，本条においても，その他人に代理権がないことについて第三者が悪意であるとき又は過失によって知らなかったときに，本人が責任を負わないことについては，判例（最判昭和 41・4・22 民集 20 巻 4 号 752 頁）・通説として確立した解釈といえることから，これを条文に明示するものとした。なお，第三者が悪意又は重過失であることについて，本人に立証責任がある

こと（前記判例参照）が条文上も明らかになるよう，ただし書を付加する構成をとっている。

　（批判）　表見代理の法律要件に関して，民法112条では，相手方の善意が成立要件，相手方の過失が抗弁事由となって，立証責任の分配のバランスが取れているのに対して，改正後の民法109条では，相手方の善意・無過失がともに成立要件から脱落し，相手方の悪意または相手方の過失が抗弁事由となってしまっている。このような齟齬が，立証責任を含めて，表見代理の統一的な要件をめざす今回の改正の目的が達成されていないことは明らかである。

民法478条（債権の準占有者に対する弁済）の改正に関して，立法担当者は，以下のように述べている［池田（真）・新民法解説（2005）35頁（吉田徹）］。
　478条は，債権の準占有者（自己のためにする意思をもって債権の行使をする者）に対する弁済が有効となる場合について規定するものであるが，これまでの条文では，その要件として弁済者が善意であることのみを掲げており，その過失の有無についての言及がなかった。しかし，本条は，債権者としての外観を信頼して弁済した者を保護する趣旨の規定であるところ，弁済者に過失のある場合にまで真実の権利者の犠牲において弁済者を保護することは行き過ぎであるとして，弁済者が無過失であることを弁済の有効要件とするのが判例（最判昭和37・8・21民集16巻9号1809頁）・通説として確立した解釈であることから，その旨を条文でも明示することにしたものである。なお，無過失であることは，弁済が有効であるための積極要件であり，一般に，債権の消滅を主張する弁済者・債務者の側に立証責任があると解されていることから，本条においても，こうした解釈に即して，無過失を善意と並ぶ要件として併記しているものである。

　（批判）　表見弁済受領者に関する民法478条の改正は，同様の規定である民法480条との対比において，弁済者に過酷な立証責任を課すものであり，表見弁済受領者に対する弁済の効力に関して，用語の統一の延長上において，判例・学説によって指摘されてきた要件の統一をめざすという目的を損なうものであることは明らかである。

これは，ほんの一例にしか過ぎない。今回の民法の現代語化において，要件事実教育を受けた立法担当者による民法の改悪は，目に余るものがある。
　法科大学院においては，このような要件事実教育の弊害を防止するために

も，要件事実教育ではなく，その弊害がいかに大きいかを徹底的に検討し，要件事実教育とは異なる実体法教育を法科大学院の教育の中で実施しなければならないと考える。

第6節　要件事実教育の弊害

　要件事実教育の弊害は，まず，裁判官の自由な思考過程を妨げることにあり，さらに進んで，立法担当者が，実体法の改正の過程で，裁判官の自由な思考過程を妨げる立法を行う点にあることを論じた。

　ここでは，要件事実教育の弊害のうち，実体法の理論の発展を妨げる点に焦点を当てて論じることにする。

1　要件事実教育とは何か

要件事実

　実体法に規定された法律効果の発生要件（構成要件）に該当する具体的事実をいう。一般に主要事実（直接事実）と同様の意味で用いられ，間接事実（事情）と対比されるが，要件事実は法規の要件そのままの抽象的事実であるとして，具体的事実である主要事実と区別する見解もある。要件事実の理解・把握は，主張責任及び証明責任の分配を考える前提として重要であり，司法修習生の〔要件事実〕教育においても重視されている。

司法研修所

　最高裁判所に附置され，裁判官その他の裁判所職員の研究及び修養並びに司法修習生の修習に関する事務を取り扱う機関〔裁14〕。事務職員のほか，前述の研究，修養及び修習を指導するために司法研修所教官が配置される〔裁55〕。

　要件事実教育においては，実体法上の法律要件が，いわゆる要件事実，抗弁，再抗弁，再々抗弁等，立証責任の分配に従って分断されており，法律要件の全体像を理解するという観点からは，明らかに難解なものとなっている。

　ところが，要件事実教育に携わる人たちによると，実体法学者が通常行っているような実体法の論理を裏表から総合的に論じることは，「**平面的な論理**」に過ぎないという。むしろ，紛争当事者の攻撃防禦に対応させて，表か

裏のどちらか一方のみから表現する，一方的な命題を通じてこそ，実体法を立体的に理解することができるようになるという。

2 民法93条を例にとった要件事実教育批判

たとえば，民法93条を例にとって，要件事実教育がいかに実体法の教育をゆがめているかを検討してみよう。

民法第93条（心裡（り）留保）
　意思表示は，表意者がその真意ではないことを知ってしたときであっても，そのためにその効力を妨げられない。ただし，相手方が表意者の真意を知り，又は知ることができたときは，その意思表示は，無効とする。

A. 民法93条の実体法上の考え方

民法93条を実体法の考え方から分析すると以下のようになる。

民法第93条（心裡留保）
　表意者が真意でないことを知りつつ意思表示をした場合における意思表示の効力は，次の各号のしたがって定める。
　一　相手方が表意者の真意を知らず，かつ，知ることができないとき（善意かつ無過失のとき）は，**意思表示はその効力を妨げられない。**←権利概観法理の適用（原則）
　二　相手方が表意者の真意を知っていた場合，又は過失によって知らないとき（悪意または有過失のとき）は，**意思表示は無効とする。**←意思の不存在の原則（例外）

以上のような明確な要件効果分析はもっとも透明なものであるが，要件事実論によると以下のように要件のうちの一部しか表に表われなくなってしまう。

B. 民法93条の規範説による理解

- 要件事実（請求原因）＝真意でない意思表示，および，表意者の悪意←相手方が立証
- 抗弁事由＝相手方の悪意，または，有過失真意でない意思表示←表意者が立証

第6節　要件事実教育の弊害

C．善意かつ無過失の立証責任は，事前には決定できないし，決めるべきではない

規範説に基づいて条文を構成する場合，以下の3通りがありうる。そのうち，どちらにするかは，簡単には決定できない。

1. 心裡留保は，意思の不存在の1つであるから，無効が原則である。それを有効と主張するのであれば，意思表示が真意に出たものであると信頼した**相手方が**，自らの**善意かつ無過失**を立証すべきである。

    民法第93条（心裡留保）〔権利概観法理の要件である善意・無過失を法律要件として明確に規定しようとする考え方〕

    意思表示は，表意者がその真意ではないことを知ってしたときであっても，相手方が表意者の真意を知らず，かつ，知ることができないときには，その効力を妨げられない。その他の場合には，その意思表示は，無効とする。

2. 真意でないことを悪意で表示した表意者の帰責性が大きいのであるから，その意思表示は有効とするのが原則と考えるべきである。したがって，**表意者が相手方の悪意または有過失**を立証した場合に限って無効とすべきである。

    民法第93条（心裡留保）〔表意者の悪質性を考慮して，表意者にすべての立証責任を負わせる考え方＝現行民法と同じ書き方〕

    意思表示は，表意者がその真意ではないことを知ってしたときであっても，そのためにその効力を妨げられない。ただし，相手方が表意者の真意を知り，又は知ることができたときは，その意思表示は，無効とする。

3. 内心の意思は，その人しか証明できないのであるから，有効を主張する相手方が自らの善意を立証すべきである。しかし，過失は，より客観的な概念であり，他人の過失を証明することも可能である。したがって，帰責性の大きい**表意者が**，相手方の**過失**について立証責任を負うべきである。

    民法第93条（心裡留保）〔証拠からの距離を考慮〕

    意思表示は，表意者がその真意ではないことを知ってしたときであっても，相手方が表意者の真意を知らないときは，そのためにその効力を妨げられない。ただし，相手方が表意者の真意を知ることができたときは，その意思表示は，無効とする。

上記の3つの分配方法のうち，どれを採用するかは，いずれに立証責任を負わせる方が，真実発見に役立つか等，訴訟法上の考慮に従って決定される法政策的な問題であり，事実が明らかになっていることを前提にして要件と効果との関係を論じる実体法の理論とは無関係である。

第3章　要件事実論・要件事実教育批判

　もしも，実体法の理論が，そのような問題をも解決しなければならないとしたら，実体法の立法を行う際には，まず，立証責任を決定しなければならないことになり，実体法の自由な発展も，また，立証責任の自由な解釈も阻害されてしまう。

D.　要件事実教育の原点・兼子説（誤謬の根源）

　規範説をとる兼子説［兼子・実体法と訴訟法（1957）53頁］によれば，「青信号が出ている場合は通ってもよい」という論理は正しいが，「青信号の場合は通ってもよい。青信号以外の場合は通ってはならない」〔歩行者用の信号の場合で，信号の種類は青信号と赤信号との2種類のみと仮定する〕という表現は誤りであるとされる。そして，現在の要件事実教育では，法律効果の肯定と否定とを裏表の要件を尽くしてすべて論じるという論理は，実体法学者がよく陥る，挙証責任を考慮しない「平面的な論理」であり，裁判規範としては誤った論理であるという考え方が，今なお，確実に踏襲されている。

　なお，信号機に関する法令（道路交通法施行令）においては，兼子説とは異なり，以下のように，いわゆる親切な条文が採用されている。

道路交通法施行令第2条（信号の意味等）
　①法第4条第4項に規定する信号機の表示する信号の種類及び意味は，次の表に掲げるとおりとし，同表の下欄に掲げる信号の意味は，それぞれ同表の上欄に掲げる信号を表示する信号機に対面する交通について表示されるものとする。

表3-6　信号の色に関する場合分け

信号の種類	信号の意味
青色の灯火	一　歩行者は，進行することができること。 二　自動車，原動機付自転車（右折につき原動機付自転車が法第34条第5項本文の規定によることとされる交差点を通行する原動機付自転車（以下この表において「多通行帯道路等通行原動機付自転車」という。）を除く。），トロリーバス及び路面電車は，直進し，左折し，又は右折することができること。 三　多通行帯道路等通行原動機付自転車及び軽車両は，直進（右折しようとして右折する地点まで直進し，その地点において右折することを含む。）し，又は左折することができること。
黄色の灯火	一　歩行者は，道路の横断を始めてはならず，また，道路を横断している歩行者は，すみやかに，その横断を終わるか，又は横断をやめて引き返さなければならないこと。 二　車両及び路面電車（以下この表において「車両等」という。）は，停

第6節　要件事実教育の弊害

	止位置をこえて進行してはならないこと。ただし、黄色の灯火の信号が表示された時において当該停止位置に近接しているため安全に停止することができない場合を除く。
赤色の灯火	一　歩行者は、道路を横断してはならないこと。 二　車両等は、停止位置を越えて進行してはならないこと。 三　交差点において既に左折している車両等は、そのまま進行することができること。 四　交差点において既に右折している車両等（多通行帯道路等通行原動機付自転車及び軽車両を除く。）は、そのまま進行することができること。この場合において、当該車両等は、青色の灯火により進行することができることとされている車両等の進行妨害をしてはならない。 五　交差点において既に右折している多通行帯道路等通行原動機付自転車及び軽車両は、その右折している地点において停止しなければならないこと。
人の形の記号を有する青色の灯火	歩行者は、進行することができること。
人の形の記号を有する青色の灯火の点滅	歩行者は、道路の横断を始めてはならず、また、道路を横断している歩行者は、すみやかに、その横断を終わるか、又は横断をやめて引き返さなければならないこと。
人の形の記号を有する赤色の灯火	歩行者は、道路を横断してはならないこと。
青色の灯火の矢印	車両は、黄色の灯火又は赤色の灯火の信号にかかわらず、矢印の方向に進行することができること。この場合において、交差点において右折する多通行帯道路等通行原動機付自転車及び軽車両は、直進する多通行帯道路等通行原動機付自転車及び軽車両とみなす。
黄色の灯火の矢印	路面電車は、黄色の灯火又は赤色の灯火の信号にかかわらず、矢印の方向に進行することができること。
黄色の灯火の点滅	歩行者及び車両等は、他の交通に注意して進行することができること。
赤色の灯火の点滅	一　歩行者は、他の交通に注意して進行することができること。 二　車両等は、停止位置において一時停止しなければならないこと。

備考
この表において「停止位置」とは、次に掲げる位置（道路標識等による停止線が設けられているときは、その停止線の直前）をいう。
一　交差点（交差点の直近に横断歩道等がある場合においては、その横断歩道等の外側までの道路の部分を含む。以下この表において同じ。）の手前の場所にあつては、交差点の直前
二　交差点以外の場所で横断歩道等又は踏切がある場所にあつては、横断歩道等又は踏切の直前
三　交差点以外の場所で横断歩道、自転車横断帯及び踏切がない場合にあつては、信号機の直前

第3章 要件事実論・要件事実教育批判

　上記のようにさまざまな問題を抱えてはいるが，要件事実論の効用は，実体法の議論が原告・被告に中立的に構成されているのに対して，それを民事訴訟法の攻撃防禦の構造に即して再構成しようとしている点にあることは明らかである。

　しかし，そうであれば，原告の言い分，被告の言い分に二分して，それらをまとめて考察すべきであった。要件事実論は，出発点は正しいにもかかわらず，目標としての民法の構造的理解の実現に際して，請求原因（原告），抗弁（被告），再抗弁（原告），再々抗弁（被告）…というように，両者の言い分を，幾層にも分断して考察することにしたため，その構成が迷路のような深みにはまり込んでしまい，国民にとって民法をわかりにくくするという弊害に陥っている。

　この点に関連して，要件事実論の用語法である抗弁（再抗弁，再々抗弁も同じ）という概念自体の不備についても触れておこう。要件事実論においては，「意思表示に錯誤があること」（不当利得の請求原因）と，表意者に「意思表示において重過失があること」とは，事実として両立し，後者によって無効主張ができなくなるという効果が生じるのであるから，後者は，抗弁であると考えられている［加藤（新）・細野・要件事実の考え方（2002）34頁参照］。しかし，重過失≒悪意であるとの図式を理解している者にとっては，重過失のある錯誤とは，悪意のある錯誤，すなわち，意思の不存在について悪意がある場合であり，適用条文の異なる心裡留保に近いものとして理解されるはずである。そもそも，錯誤は，民法上は，表意者が善意であることを前提としているのであり，重過失を悪意と同列に扱う民法の立場からすると，「重過失による錯誤」とは，「悪意のある錯誤」と同列に扱われることになる。しかし，「悪意のある錯誤」とは，概念矛盾であり，心裡留保と同じと考えるべきであろう。そうだとすると，「意思表示に錯誤があること」と「意思表示において表意者に重過失（悪意）があること」とは，排反事象であり，両立するはずがないといわなければならない。そうだとすると，重過失のある錯誤とは，錯誤の否定（相手方が主張・立証責任を負うため，いわゆる否認ではない。しかし，他方で，錯誤と両立しえない事象という意味では否認である）に他ならず，「両立しうる他の事実」としての抗弁ではありえない。ところが，要件事実論を推進する人々は，このような矛盾に全く気づいていない。

第 6 節　要件事実教育の弊害

要件事実論のよいところを吸収しようとするならば，事案の整理を原告に有利な事実と不利な事実，有利な理論，不利な理論に分解し，原告の立場に立って，徹底した有利な理論を展開する，その後，立場を被告に変え，徹底的に被告に有利な理論を展開することを試みるべきである。そして，その後に，両者の立論を比較検討し，議論を通じて，妥当な結論を導くべきである。その方法の概略を，設例に即して概観しておくことにしよう。

3　錯誤の議論に関する要件事実教育者からの執拗な攻撃に対する反論

A.　要件事実教育者からの実体法学者への攻撃

たとえば，司法研修所の教官が執筆した現在の教科書においても，以下のように，錯誤無効の要件事実に「表意者に重大な過失のないこと」を含めるのは，実体法学者のよく陥る誤りである旨の指摘がなされている〔加藤（新）・細野・要件事実の考え方（2002）29 頁〕。

> 錯誤無効の要件事実は，①意思表示に錯誤があること②その錯誤が法律行為の要素に関するものであることである。…定評のある教科書においても，錯誤無効の要件として，「表意者に重大な過失のないこと」を挙げるものがある（四宮和夫＝能見善久『民法総則〔第 6 版〕』222 頁）。表意者である Y に重大な過失がある場合には，無効主張することができない（民法 95 条ただし書）からであるが，要件事実論においては，「表意者に重大な過失がある」という事実を主張することは，X の反対主張（再抗弁）となることに注意すべきである（四宮＝能見・前掲書の記述も，前に述べたように，民法の教科書では，民事訴訟の攻撃防禦の構造という観点を織り込んで，要件が説明されていないという一例であるといえよう）。

B.　実体法の観点からの反論

しかしながら，民法においては，重大な過失があるということは，悪意と同じように扱われている（民法 470 条，698 条参照）。したがって，錯誤に関して，「表意者に重大な過失がある」という主張は，「表意者はわざとで錯誤に陥っているようなもの」と考えることができるのであり，それは，「冗談のような話」となるのであり，結果的には，「錯誤」の問題ではなく，「心裡

留保」の問題として，有効とも，無効ともなる可能性を有していることになる。

つまり，この場合には，錯誤の枠内で処理するか，心裡留保に類する問題として相手方の「善意かつ無過失」も考慮すべきかという請求原因としての要件事実に直接関係する問題が生じているのであり，錯誤無効の枠内での「再抗弁」というようなレベルをはるかに超えた問題となっている。

このように考えると，上記の（四宮和夫・能見善久『民法総則（第6版）』(2002年)）の記述は，むしろ，正当である。なぜなら，〔四宮・能見・民法総則（2002）〕は，「表意者に重大な過失の存しないこと」を錯誤無効の要件として挙げるとともに，「相手方が悪意の場合には，民法95条但書（表意者に重大な過失があったときは，表意者は，自らその無効を主張することができない）は適用すべきではない」こと，すなわち，いわゆる「再抗弁」自体が失当となることを明確に述べているからである。

このように，要件事実教育の専門家は，実体法の法律要件を挙証責任の分配という観点から分断してしまうため，錯誤と心裡留保とを連続的に捉えるというように，大局的な観点から要件の全体像を捉えるということができなくなってしまう傾向が強い。

C. 民法95条の実体法上の論理の発展

さらに，一歩を進めて，錯誤の問題について，権利外観法理を全面的に適用することが考慮されてよい。そのような考慮を行うと，要素の錯誤，重大な過失による要素の錯誤，動機の錯誤の効果が，統一的に捉えられることがわかる。

> 要素の錯誤であっても，概観を信じた相手方が善意かつ無過失の場合には，表意者は無効を主張できない。反対に，要素の錯誤につき，表意者に重過失がある場合，さらには，動機の錯誤であっても，相手方が悪意又は有過失の場合には，表意者は無効を主張することができる。

上記の結論を，条文の形で表現するならば，以下のようになろう。

民法第95条の改正試案（錯誤における外観法理の適用）

①意思表示は，法律行為の要素に錯誤があるときは無効とする。ただし，相手方が表意者が錯誤に陥ったことを知らず，かつ，知らないことに過失がない場合には

この限りでない。←要素の錯誤における権利外観法理の適用（有力説（川島・舟橋・野村豊弘説）と同じ）
②表意者に重大な過失があったときは，意思表示はその効力を妨げられない。ただし，相手方がその事実を知っていたとき又は過失によってその事実を知らなかったときは，この限りでない。←重過失による錯誤の場合の権利外観法理の適用（民法 93 条ただし書の類推）
③意思表示は，法律行為の動機に錯誤があるときでもその効力を妨げられない。ただし，相手方がその事実を知っていた場合，又は過失によってその事実を知らなかった場合は，その意思表示を取り消すことができる。←動機の錯誤における権利外観法理の適用（民法 96 条 2 項の類推）

上記の条文を丁寧に解説すると以下のようになる。
1. 意思表示は，法律行為の要素に錯誤があるときは無効とする。（ただし，相手方が表意者が錯誤に陥ったことを知らず，かつ，知らないことに過失がない場合にはこの限りでない（有力説））
2. 表意者に重大な過失があったときは，民法 93 条を準用する。
   （意味）　表意者に重過失がある場合には，民法 95 条ではなく，民法 93 条の問題となる（→適用条文が変更される）。したがって，相手方が悪意または有過失の場合に，表意者は無効を主張しうる。
   （条文構造）　表意者に重大な過失があったときは，意思表示はその効力を妨げられない。ただし，相手方がその事実を知っていたときまたは過失によってその事実を知らなかったときは，この限りでない。
3. 意思表示は，法律行為の動機に錯誤があるときは，民法 96 条 2 項を準用する。
   （意味）　動機に錯誤がある場合と，要素に錯誤があるが表意者に重大な過失がある場合とは，ほぼ同じ結果が導かれる。ただし，その場合の準用条文は，動機の錯誤の一場合である民法 96 条 2 項である。
   （条文構造）　意思表示は，法律行為の動機に錯誤があるときでもその効力を妨げられない。ただし，相手方がその事実を知っていたとき（または過失によってその事実を知らなかったとき）は，その意思表示を取り消すことができる。

第 7 節　結　論

法科大学院の教育目標の 1 つは，ルールの観点から事実を発見する能力，

第3章 要件事実論・要件事実教育批判

および，事実に即して具体的な法的問題を解決していくため必要な法的分析能力を育成することにある。この限りで，ルールと事実を結びつける法律要件と法律効果の学習は欠かすことができない。

しかし，立証責任の分配を所与のものとして，法律要件を要件事実，抗弁，再抗弁，再々抗弁，…と分類することは，無益ではないかもしれないが，有害である。

したがって，法科大学院においては，理論的に破綻した「再抗弁」，「再々抗弁」を乱発して，実体法のあるべき姿をゆがめることになる要件事実教育を実施する必要性は認められない。

むしろ，要件事実教育の弊害を除去するためには，法科大学院においては，以下の点を考慮して，要件事実教育の弊害を強調すべきである。

1. 要件事実教育が破綻した理論に基づいて構築されていること（権利障害規定は存在せず，したがって，再抗弁，再々抗弁，…という構成は，誤りである）。
2. 要件事実教育は，レベルの低い裁判官を統制するためには有意義かもしれないが，一定のレベルを有する裁判官にとっては，自由な発想を阻害する以外の何ものでもないこと（これによって，立証責任を負わされることが多い被害者にとって，その救済が遠のくことが予想される）。
3. 要件事実教育を受けた者が，実体法の起草に当たった場合の弊害は，今回の民法現代語化に象徴されるように最悪となることが予想されること（実体法の立法担当者が要件事実教育にはまった者である場合の弊害は，計り知れない）。
4. 要件事実教育を受けた者が，学者に育った場合には，立証責任が先に決定されなければ，実体法の論理を語ることができなくなってしまうため，実体法の理論の自由な進展が大いに阻害されることが予想されること。

おわりに

1 パロディ

夏目漱石『夢十夜』 第六夜（抄）	パロディ『夢十夜』 第六夜（抄）
運慶が護国寺の山門で仁王を刻んでいると云う評判だから，散歩ながら行って見ると，自分より先にもう大勢集まって，しきりに下馬評をやっていた。 … 運慶は今太い眉を一寸の高さに横へ彫り抜いて，鑿の歯を堅に返すや否や斜すに，上から槌を打ち下した。堅い木を一と刻みに削って，厚い木屑が槌の声に応じて飛んだと思ったら，小鼻のおっ開いた怒り鼻の側面がたちまち浮き上って来た。その刀の入れ方がいかにも無遠慮であった。そうして少しも疑念を挟んでおらんように見えた。 「よくああ無造作に鑿を使って，思うような眉や鼻ができるものだな」と自分はあんまり感心したから独言のように言った。 　するとさっきの若い男が，「なに，あれは眉や鼻を鑿で作るんじゃない。あの通りの眉や鼻が木の中に埋っているのを，鑿と槌の力で掘り出すまでだ。まるで土の中から石を掘り出すようなものだからけっして間違うはずはない」と云った。	ローゼンベルクと兼子先生が，要件事実に従った立証責任の分配を行っているというので，行って見ると，自分たちより先にもう大勢集まって，しきりに下馬評をやっていた。 … 先生方は，本文＋ただし書や，前段＋後段という民法の条文構造に着目しながら，条文中の要件のうち，どれが請求原因事実で，どれが抗弁で，どれが再抗弁で，どれが再々抗弁に当たるかを分類し，立証責任の分配を行っていた。その分類のやり方がいかにも無遠慮であった。そうして少しも疑念を挟んでおらんように見えた。 「よくああ無造作に条文を操って，立証責任の分配ができるものだな」と自分はあんまり感心したから独言のように言った。 　するとさっきの若い男が，「なに，あれは立証責任を振り分けているのではない。立証責任の分配法則が条文の中に埋っているのを，見分けているだけだ。まるで土の中から石を掘り出すようなものだからけっして間違うはずはない」と云った。

自分はこの時始めて彫刻とはそんなものかと思い出した。はたしてそうなら誰にでもできる事だと思い出した。それで急に自分も仁王が彫ってみたくなったから見物をやめてさっそく家へ帰った。道具箱から鑿と金槌を持ち出して、裏へ出て見ると，せんだっての暴風で倒れた樫を，薪にするつもりで，木挽に挽かせた手頃な奴が，たくさん積んであった。自分は一番大きいのを選んで，勢いよく彫り始めて見たが，不幸にして，仁王は見当らなかった。その次のにも運悪く掘り当てる事ができなかった。三番目のにも仁王はいなかった。自分は積んである薪を片っ端から彫って見たが，どれもこれも仁王を蔵しているのはなかった。 　ついに明治の木にはとうてい仁王は埋っていないものだと悟った。それで運慶が今日まで生きている理由もほぼ解った。	自分はこの時始めて立証責任の分配とはそんなものかと思い出した。はたしてそうなら誰にでもできる事だと思い出した。それで急に自分も要件事実の分類がしたくなったから見物をやめてさっそく家へ帰った。本棚から要件事実の教科書を持ち出して，六法全書を開いてみるとたくさんの条文があった。自分は一番条文の多い民法を選んで，立証責任の分配を始めて見たが，不幸にして，立証責任の分配基準は見当らなかった。その次の条文にも，発見する事ができなかった。三番目のにも分配基準はなかった。自分は条文を片っ端から探して見たが，どれもこれも立証責任の分配基準を蔵しているのはなかった。 　ついに平成の六法にはとうてい立証責任のルールは埋っていないものだと悟った。それでローゼンベルク説や兼子説が今日まで生きている理由もほぼ解った。

2　今後の課題

　立証責任の分配は，英米法のように，証拠優越の原則が働くところでは，ほとんど意味のない概念であるばかりでなく，証明度に高度の蓋然性を要求するわが国の現状においても，真偽不明のときという，まれにしか起こらない場合にのみ働くものであり，真理を発見するためには，どちらに立証責任を負わすのが適切であるかという，訴訟法上の問題に過ぎない。

　訴訟法上の問題である立証責任の問題と，実体法上の要件事実とを結合する試みである規範説，および，その理論に基づいて，実体法上の要件事実を「いわゆる要件事実」，「抗弁」，「再抗弁」，「再々抗弁」，…と分断して分類し，それに基づいて訴訟法上の攻撃防禦の方法を決定しようとする要件事実教育は，裁判官の裁量を極力抑えようとするものであり，優秀な裁判官にとっては，桎梏以外の何ものでもない。また，裁判官が法律要件を判断する際に，

おわりに

　一定の考慮事項を課すという制約の下で，立証責任の判断を含めて，裁判官の裁量の余地を大きくしようという，以下に述べる世界的な傾向と比較しても，規範説に基づく要件事実教育に将来性はないといわざるを得ない。

　裁判官は，実体法上の要件を判断するに際して，自由な発想を要求されており，当事者の主張責任や立証責任を硬直的に判断するのではなく，事案の特色に応じて，実体法の要件の解釈ばかりでなく，立証責任の分配についても，自由に解釈する権限を有すると考えるべきである。

　たとえば，債務不履行における帰責事由の立証責任を考える場合にも，不法行為とは異なり，債務者が帰責事由がないことを立証しなければならないというように，硬直的に判断するのではなく，その債務が，結果を約束している債務（結果債務）なのか，それとも，最善の努力を尽くすことのみを約束している債務（手段債務）なのかによって，立証責任の分配を変えることが許されるべきである。

　さらには結果債務か手段債務かを判断する場合にも，硬直的な要件によって判断するべきではなく，その債務がどのような債務として，明示的にまたは黙示的に表示されていたのか，その他の債務と比較して，報酬等が高めに設定されているかどうか，その債務を履行するに際して，結果を実現するためにどのようなリスクが生じているのか，債務を履行するに際して，債権者がどの程度その実現に影響力を与えうるかどうかなどの事情を詳しく検討し，それらの事情を総合的に判断して，問題となっている結果債務なのか手段債務なのかを判断するというように，裁判官の自由裁量を大きく認めるべきである。

　裁判官のレベルが低い時代に，裁判官の思考過程に介入し，硬直的な思考を押し付けるために考案された要件事実教育は，司法改革によって克服されるべき対象であり，今や，その役割を終えたというべきである。そして，裁判官の自由な判断を保証する柔軟な要件事実教育へと改革することが必要である。

　新しい要件事実教育を構築するためには，訴訟法上の問題である立証責任の問題を，完全に実体法に依存させ，その結果として，実体法の理論の発展を阻害している兼子理論＝規範説の克服からはじめなければならない。そして，新しい要件事実教育を構築する作業は，実体法と訴訟法とのそれぞれの

独立を前提とした上で，相互の協同・協調を通じて実現されるべきである。学者と実務家が協力して教育に当たっている法科大学院は，まさに，その任務を達成するにふさわしい場といえよう。

参考文献

［兼子・実体法と訴訟法（1957）］
　　兼子一『実体法と訴訟法―民事訴訟の基礎理論―』有斐閣（1957年）
［三ケ月・民事訴訟の機能的考察と現象的考察（1962）］
　　三ケ月章「民事訴訟の機能的考察と現象的考察―兼子一著「実体法と訴訟法」の立場をめぐって―」法学協会雑誌75巻2号（1958年）；三ケ月章『民事訴訟法研究第1巻』有斐閣（1962年）249-284頁所収
［柏木・ドイツ民訴の現況（1972）］
　　柏木邦良「西ドイツ民事訴訟法学の現況(4)」ジュリスト493号（1971年）123頁
［ローゼンベルク・証明責任論（1972）］
　　倉田卓治訳『ローゼンベルク証明責任論』判例タイムズ社（1972年）
［石田・立証責任の現状と将来（1973）］
　　石田穣「立証責任論の現状と将来」法学協会雑誌90巻8号（1973年）1084頁
［浜上・製造物責任の証明問題（1975）］
　　浜上則雄「製造物責任における証明問題(3)」判例タイムズ312号（1975年）2頁以下
［三井・要件事実の再構成］
　　三井哲夫『要件事実の再構成』法曹会（1976年）
［石田・証拠法の再構成（1980）］
　　石田穣『証拠法の再構成』東京大学出版会（1980年）
［新堂・民事訴訟法（1985）］
　　新堂幸司『民事訴訟法〔第2版〕』（現代法学全集30）筑摩書房（1985年）
［司法研修所・要件事実〔第1巻〕（1985）］
　　司法研修所民事裁判官室編『民事訴訟における要件事実〔第1巻〕』（1985年）
［司法研修所・要件事実〔第2巻〕（1985）］

参考文献

司法研修所民事裁判官室編『民事訴訟における要件事実〔第2巻〕』（1985年）

［新堂・新民事訴訟法（1998）］
新堂幸司『新民事訴訟法』弘文堂（1998年）

［太田・法律（2000）］
太田勝造『法律（社会科学の理論とモデル）』東京大学出版会（2000年）

［伊藤・要件事実の基礎］
伊藤滋夫『要件事実の基礎』有斐閣（2000年）

［改革審・意見書（2001）］
司法制度改革審議会『意見書―21世紀の日本を支える司法制度』（2001年）
（和文）http://www.kantei.go.jp/jp/singi/sihou/ikensyo/index.html
（English）http://www.kantei.go.jp/foreign/judiciary/2001/0612report.html

［加藤（新）・細野・要件事実の考え方（2002）］
加藤新太郎・細野敦『要件事実の考え方と実務』民事法研究会（2002年）

［伊藤・山崎・ケースブック要件事実（2002）］
伊藤滋夫・山崎敏彦『ケースブック要件事実・事実認定』有斐閣（2002年）

［並木・要件事実原論（2003）］
並木茂『要件事実原論―訴訟当事者中心の要件事実論の構築』悠々社（2003年）

［門田・裁判官（2003）］
門田隆将『裁判官が日本を滅ぼす』新潮社（2003年）（第15章　裁判官教育の失敗と教訓）

［大江・ゼミナール要件事実（2003）］
大江忠『ゼミナール要件事実』第一法規（2003年）

［伊藤・要件事実入門（2003）］
伊藤滋夫『要件事実・事実認定入門―裁判官の判断の仕方を考える―』有斐閣（2003年）

［金子・法律学小辞典（2004）］
金子宏・新堂幸司・平井宜雄編『法律学小辞典〔第4版〕』有斐閣（2004年）

［曽野・UNIDROIT契約原則（2004）］
曽野和明・廣瀬久和・内田貴・曽野裕夫訳『UNIDROIT国際商事契約法原則』商事法務（2004年）

参考文献

［升田・要件事実の実践（2004）］
　　升田純『要件事実の実践と裁判―裁判例・事例で学ぶ』きんざい（2004年）
［池田（真）・新民法解説（2005）］
　　池田真朗編『新しい民法　現代語化の経緯と解説』有斐閣（2005年）

事項索引

あ行

Argument（議論） 35
IRAC 32-34,36
　　──の動態的な理解 35
　　完結した体系としての── 34
青信号 244
　　──以外の場合 244
悪意 65
　　──の占有者 210
悪意または有過失 64,69-71,243
新しい判例の創設 170
Application（ルールの適用） 35
「あまのじゃく」な思考方法 100
誤った実体法依存の法理 235
遺言の撤回 155
　　──撤回及び取消し 155
意思外形非対応型 75,87
意思能力 83
意思の不存在 67-68,226
意思表示 149
　　──の効力の問題 150
　　──の撤回及び取消し 153
意思表示理論 70
遺贈の承認及び放棄の撤回 155
遺贈の承認及び放棄の撤回及び取消し（民法989条） 149
磯部四郎 23
一般条項 10,47-48
一般不法行為法 15
一般法 96
一般法と特別法の組み合わせ 11,96
一般要件 64
一方的な命題 220
囲繞地通行権 143

インスティチュティオーネン（法学提要）方式 11
受取証書持参人 161
「うそ」が見破られる 27
「うそ」を隠す 27
梅謙次郎 22
裏表の双方から駄目をつめない 220
売主の担保責任 57
永久欠番 142
英米法 38
　　──の考え方（判例法主義） 39,41
栄養失調 119
枝番号への変更 139
獲物の捕り方 45
応用 42
　　──がきく基本 41
　　──の厳しい試練 42
公の市場 211-212

か行

外国語 103
外国語を知らない者は，自国語についても何も理解できない 99
解釈 38
　　──論争 111
解除権行使後の撤回（民法540条） 154
解除権の消滅 59
解除権の撤回（民法540条2項） 149
解除の要件に関する新しい考え方 59
改正の誤り 157
回復を求めない場合 192
回復を求める場合 192
科学的な思考 37
科学としての法律学（Law as science） 37

事項索引

学者　42-43,47
拡大解釈（拡張解釈）　81,105-106
確率・統計論　40
各論　48
瑕疵ある意思表示　67
過失と無過失の判断　88,160
仮説　38,56
割賦販売法　46
兼子理論＝規範説　253
仮の結論（tentative Conclusion）　36
狩りの現場　45
狩りのコツ　45
間接的に適用　31
カンニング　27
危険負担　57,59
　　――の債権者主義　59
　　――の債務者主義　59
帰責性　71,75
　　――の比較衡量　66
基礎理論　42,46
規範説　161
　　――のごまかし　236
基本　42
基本と応用の緊張関係　41
　　――の理解　42
基本法　2,46
　　――との対比　46
虐待　51
客観的基準　7
旧訴訟物理論　235
旧民法　22-23
競合適用　81
強制力　26
共通点　44,101
　　――を見出す作業　100
　　――を見出せる　99
共同作業　47
強迫　67

　　――による意思表示　67
虚偽表示　30
挙証責任の分配　220
禁反言の原則　110
空間的比較　102-103
空白部分　101-102
　　――の補充　101
クーン（T. S. Kuhn）　38
具体化　70
具体的妥当性　30,40
くだらない質問　117
グループ学習　120
グロチウス（Grotius）　15
計算から論理へ　121
形式的な比較表　99
刑事責任は発生するけれども民事責任は発生しない例　19
継続的な契約関係　62-63
刑の消滅要件　18-19
刑の不成立・減免要件　18
刑法　14
契約解除の統一要件　63
契約解除の要件　60
契約自由　84
　　――の原則　5
契約条項　5-7
契約上の請求権　235
契約目的を達成することができない　57,60
契約をした目的を達することができない場合　56,60
ゲーテ　99,102
結果債務　253
結果の妥当性　217
結果の予見可能性　40
けんか　120
見学　45
現行民法　22

事項索引

検索　170
検察官　24
懸賞広告の撤回　155
原所有者帰属説　178,199
現存価格　215
現代語化からの逸脱　135
現場を知らない　47
憲法76条3項　29
権利外観法理　31,66,70,75,78,84-85,87-89,110,163
　　——に即した考察　78
　　——の適用　69,85
権利保護要件としての登記　25,123
行為能力　83
効果　83
合格　21,36
講義録　122
公示システム　83
口述　27
公序良俗に反する　86
公序良俗または信義則に反する　84
構成要件　16,18-19
構造化　50
構造的な理解　122
公訴時効　17
硬直的な考え方　150
肯定と否定の関係　232
口頭　27-28
　　——弁論　26
公平　26
抗弁　225,228
抗弁事実　226
　　——の否定（債権の不行使）　230
公法関係　4
項目として抽出　101
国際仲裁模擬法廷　36
国際法　4
国民生活センター　46

国民の意識　136
国家権力　26
古物営業法　179,206
古物営業法20条　179,198
古物商　196,198,202,205-206
個別条項　10,48
細かい違い　44
婚姻関係の破綻　63
　　——の法理　63
婚姻関係を継続しがたい重大な事由　49-50,63
Conclusion（結論）　36
混乱　167

さ　行

罪刑法定主義　15-16
債権の準占有者　161
債権の目的　144
債権の目的物　144
再抗弁　228,230,234
催告　59
　　——要件　55
再々抗弁　228
裁判官　24
　　——の裁量　253
　　——の思考過程　253
　　——の人権意識　124
　　——の立場　87
裁判上の離婚原因　48
裁判所批判　124
裁判批判　28
再編成　96
詐欺　67,86
詐欺・強迫による取消し（民法96条）　152-153
詐欺による意思表示　67
錯誤　67,85
　　——に民法93条を準用　77

259

事項索引

サブ・ルーティン　11
時間的比較　102-103
時間の限り　21
時間の使い方　90
事件ごとに創造　170
事件の争点　189
試験問題　97
　　――を読む　123
時効取得（短期取得時効）　209
時効中断事由　234
時効の中断　228
思考方法　33
自国語　103
事実関係の図　189
事実たる慣習　5
質権　145
　　――の設定　145
実体法上の抗弁権　164
実体法の誤った解釈　236
実体法の素直な理解を妨げる有害な教育　233
実体法の理論　72
実務家　47
実務との架橋　219,223
実務を知らない　47
質問　116
自分で考える　118
司法改革　253
司法改革審の意見書　21
司法研修所　241
司法試験に合格すること　123
司法統計から見た離婚　48
司法統計年報　50
社会契約　4
車馬通行止め　105-107
重過失　76
　　――のある錯誤　246
重過失≒悪意　77,246

自由に解釈する権限　253
10年間債権を行使しないこと　230
10年以内に債権を行使していること　230
縮小解釈　105-106
手段債務　253
主張責任　233,253
　　――と立証責任との分離　233
取得者帰属説　177-178,199
主文　180
障害要件　225
消化不良　119
証拠からの距離　72
証拠優越の原則　252
常識　94
使用収益権　190-192,194,199
使用収益権限　194
冗談　69
条番号（項・号）の変更　133
条番号等の変更一覧　133,166
条番号変更の原則　132
消費者契約法　4,6
消費者契約法10条　4,6
消費者問題　46
条文と条文との間に存在する共通の原理を発見する方法　65
条文との間の隙間を埋める方法　65
消滅要件　16-17,19
使用利益　185,193
　　――の返還　185
書面　27-28
　　――によらない贈与　146,149
　　――をもって講義に代える　26
　　――をもって，弁論に代える　26-28
人格攻撃　120
信義則　66
　　――が契約の効力を肯定する側面　84
　　――が契約の効力を否定する側面　84

260

事項索引

　　——に服する問題　88
　　　——の制約　84
真偽不明　233
新旧対照条文　130,167
人権侵害　27-28
人権擁護　15
　　——の要請　18
真実　25
　　——発見　72
親切　221
　　——な条文　244
死んだ獲物　45
信頼関係の破壊の法理　61
信頼関係を破壊する　61
心裡留保　67,85,246-247
　　——の規定の準用　77
末弘厳太郎　23
スキー　41
相撲取り　107
座っている法曹　24
正確　221
正義の実現　27
請求　180,225
制限行為能力　83
制限行為能力者　86
性質決定　98
精神的虐待　52
正当化　32
正当な理由　75
正反対のことを主張する人同士の議論　25
成文法主義　216
成立障害・減免要件　16-17,19
成立要件　16-17,19
絶対的平等　90
窃盗被疑事件　202
善意　65,75,86
　　——の占有者　210

　　——の第三者　30,75
　　——の立証責任　162
善意・悪意　160
善意かつ無過失　64-65,68,70-72,75,86,88,243
　　——の第三者　74
　　——の立証責任　161
善意，善意・有過失，悪意の関係　66
善意だが有過失　65
全体的　221
全体を一応にもせよ終える　114
選択権の撤回（民法407条2項）　149,154
前提となる事実　173
専門的な法知識　21,91,95
先例拘束　38
　　——の原則　171
相違点を見出せる　100
総合的に判断　75
創造的な思考方法　103
創造的な思考力　21,99-100,222
総則　48
相続の承認及び放棄の撤回　155
相続の承認及び放棄の撤回及び取消し（民法919条）　149
贈与契約の撤回（民法550条）　154
ソクラテス　99,102
訴訟法上の抗弁　164
訴訟法上の考慮　72
速記　27
　　——の役割　27
その土地を囲んでいる土地　143-144
孫子　24

た　行

第1種の誤り　40
第1戦略　99
代価弁済　140

事項索引

代価弁償権　201
代価弁償債務　186
代価弁償請求　190,195,199
「対偶」の公理　100
対偶命題　104
体系書（死んだ獲物）　45
体系的な構造　96
体系的に編成　170
対抗不能の一般理論　85
第5世代コンピュータ開発機構　121
第3戦略　100
対照表　99
大審院の判例の変更　176
第2種の誤り　40
第2戦略　100
大陸法　38
　　――の考え方（成文法主義）　39,41
代理権の濫用　110
立ち働く法曹　24
縦の関係　3
短期記憶（STM : Short Term Memory）　92
短期取得時効　208
単純な肯定と否定の関係　225
蓄積　170
知識の構造化　96
知識の再構成　99
注釈書（コンメンタール）　113
中断事由　229
長期記憶　91,93,95-96
重畳的用　81
賃借をした目的を達することができなくなるとき　60
通謀虚偽表示　67,73,85
作るのには熱心　217
つまずき　93
妻の無能力　142
定期行為　59

定義に反する　149
定型的文言　108
定時に花束を届ける契約　56
抵当権の消滅請求　140
できない学生　93-94
適用頻度　8
できる学生　93-94
撤回　147
　　――できる　150
撤回権　148
テミス　23,25
電動車いす　108
天秤　25,27
ドイツ民法　147
ドイツ民法130条　150
ドイツ民法178条　147
答案の作成　123
統一的な一般要件　64
統一的な判断基準　85
統一要件　88
登記官　125
登記の放置　30
当事者の意思　5
登場人物　188
到達する前　150
道徳　26
透明かつ公正　167
特定商取引に関する法律　46
解くべき問題　32
特別不法行為　16
特別不法行為法　15
特別法　46
ドマ（Domat）　15
富井政章　22
ド・モルガンの法則　64,68
取消し　147,156
「取消し」と「撤回」との区別　146
　　――の定義　153

262

事項索引

取消しを撤回と書き換えなかった理由 148
取引の安全 66

な 行

内心の意思 74
内心の問題 159
7つのステップ 201
7±2 90,92
生の事件（生きた獲物） 45
汝自身を知れ 99
日本の法学者 22
日本の民法学者 23
任意規定 5-7
　——の強行規定化 2,5
人間 107
　——関係 188
ネコの学習 44
ネズミの捕り方 44

は 行

ハーバード・ロー・スクール 121
背信行為と認めるに足りないとする特段の事情 62
排反事象 246
はかり 25
バックホー 189
　——盗難事件 175
発生規範と発生障害規範との区別 236
パラダイム 38
　——の変革 39
判決 45
　——の射程 172-173,176
　——の要旨 171
　——理由 181
判決解読の7ステップ 174
半殺しにされた獲物 45
犯罪類型 18

反証 38
反対解釈 49,68,105,107
パンデクテン（学説彙纂）方式 11
判例 169
　——変更 206
判例解説書 112
判例集 112
被害者（原所有者）帰属説 198
被害者の救済 14
比較対照表 58
比較表 103-104
比較法の成果 15
引渡拒絶の抗弁権 209
否認 225
表意者に重過失がある場合 76
表意者に重大な過失のないこと 247
表見代理 75,78,80-81,86,159
　——の法律要件 159
表見弁済受領 79,80
表示に優先 74
兵法 24
品質の検査 40
夫婦間契約 146
　——の取消権（民法754条） 148,153
不完全履行 57
複数の光 25
袋地所有者 143
物権的請求権 235
物権変動の対抗問題 30
不動産の物権変動 31
不法行為の一般要件 64
不毛な改正 141
不毛な結果 167
フランス法的な考え方 124
文献検索のマニュアル 113
文理解釈 105-106
平面的 220
　——な論理 220,241,244

事項索引

別個の事項　225,232
別個の事実たる抗弁　232
弁護士　24
編別の適用頻度　13
弁論の仕組み　25
弁論を速記によって記録　27
法　26
　──の神様　24
　──の精神　23
　──の創造　38
　──の女神　23
法学　103
法学教室　115
法格言　38
法学セミナー　115
方向づけ　32
報告書　120
法創造　172
法曹の理想像　24
法定代理　81
法的安定性　40,217
法的議論の能力　34-36,222
法的分析能力　34-35,222,250
法典調査会民法議事速記録　23
訪問販売等に関する法律　46
法律家の頭の中　33
法律家の思考　37
法律家の思考パターン　36
法律行為のレベル　149
法律辞書　29
法律実務家　42-43
法律実務家が考えるように考える　34
法律専門雑誌　115
法律の学習法　122
法律の歴史　142
法律要件　16,18
法律要件分類説　235-236
法律用語辞典　113

暴力　52
補助命題　216
穂積陳重　22
ボワソナード　22,121

ま 行

マジカルナンバー（魔法の数）　90,95
未成年後見　86
身近で興味深い問題　124
MIRAT　34
魅力のある目標　21
民事実体法の立体化　219
民事責任は発生するけれども刑事責任は発生しない例　19
民事責任も刑事責任も発生する例　19
民法　14
　──の構造　11
民法1条　9
民法2条の2　137
民法20条　83
民法21条　83
民法90条　10
民法93条　68
　──の実体法的な解明　68
　──の類推適用　110
民法94条1項　73
民法94条2項　30-31,74
民法95条（錯誤）　76
　──の改正試案　78
　──の硬直性　77
民法96条3項　30
民法101条　226
民法109条　79-81,157-159,238-239
　──と112条の法律要件　159
民法110条　79-81,158,238
民法112条　79,81,158-159,238
民法115条　148
民法177条　30-31

事項索引

民法 189 条　179
民法 189 条 2 項　210
民法 190 条　179,210
民法 192 条　179
民法 193 条　179
民法 194 条　179
民法 415 条　7,9,53,55,63
民法 478 条　80,161,162,239
民法 480 条　80,161-162,239
民法 541 条　53,55,59
民法 542 条　54,56,59
民法 543 条　54,59
民法 548 条　59
民法 566 条　54,57-58
民法 570 条　54,57-58
民法 607 条　60
民法 611 条　60
民法 612 条 2 項　108
民法 635 条　60
民法 703 条　10
民法 709 条　7,9
民法 752 条　52
民法 760 条　52
民法 770 条（裁判上の離婚）　48-49,51
　　──の改正試案　52
民法 770 条 2 項　49
民法旧 109 条　158
民法旧 110 条　158
民法旧 112 条　158
民法現代語化　237
民法現代語化言い換え一覧　145
民法財産編の口語化　166
民法適用頻度　53
民法適用頻度ベスト 20　8-10,49,96
民法典現代語化案　128,144
民法典現代語化研究会　128
無過失の立証　162
無権代理　83,86
　　──の相手方の撤回権　147-148,153
無効　6-7
　　──の対抗問題　83
無効と取消しの効果　82
無償契約　57
難しい問題　29,31
無駄な改正　151
明確な目標　20
メイン・ルーティン　11
目隠し　23,26
メンテナンスには熱心でない　217
申込みの撤回　150,155
申込みの取消し　150
模擬法廷　36,45
目的　167
　　──と目的物との混同　145
目的物　167
木馬　106

や　行

やさしい問題　28
約款　108
闇市場　211-213
有効・無効　6-7
有償契約　57
指環　202,205
指環盗難事件　206
夢　20-21
良い質問　116
要件　83
　　──と効果の組み合わせ　38
　　──の分断　233
要件事実　223,241
　　──の考え方　69-70
　　──の不明　220
要件事実教育　253
　　──の根本的な誤り・その 1　225
　　──の根本的な誤り・その 2　226

――の根本的な誤り・その3　234
――の根本的な誤り・その4　234
――の最大の弊害　237
――の弊害　73
要素に錯誤がある場合　76
横の関係　2-3
読売新聞1992年5月9日　129

ら　行

ラングデル（Christopher C. Langdell）
　37,121
リーガル・クリニック　45
履行遅滞　55-56,59
履行不能　56,57
離婚原因　49-50,52,63
離婚の申立原因　50-51
離婚の申立ての動機別割合　51
離婚申立ての動機　48
リスト不掲載問題　145
立証責任　72,163,221,223,233,253
　――の規範説　159
　――の分配　237
立体的　220
立法担当者の誠意　167
立法の過誤　130,137,164
立法理由　70

理由　181
理論的に破綻　235
類型化　14,80
類型論　16
　――の破綻　98
類似点を見出せる　100
類推　29-32,38,172
　――解釈　105,107
類推適用　31
　――の醍醐味　31
　――の濫用　31
例外の例外　211
例文解釈　108-109
歴史の尊重　141
レベル　149
レポート　124
ロイヤリング　45
ロー・スクール　33
ローマ法　15
六法　112
論争家このみの議論　93

わ　行

我妻栄　23
わからない理由　114
悪い質問　116

〈著者紹介〉

加賀山　茂（かがやま・しげる）

　　1948 年　愛媛県生まれ
　　1972 年　大阪大学法学部卒業
　　現　在　明治学院大学法科大学院教授

〈主要著書〉

『法律家のためのコンピュータ利用法―論理プログラミング入門』（有斐閣、1990 年）
『民法体系１ 総則・物権』（信山社、1996 年）

現代民法学習法入門

2007（平成19）年11月20日　第１版第１刷発行

　　著　者　　加　賀　山　　茂
　　発行者　　今　井　　　　貴
　　　　　　　渡　辺　左　近
　　発行所　　信山社出版株式会社
　　〒 113-0033　東京都文京区本郷 6-2-9-102
　　　　　　　　電　話　03(3818)1019
　　　　　　　　ＦＡＸ　03(3818)0344

Printed in Japan.

©加賀山茂、2007．印刷・製本／暁印刷・大三製本

ISBN978-4-7972-2493-1

NDC 324.011　民法

―――― ブリッジブックシリーズ ――――

山野目 章夫 編
ブリッジブック先端民法入門〔第2版〕　2,000円

土田 道夫・高橋 則夫・後藤 巻則 編
ブリッジブック先端法学入門　　　　2,100円

横田 耕一・高見 勝利 編
ブリッジブック憲法　　　　　　　　2,000円

宇賀 克也 編
ブリッジブック行政法　　　　　　　2,000円

高橋 則夫 編
ブリッジブック刑法の考え方　　　　（続刊）

永井 和之 編
ブリッジブック商法　　　　　　　　2,000円

井上 治典 編
ブリッジブック民事訴訟法　　　　　2,000円

小島 武司 編
ブリッジブック裁判法　　　　　　　2,000円

価格はすべて税別

―――― 信山社 ――――

──── ブリッジブックシリーズ ────

椎橋 隆幸 編
ブリッジブック刑事裁判法　　　　2,000 円

植木 俊哉 編
ブリッジブック国際法　　　　　　2,000 円

長谷川 晃・角田 猛之 編
ブリッジブック法哲学　　　　　　2,000 円

宮澤 節生 編
ブリッジブック法システム入門　　（続刊）

山元 一 編
ブリッジブック憲法の基礎知識　　（続刊）

岡本 勝 編
ブリッジブック刑法思想入門　　　（続刊）

町野 朔 編
ブリッジブック刑法　　　　　　　（続刊）

山本 和彦 編
ブリッジブック民事訴訟法入門　　（続刊）

価格はすべて税別

──── 信山社 ────

═══法律学の森シリーズ═══

潮見 佳男 著
債権総論〔第2版〕I 　　　4,800 円

潮見 佳男 著
債権総論〔第3版〕II 　　　4,800 円

潮見 佳男 著
契約各論 I 　　　　　　　4,200 円

潮見 佳男 著
契約各論 II 　　　　　　　（続刊）

潮見 佳男 著
不法行為法 　　　　　　　4,700 円

藤原 正則 著
不当利得法 　　　　　　　4,500 円

青竹 正一 著
会社法 　　　　　　　　　3,800 円

小宮 文人 著
イギリス労働法 　　　　　3,800 円

高 翔龍 著
韓国法 　　　　　　　　　6,000 円

　　　　　　　　　　価格はすべて税別

══════信山社══════

――――平野 裕之著　民法総合シリーズ――――

民法総則　　　　　　　　　　　　　　（続刊）

物権法　　　　　　　　　　　　　　　（続刊）

〈最新の担保法定番体系書〉
担保物権法　　　　　　　　　　　　3,600 円

債権総論　　　　　　　　　　　　　　（続刊）

〈充実した全1冊の契約法体系書〉
契約法　　　　　　　　　　　　　　4,800 円

〈最新の不法行為体系書〉
不法行為法　　　　　　　　　　　　3,800 円

価格はすべて税別

――――信山社――――

────── 判例総合解説シリーズ ──────

石外克喜 著
権利金・更新料の判例総合解説　　　2,900 円

生熊長幸 著
即時所得の判例総合解説　　　　　　2,200 円

土田哲也 著
不当利得の判例総合解説　　　　　　2,400 円

平野裕之 著
保証人保護の判例総合解説〔第2版〕　2,900 円

佐藤隆夫 著
親権の判例総合解説　　　　　　　　2,200 円

河内　宏 著
権利能力なき社団・財団の判例総合解説　2,400 円

清水　元 著
同時履行の抗弁権の判例総合解説　　2,300 円

右近健男 著
婚姻無効の判例総合解説　　　　　　2,200 円

価格はすべて税別

────── 信山社 ──────

―――――判例総合解説シリーズ―――――

小林一俊 著
錯誤の判例総合解説　　　　　　　2,400 円

小野秀誠 著
危険負担の判例総合解説　　　　　2,900 円

平野裕之 著
間接被害者の判例総合解説　　　　2,800 円

三木義一 著
相続・贈与と税の判例総合解説　　2,900 円

二宮周平 著
事実婚の判例総合解説　　　　　　2,800 円

手塚宣夫 著
リース契約の判例総合契約　　　　2,200 円

中尾英俊 著
入会権の判例総合解説　　　　　　3,200 円

価格はすべて税別

―――――信山社―――――

―――― プラクティスシリーズ ――――

法科大学院テキストの新スタンダード
プラクティス民法債権総論〔第3版〕

潮見 佳男 著

民法教育の獲得目標である「制度・概念の正確な理解」「要件・効果の的確な把握」「推論のための基本的手法」の修得が図られるように全体が組み立てられている。理論の適用場面を具体的に理解するために、本文中に多数のCASEを組み込んだ説明方法をとる。さらに、近時の契約責任法理をめぐる基礎理論を解説。預貯金者保護法の制定・貸金業法の改正に対応した記述も充実。

―――― 信山社 ――――